A CRIANÇA MONTESSORI

Copyright © 2019 by Jacaranda Tree Montessori
Illustration copyright © 2019 by Hiyoko Imai
Licença exclusiva para publicação em português brasileiro cedida à nVersos Editora. Todos os direitos reservados. Publicado originalmente na língua inglesa sob o título *The Montessori Toddler: A Parent's Guide to Raising a Curious and Responsible Human Being* e publicado pela editora Workman Publishing.

Direção de Arte: Julio César Batista
Produção Editorial: Carlos Renato
Preparação: Mariana Silvestre de Souza
Revisão: Cristiane Gomes e Rafaella de A. Vasconcellos
Revisão Técnica: Gabriel Salomão
Ilustrações: Hiyoko Imai
Editoração Eletrônica: Juliana Siberi
Projeto Gráfico: A Editora respeitou o projeto gráfico original

Dados Internacionais de Catalogação na Publicação (CIP)

Davies, Simone
A criança montessori : guia para educar crianças curiosas e responsáveis / Simone Davies; ilustrações por Hiyoko Imai ; [tradução Thaïs Costa]. - 1. ed. - São Paulo : Nversos Editora, 2021.
Título original: *The montessori toddler*
ISBN 978-65-87638-32-4

1. Crianças - Educação 2. Formas (Educação infantil) 3. Método Montessori de educação I. Imai, Hiyoko. II. Título.

21-54289   CDD-372.21

**(Câmara Brasileira do Livro, SP, Brasil)
Índice para catálogo sistemático**
1. Método de ensino Montessori : Educação infantil 372.21
Maria Alice Ferreira - Bibliotecária - CRB-8/7964

1ª Edição, 2021
5ª reimpressão, 2023
Esta obra contempla o Acordo Ortográfico da Língua Portuguesa
Impresso no Brasil – *Printed in Brazil*
nVersos Editora
Rua Cabo Eduardo Alegre, 36 - CEP 01257-060 - São Paulo - SP
Tel.: 11 3995-5617
www.nversos.com.br
nversos@nversos.com.br

SIMONE DAVIES

A CRIANÇA MONTESSORI

GUIA PARA EDUCAR CRIANÇAS
CURIOSAS E RESPONSÁVEIS

Ilustrações
HIYOKO IMAI

Tradução
THAÏS COSTA

*Este livro é para Oliver e Emma.
Sinto-me honrada de ser sua mãe.
Vocês me inspiram todos os dias.*

SUMÁRIO

CAPÍTULO UM

INTRODUÇÃO

11	Uma nova visão sobre as crianças pequenas (de 1 ano e meio a 3 anos)
13	Por que eu amo crianças pequenas
15	O que é preciso saber sobre as crianças
18	O papel dos pais segundo o método Montessori
21	Aproveite esse livro ao máximo

CAPÍTULO DOIS

INTRODUÇÃO AO MÉTODO MONTESSORI

23	Uma breve história sobre Maria Montessori
24	Educação tradicional *versus* Montessori
25	Alguns princípios montessorianos

CAPÍTULO TRÊS

ATIVIDADES MONTESSORIANAS PARA CRIANÇAS PEQUENAS

- 37 Atividades montessorianas para a criança completa
- 38 Em que consiste uma atividade montessoriana?
- 40 Como mostrar uma atividade para a criança
- 41 Princípios gerais para ter em mente
- 48 Como preparar uma atividade
- 50 Tipos de atividades
  - 50 Coordenação olho-mão
  - 54 Música e movimento
  - 56 Vida prática
  - 63 Artes e artesanatos
  - 66 Linguagem
- 82 Uma observação adicional sobre o ar livre e a natureza
- 84 E os brinquedos não montessorianos?

CAPÍTULO QUATRO

ORGANIZANDO A CASA

- 88 Montando espaços no estilo Montessori
  - 89 Cômodo por cômodo
  - 89 Entrada
  - 89 Sala de estar
  - 90 Cozinha
  - 91 Área de refeições
  - 91 Quarto
  - 92 Banheiro
  - 92 Área para artes e artesanatos
  - 93 Lugar aconchegante para leitura
  - 93 Parte externa
- 95 Princípios gerais para ter em mente
  - 95 Mantendo tudo em ordem
  - 96 Um lar aconchegante
  - 96 Uma casa bem organizada poupa trabalho
  - 97 Compartilhando espaços
  - 98 Espaços pequenos
- 99 A importância do ambiente doméstico
- 103 Giro pela casa

CAPÍTULO CINCO

EDUCANDO UMA CRIANÇA CURIOSA QUE SE SENTE OBSERVADA E OUVIDA

PRIMEIRA PARTE

ESTIMULANDO A CURIOSIDADE INFANTIL

- 110 Cinco ingredientes para a curiosidade
  - 110 Confie na criança
  - 111 Um ambiente de aprendizagem rico
  - 111 Tempo
  - 112 Uma base segura
  - 112 Fomentando o senso de maravilhamento
- 112 Sete princípios para um humano curioso
  - 113 Siga a criança
  - 114 Estimule o aprendizado "mão na massa"
  - 115 Inclua a criança na vida cotidiana
  - 116 Vá com calma
  - 117 Ajude-me a fazer isso sozinho
  - 120 Estimule a criatividade
  - 122 Observação

SEGUNDA PARTE

ACEITANDO A CRIANÇA COMO ELA É

- 127 Dê importância, senso de pertencimento e aceitação à criança
- 128 Seja o intérprete da criança
- 129 Permita todos os sentimentos, mas nem todo comportamento
- 130 Dê retornos acurados, em vez de elogios
- 132 Papéis e rótulos

CAPÍTULO SEIS

INCUTINDO COOPERAÇÃO E RESPONSABILIDADE NA CRIANÇA

PRIMEIRA PARTE

ESTIMULANDO A COOPERAÇÃO INFANTIL

- 136 Por que a abordagem montessoriana não usa ameaças, subornos e castigos?
- 138 Resolvendo problemas com as crianças
- 141 Maneiras de envolver a criança
- 143 Como podemos falar para ajudá-las a escutar
- 145 Gerindo expectativas
- 147 Bônus

SEGUNDA PARTE

DEFININDO LIMITES

- 149 É necessário definir limites
- 150 Seja claro sobre os limites
- 152 Continue acompanhando com atitudes claras e amáveis
- 155 Admita sentimentos negativos
- 156 Lidando com birras
- 159 Reatando após elas se acalmarem
- 159 Ajudando-as a corrigir os erros
- 162 Dicas para definir limites
- 165 Uma lista útil de verificação sobre limites

CAPÍTULO SETE

COLOCANDO EM PRÁTICA

PRIMEIRA PARTE

CUIDADOS DIÁRIOS

- 168 Ritmo diário
- 170 Rituais
- 171 Vestir-se e sair de casa
- 176 Alimentação
- 181 Sono
- 185 Escovar os dentes

SEGUNDA PARTE

LIDANDO COM MUDANÇAS

- 186 Aprendendo a usar o banheiro
- 190 Desapegando-se da chupeta
- 191 Irmãos

TERCEIRA PARTE

HABILIDADES ÚTEIS PARA AS CRIANÇAS

(DE 1 ANO E MEIO A 3 ANOS) APRENDEREM

- 199 Compartilhando
- 201 Como interromper um adulto
- 201 Habilidades para crianças introvertidas
- 203 A fase de bater/morder/atirar longe/empurrar
- 208 Desenvolvendo a concentração
- 209 Lidando com a frustração
- 210 Quando a criança é dependente demais
- 213 Tempo diante de telas
- 2014 Bilinguismo

CAPÍTULO OITO

SENDO ADULTO

- 219 Preparação do adulto
- 220 Autocuidado físico
- 221 Cultivo de uma mentalidade de aprendizagem constante
- 221 Comece e encerre bem o dia
- 223 Pratique a presença
- 224 Observação
- 225 Abasteça seu reservatório emocional e o do seu filho
- 226 Desacelere
- 228 Seja o guia da criança
- 229 Use a casa como uma fonte de ajuda
- 230 Seja sincero
- 230 Assuma a responsabilidade por sua vida e escolhas
- 232 Aprenda com seus erros
- 232 Celebre onde vocês estão
- 233 Autoconhecimento
- 233 Continue praticando

CAPÍTULO NOVE

TRABALHANDO JUNTOS

- 237 E as pessoas no entorno?
- 238 Pais também são pessoas
- 238 Preferência por um dos pais
- 239 A chave para a família atuar em conjunto
- 241 Envolvendo toda a família
- 243 Avós e cuidadores
- 244 Quando há conflito na família
- 245 *Divórcio* não precisa ser um palavrão

CAPÍTULO DEZ

O QUE VEM A SEGUIR

- 249 Preparando-se para a fase pré-escolar/escolar
- 250 Os anos vindouros
- 255 É tempo de mudar a educação
- 255 É hora de implantar a paz

HISTÓRIAS REAIS

LARES E COMENTÁRIOS DE FAMÍLIAS MONTESSORIANAS

- 260 **Austrália**
  Kylie, Aaron, Caspar, Otis e Otto
  Como aplicamos a abordagem montessoriana
- 261 **Mongólia**
  Enerel, Bayanaa, Nimo e Odi
  Mininimoo — marca de moda infantil ética
- 262 **Canadá**
  Beth, Anthony e Quentin
  Nossa vida montessoriana
- 263 **Estados Unidos**
  Amy, James, Charlotte e Simon
  Montessori no centro-oeste dos Estados Unidos
- 264 **Minha família**
  Simone, Oliver e Emma
  Austrália e Países Baixos
- 265 **Minha sala de aula**
  Jacaranda Tree Montessori
  Amsterdã, Países Baixos

- 266 LEITURAS ADICIONAIS

- 268 AGRADECIMENTOS

APÊNDICE

- 272 Em vez disso, diga aquilo
- 276 Onde achar materiais e móveis montessorianos
- 278 Sobre as escolas Montessori
  - 278 O que procurar em uma escola Montessori?
  - 280 Como é um dia típico em uma escola Montessori?
  - 281 Montessori é adequado para todas as crianças?
  - 282 A transição da criança de uma escola Montessori para uma tradicional
- 284 Sentimentos e necessidades
- 286 Receita de massa de modelar
- 287 Lista de atividades montessorianas para crianças pequenas (de 1 ano e meio a 3 anos)
- 309 Índice remissivo

INTRODUÇÃO

1

11 Uma nova visão sobre as crianças pequenas (de 1 ano e meio a 3 anos)
13 Por que eu amo crianças pequenas
16 O que é preciso saber sobre as crianças
19 O papel dos pais segundo o método Montessori
21 Aproveite esse livro ao máximo

UMA NOVA VISÃO SOBRE AS CRIANÇAS PEQUENAS (DE 1 ANO E MEIO A 3 ANOS)

Crianças pequenas são seres mal compreendidos e considerados difíceis. Não existem muitos bons exemplos de como interagir com elas de maneira carinhosa, paciente e acolhedora.

Elas começam a andar, a explorar, a aprender a se comunicar com palavras e não têm muito controle sobre os impulsos. Elas ainda não toleram ficar muito tempo sentadas em cafés e restaurantes, se veem um espaço aberto saem correndo, fazem birras (em geral, nas horas e lugares mais inconvenientes) e mexem em tudo que acham interessante.

Quando chegam aos dois anos são chamadas de "terríveis", pois "não escutam ninguém", "continuam atirando tudo para todo lado", "não dormem nem comem direito e tampouco usam o banheiro corretamente."

Quando meus filhos eram pequenos, eu não achava correto obter sua cooperação com ameaças, subornos e deixando-os sozinhos por um tempo para pensarem no que tinham feito, mas era difícil encontrar alternativas.

Certa vez, quando meu primogênito era bem novinho, eu estava ouvindo uma entrevista no rádio. O convidado falava sobre os efeitos negativos de mandar a criança ficar sozinha por algum tempo como castigo, pois isso a privava do apoio necessário e a deixava com raiva do adulto, em vez de ajudá-la a se corrigir. Eu estava ouvindo atentamente esses conselhos sobre o que fazer ao invés disso, e então, a entrevista acabou. Desde o ocorrido, minha missão tem sido encontrar outro caminho.

A primeira vez que entrei em uma escola Montessori eu era uma mãe novata e instantaneamente me apaixonei. O ambiente era minuciosamente planejado e convidativo. Os professores eram acessíveis e falaram respeitosamente conosco e com o nosso bebê. Inscrevemo-nos na lista de espera da escola e entramos logo nas turmas para pais e bebês.

Aprendi muito nessas aulas sobre a abordagem montessoriana e crianças pequenas. As crianças pequenas florescem em um ambiente que as desafia; elas querem ser compreendidas e absorvem o mundo à sua volta como esponjas. Eu percebi que me relaciono facilmente com elas – entendo sua perspectiva e fico fascinada por seu modo de aprender. Tive a sorte de começar a trabalhar como assistente na sala de aula de Ferne van Zyl.

Eu continuo aprendendo com os cerca de mil pais e crianças que conheci ao longo de muitos anos nessas aulas. Participei da formação em Disciplina Positiva para docentes e aprendi Comunicação Não Violenta. Continuo lendo inúmeros livros e artigos, falando com professores e pais, e ouvindo programas de rádio e *podcasts*. Também aprendi muito com meus filhos, desde que eram bebês até se tornarem adolescentes.

Quero partilhar o que aprendi e traduzir a sabedoria Montessori em uma linguagem bem compreensível, para que você a aplique em sua casa. Ao optar por este livro, você deu um passo em sua jornada para descobrir outra maneira de agir com o seu filho, quer ele frequente ou não uma escola Montessori.

Você obterá as ferramentas para atuar em conjunto com a criança, irá guiá-la e apoiá-la, especialmente quando ela estiver passando por alguma dificuldade. Você aprenderá a organizar sua casa para se livrar do caos e introduzir mais calma na vida em família, assim como a montar um espaço que seu filho possa explorar livremente. Também descobrirá como criar atividades montessorianas em casa para crianças pequenas.

Isso não acontecerá da noite para o dia, tampouco a ideia é recriar uma sala de aula montessoriana. Comece em pequena escala — trabalhe com o que já tem, tire alguns brinquedos de circulação e crie um esquema de rotatividade, passe a observar atentamente as crianças seguindo seus interesses — e, aos poucos, estará incorporando cada vez mais ideias Montessori em sua casa e na vida cotidiana.

Espero lhe mostrar que há uma maneira mais pacífica para estar com seu filho pequeno. Quero ajudá-lo a plantar as sementes para criar um ser humano curioso e responsável, e a trabalhar em um relacionamento com seu filho que continuará evoluindo com o passar dos anos. Basta pôr em prática as filosofias da doutora Maria Montessori todos os dias.

Afinal de contas, está mais do que na hora de termos um novo olhar sobre as crianças pequenas.

POR QUE EU AMO CRIANÇAS PEQUENAS

A maioria dos professores montessorianos prefere trabalhar com uma determinada faixa etária. Da minha parte, tenho o maior gosto por trabalhar com meus amigos pequenininhos e muita gente não entende essa preferência. Afinal, crianças pequenas podem dar muito trabalho, são emotivas e nem sempre nos escutam.

Eu quero pintar um novo retrato delas.

Crianças pequenas vivem no momento presente. Andar na rua com uma criança pequena pode ser encantador. Enquanto fazemos listas mentais de tudo o que precisamos resolver e dos ingredientes para preparar o jantar, elas se mantêm no presente e detectam os matinhos brotando em uma rachadura na calçada.

Quando passamos tempo com uma criança pequena, ela nos mostra como estar presente, pois está sempre focada no aqui e agora.

Crianças pequenas captam as coisas sem esforço. A doutora Montessori observou que antes dos 6 anos as crianças absorvem tudo sem esforço, da mesma maneira que uma esponja absorve a água. Então ela cunhou a expressão *mente absorvente*.

Não se pode ensinar gramática nem estrutura de frases para um bebê de 1 ano. Mas aos 3 anos, a criança já tem um vocabulário surpreendente, está aprendendo a construir frases simples e algumas conseguem até pronunciar parágrafos complexos. Compare tamanha facilidade ao esforço enorme que um adulto precisa fazer para aprender um novo idioma.

Crianças pequenas são imensamente capazes. Muitas vezes é só quando temos os nossos filhos que percebemos as habilidades das crianças e o quanto elas são imensamente capazes desde a mais tenra idade. Por volta dos 18 meses, elas podem começar a notar que estamos indo para a casa da vovó porque reconhecem coisas ao longo do caminho. Quando veem um elefante em um livro, elas correm para procurar seu elefante de brinquedo em uma cesta.

Quando organizamos a casa para torná-la mais acessível para as crianças pequenas, elas assumem tarefas com avidez, capacidade e prazer. Elas limpam coisas que derramaram, vão buscar a fralda para o irmãozinho bebê, jogam seu lixo na lixeira, nos ajudam a fazer comida e gostam de se vestir sozinhas.

Certo dia, um senhor veio fazer um conserto em nossa casa. Nunca vou me esquecer de sua expressão facial quando minha filha (que tinha menos de 2 anos) passou por ele a caminho do quarto, trocou de roupa, colocou algumas roupas molhadas num cesto e saiu para brincar. Ele ficou claramente surpreso de ver o quanto ela era capaz de se virar sozinha.

Crianças pequenas são inocentes. Eu acho que as crianças pequenas não têm um pingo de maldade, mas, caso vejam alguém entretido com um brinquedo, podem simplesmente pensar: *quero agora mesmo esse brinquedo*, e tirá-lo à força da outra criança. Às vezes, elas fazem coisas para causar uma reação (*Vou derrubar essa xícara para ver a reação da minha mãe*) ou ficam frustradas se alguma coisa não acontece conforme esperavam.

Todavia, elas não são más, rancorosas nem vingativas. São apenas impulsivas e seguem seus ímpetos.

Crianças pequenas não guardam rancor. Imagine uma criança pequena que deseja ficar no parque quando é hora de voltar para casa, então faz uma cena daquelas. A birra pode durar até meia hora, mas quando se acalma (às vezes, com uma ajudinha), ela volta a ser alegre e curiosa — ao contrário dos adultos, que às vezes acordam de mau humor e ficam irritados o dia inteiro.

Crianças pequenas também perdoam com facilidade. Às vezes, fazemos alguma coisa errada – perdemos a paciência, não cumprimos o que prometemos ou apenas ficamos aborrecidos. Quando pedimos desculpas a uma criança pequena, estamos demonstrando como fazer as pazes com alguém, e é bem possível que ela nos dê um abraço apertado ou nos surpreenda com uma palavra gentil. Quando temos uma base sólida com os filhos, eles cuidam de nós, assim como cuidamos deles.

Crianças pequenas são autênticas. Adoro ficar com crianças pequenas, pois elas são diretas e sinceras. Dizem o que pensam, vivem com o coração na mão e sua autenticidade é contagiante.

Todos que já passaram algum tempo com uma criança pequena sabem que ela é capaz de apontar alguém no ônibus e dizer em voz alta "Aquele homem não tem cabelo". O adulto acompanhante fica com vontade de sumir, mas a criança não fica nem um pouco envergonhada.

Com elas, só há franqueza e inexistem intenções e motivos ocultos. Elas sabem ser autênticas, não duvidam de si mesmas e não julgam os outros. Certamente, deveríamos aprender com elas.

Nota: Quando falo em crianças pequenas, me refiro àquelas que têm entre 1 e 3 anos.

O QUE É PRECISO SABER SOBRE AS CRIANÇAS

Crianças pequenas precisam dizer "não". Uma das fases do desenvolvimento mais importantes de uma criança pequena envolve a "crise de autoafirmação". Entre 18 meses e 3 anos, as crianças percebem que sua identidade é separada daquela dos pais e começam a desejar mais autonomia. Ao mesmo tempo, começam a dizer "não" e a usar o pronome pessoal *eu*.

Esse movimento em direção à independência não se desenrola facilmente. Alguns dias elas nos repelem, pois querem fazer tudo sozinhas; outros dias elas se recusarão a fazer qualquer coisa ou ficarão grudadas em nós.

Crianças pequenas precisam se movimentar. Assim como os animais detestam ficar enjaulados, as crianças pequenas não ficam muito tempo paradas e querem continuar aperfeiçoando os movimentos. Após conseguirem ficar em pé, tentam escalar e andar. Após conseguirem andar, querem correr e arrastar objetos pesados – quanto mais pesados, melhor. Há até um termo para o desejo de se desafiar no nível mais alto, a exemplo de carregar objetos grandes ou mover malas e móveis pesados que se chama: *máximo esforço*.

Crianças pequenas precisam explorar e descobrir o mundo à sua volta. A abordagem montessoriana recomenda que aceitemos isso organizando espaços seguros para a criança explorar, convocando-a para atividades da vida cotidiana que envolvam seus cinco sentidos e deixando-a explorar coisas ao ar livre. É preciso liberar as crianças para se sujarem de terra, tirarem os sapatos na grama, chapinharem na água e correrem na chuva.

Crianças pequenas precisam de liberdade. Essa liberdade as ajuda a crescerem e a se tornarem aprendizes curiosas que experimentam coisas sozinhas, fazem descobertas e sentem que têm controle sobre si mesmas.

Crianças pequenas precisam de limites. Esses limites irão mantê--las seguras, ensinar-lhes a respeitar os outros e seu ambiente, além de ajudá-las a se tornarem seres humanos responsáveis. Ter limites também ajuda o adulto a agir antes que um limite seja ultrapassado, para evitar gritarias, raiva e culpabilização. A abordagem montessoriana não é permissiva nem mandona e ensina os pais a serem líderes calmos para os filhos.

Crianças pequenas precisam de ordem e consistência. Elas preferem que as coisas sejam exatamente iguais todos os dias – a mesma rotina, as coisas no mesmo lugar e as mesmas regras. Isso as ajuda a entender o sentido de seu mundo e a saber o que esperar.

Se os limites não forem consistentes, as crianças continuarão testando os pais para ver o que eles decidem dia após dia. Se descobrirem que fazer birra ou resmungar funciona, elas tentarão novamente. Isso se chama *reforço intermitente*.

Se entendermos essa necessidade infantil, teremos mais paciência e compreensão. Então, quando não pudermos prover a mesma coisa diariamente, perceberemos quando as crianças precisam de mais apoio. Em vez de achar que elas estão sendo tolas, seremos capazes de ver pelo ponto de vista delas, e que a situação não é como elas estavam esperando. Podemos ajudá-las a se acalmarem e, quando estiverem calmas, ajudá-las a achar a solução.

Crianças pequenas não nos dão trabalho. São elas que estão tendo muito trabalho. Eu adoro essa ideia (atribuída à educadora Jean Rosenberg no artigo "Seeing Tantrums as Distress, Not Defiance", publicado no *New York Times*). Ao perceber que o comportamento difícil das crianças na verdade é um pedido de ajuda, devemos nos perguntar: *Como posso ser útil agora?* Paramos de nos sentir atacados e buscamos ser mais acolhedores.

Crianças pequenas são impulsivas. Seu córtex pré-frontal (a parte do cérebro que abriga os centros de autocontrole e tomada de decisões) ainda está se desenvolvendo e assim continuará por mais 20 anos. Isso significa que precisamos orientar as crianças se elas estiverem subindo novamente na mesa ou puxando algo das mãos de alguém, e sermos pacientes se elas ficarem emotivas. Costumo dizer que "nós precisamos ser o córtex pré-frontal delas".

Crianças pequenas precisam de tempo para processar o que estamos dizendo. Em vez de dizer repetidamente para a criança calçar os sapatos, podemos contar mentalmente até dez para lhe dar tempo de processar o pedido. Muitas vezes, quando chegamos ao oito, elas começam a reagir.

Crianças pequenas precisam se comunicar. Nossos filhos tentam se comunicar conosco de muitas maneiras. Os bebês vocalizam sons sem significados e nós emitimos outros sons de volta; as crianças pequenas balbuciam e podemos mostrar interesse pelo o que elas estão dizendo; as crianças um pouco maiores adoram fazer e responder perguntas; e devemos usar uma linguagem rica com as crianças pequenas, pois eles absorvem tudo como uma esponja.

Crianças pequenas adoram adquirir destreza. Crianças pequenas adoram repetir habilidades até dominá-las. Observe-as e note o que estão se esforçando para aprender. Geralmente é algo desafiador, mas não tão difícil a ponto de fazê-las desistir. Elas repetirão o processo inúmeras vezes até aperfeiçoá-lo. Então, irão se empenhar em outras coisas.

Crianças pequenas gostam de contribuir e ser parte da família. Elas parecem ter mais interesse nos objetos manuseados por seus pais do que nos próprios brinquedos. Assim como gostam muito de ajudar quando os adultos preparam a comida, lavam roupas, se preparam para receber visitas e coisas do gênero. Quando deixamos o tempo fluir, preparamos terreno para elas terem êxito e diminuímos as expectativas em relação ao resultado, nós as ensinamos como ser um membro útil da família. Essas são coisas que a criança continuará desenvolvendo a partir do início da escolarização e durante a adolescência.

O PAPEL DOS PAIS SEGUNDO O MÉTODO MONTESSORI

Quando comecei a estudar o método Montessori, confesso que meu interesse de certa forma era superficial. Eu me sentia atraída pelos seus ambientes e atividades e queria proporcionar materiais e espaços bonitos e interessantes para os meus filhos. Mas, no final das contas, não estava errada. É o lugar mais fácil para começar.

Anos depois, vejo que o método Montessori realmente é um estilo de vida. Até mais do que as atividades e os espaços, o método Montessori influenciou como me relaciono com meus filhos, com as crianças que vêm para minhas aulas e com as crianças com quem tenho contato na vida cotidiana. Trata-se de estimular a curiosidade infantil, aprender a ver e aceitar de fato cada criança como ela é, sem julgamento, e continuar conectada com ela até quando é preciso impedi-la de fazer algo que realmente quer fazer.

Não é difícil aplicar as práticas Montessori em casa, mas elas podem ser bastante distintas daquelas com as quais fomos criados.

Na abordagem montessoriana, nós vemos cada criança como uma pessoa singular e com um caminho próprio. Nós apoiamos as crianças sendo seu guia e líder gentil. Elas não são algo a ser moldado naquilo que vemos como seu potencial ou para compensar nossas experiências ou desejos insatisfeitos da infância.

Assim como um jardineiro, nós plantamos sementes, proporcionamos as condições adequadas e damos alimentação, água e luz suficientes. Observamos as sementes e, sempre que necessário, ajustamos os cuidados. Então as deixamos crescer. É assim também que devemos criar nossos filhos. Essa é a maneira Montessori. Nós estamos plantando as sementes que são as crianças pequenas, proporcionando-lhes as condições adequadas, fazendo ajustes quando é preciso e observando seu crescimento. Elas decidirão o rumo de suas vidas.

> "Os educadores [incluindo os pais] se comportam como bons jardineiros e agricultores em relação às suas plantas."
>
> — Maria Montessori, *Formação do Homem*

CRIANÇAS PEQUENAS SÃO BRILHANTES

O que parece falta de flexibilidade ("Não consigo comer o mingau sem minha colher favorita!") **NA VERDADE É** uma expressão de seu senso forte de ordem.

O que parece uma batalha entre seu bom senso e as vontades dele **NA VERDADE É** seu filho aprendendo que nem sempre as coisas são como ele quer.

O que parece a repetição infindável do mesmo jogo maçante **NA VERDADE É** a criança tentando ganhar destreza.

O que parece uma birra explosiva **NA VERDADE É** a criança dizendo: "Eu adoro tanto você que me sinto segura para despejar tudo o que ficou engasgado o dia inteiro".

O que parece estar sendo feito lentamente de propósito **NA VERDADE É** que ela está explorando tudo o que encontra em seu caminho.

Algo constrangedor que uma criança pequena diz em público **NA VERDADE É** a incapacidade de mentir, pois ela é um modelo de sinceridade.

O que parece outra noite de sono interrompido **NA VERDADE SÃO** bracinhos roliços lhe apertando no meio da noite para expressar seu amor puro por você.

APROVEITE ESSE LIVRO AO MÁXIMO

Você pode ler esse livro do início ao fim ou apenas abri-lo em uma página que o interesse e achar algo prático para usar hoje.

Às vezes, é penoso imaginar por onde começar. Para facilitar, incluí algumas questões-chave no final de cada capítulo para que você comece a introduzir a abordagem montessoriana em sua casa e na sua vida cotidiana. Há boxes e listas que servem de referência em todo o livro. Há também uma tabela útil no apêndice intitulado "Em vez disso, diga aquilo", que talvez você queira copiar e pendurar como lembrete em algum lugar da casa.

Além de toda a sabedoria Montessori, os numerosos livros, *podcasts* e cursos de formação, que descobri ao longo dos anos, complementam a abordagem montessoriana e me ajudam a ser uma guia bondosa e firme para as crianças pequenas nas minhas classes e para os meus filhos.

Use esse livro como inspiração. O objetivo não é fazer todas as atividades, ter um espaço totalmente organizado, nem ser uma mãe ou pai perfeito. As metas são aprender a ver e a apoiar as crianças, se divertir com elas, ajudá-las nos momentos difíceis e se lembrar de sorrir quando estiver levando tudo a sério demais. Afinal de contas, trata-se de uma jornada, não de um destino.

INTRODUÇÃO AO MÉTODO MONTESSORI

2

23 Uma breve história sobre Maria Montessori
24 Educação tradicional *versus* Montessori
26 Alguns princípios montessorianos

UMA BREVE HISTÓRIA SOBRE MARIA MONTESSORI

A doutora Maria Montessori foi uma das primeiras mulheres a se formar em medicina na Itália, no final do século XIX. Ela trabalhava em uma clínica em Roma, atendendo os pobres e seus filhos. Além de tratar da saúde de seus pacientes, ela também lhes dava cuidados e roupas.

Em um asilo em Roma, ela observou crianças com deficiências emocionais e mentais que eram sensorialmente desfavorecidas por aquele ambiente. Em uma ocasião, ela notou que elas pegavam migalhas – não para comer, mas para estimular o senso tátil. Então, concluiu que a educação, não a medicina, era a resposta para essas crianças.

Em vez de começar com qualquer metodologia preconcebida, a doutora Montessori aplicou as mesmas práticas objetivas e científicas de observação de sua formação em medicina para ver o que interessava às crianças, entender como elas aprendiam e como poderia facilitar sua aprendizagem.

Ela se aprofundou em filosofia educacional, psicologia e antropologia, testando e aperfeiçoando materiais educativos para essas crianças. Em consequência, a maioria das crianças passou nas provas estaduais com notas mais altas do que as crianças sem deficiências. A doutora Montessori foi saudada como uma profissional que operava "milagres".

Seu trabalho logo despertou interesse e se expandiu internacionalmente. Hoje em dia, escolas e programas de formação Montessori estão em todos os continentes, exceto na Antártida. Nos Estados Unidos há mais de 4.500 escolas Montessori, e 20.000 mundo afora. O centro mundial do legado montessoriano são os Países Baixos. Eu moro em Amsterdã, onde há mais de 20 escolas Montessori atendendo crianças desde a infância até 18 anos em meio a uma população de cerca de 835.000 pessoas. Um ponto em comum entre Larry Page e Sergey Brin (fundadores do Google), Jeff Bezos (fundador da Amazon),

Jacqueline Kennedy Onassis (ex-primeira-dama) e Gabriel García Márquez (escritor que ganhou o prêmio Nobel) é terem frequentado escolas Montessori.

Até sua morte, em 1952, nos Países Baixos, a doutora Montessori continuou trabalhando com educação e desenvolvendo suas ideias para crianças de todas as idades enquanto percorria o mundo, tendo inclusive morado na Índia em 1940, período em que foi exilada durante a Segunda Guerra Mundial. Ela chamava seu trabalho de "uma educação para a vida" – ou seja, não só para a sala de aula, mas para a vida cotidiana.

EDUCAÇÃO TRADICIONAL *VERSUS* MONTESSORI

Na educação tradicional, o professor geralmente fica diante dos alunos na sala de aula, decide o que as crianças precisam aprender e ensina o que elas precisam saber: uma abordagem *de cima para baixo* e sem nuances.

O professor deduz, por exemplo, que todos estão preparados para aprender a letra *a* no mesmo dia.

No método Montessori, há uma relação dinâmica entre a criança, o adulto e o ambiente de aprendizagem. A criança fica encarregada da própria aprendizagem, contando com o apoio do adulto e do ambiente.

Os materiais ficam em prateleiras, em uma sequência dos mais fáceis até os mais complexos. Cada criança trabalha com os materiais em seu próprio ritmo, conforme seu interesse naquele momento. O professor observa a criança e, após ela dominar o material, oferece outra lição com o material seguinte.

No diagrama anterior, as setas apontam em ambas as direções. O ambiente e a criança interagem. O ambiente atrai a criança, que aprende com os materiais no ambiente. O adulto e o ambiente também interagem. O adulto prepara o ambiente, observa e faz ajustes, caso for necessário, para atender às necessidades da criança. Assim, a relação dinâmica mantida pelo adulto e a criança é baseada no respeito mútuo. O adulto observa a criança e só interfere para oferecer a ajuda necessária, e então, recua para que a criança continue aperfeiçoando sua destreza.

Em suas obras, a doutora Montessori reitera que o objetivo do seu método **não é sobrecarregar a criança com fatos, mas cultivar seu desejo natural de aprender.**

Esses princípios não se aplicam somente à sala de aula, pois servem de base para nosso relacionamento em casa com os filhos. Nós os apoiamos para que façam descobertas sozinhos, damos liberdade, limites e possibilitamos seu êxito organizando a casa para que eles possam participar da vida cotidiana.

ALGUNS PRINCÍPIOS MONTESSORIANOS

1. AMBIENTE PREPARADO

Leciono oito aulas por semana na Jacaranda Tree Montessori. Grande parte do meu "trabalho" é feito antes da chegada das crianças, pois preparo o ambiente com muito esmero e atenção.

- Eu monto atividades no nível adequado para as crianças, desafiadoras, porém não tão difíceis a ponto de elas desistirem.

- Faço questão que as crianças tenham as ferramentas necessárias para obter êxito – procuro bandejas que elas consigam carregar, há panos à mão para enxugar respingos, um suprimento de materiais de arte para que elas pratiquem e repitam, utensílios de tamanho infantil como espátula para espalhar coberturas em biscoitos e copinhos para elas tomarem água.

- Eu me sento no chão para ficar na mesma altura que as crianças. Coloco trabalhos de arte em pontos baixos nas paredes e plantas no chão ou em mesas baixas, para elas terem uma boa visão.

- Eu preparo o espaço de maneira simples e bonita. Tiro a bagunça, monto algumas atividades adequadas e me asseguro de que as atividades estejam completas, para que as crianças possam executá-las de forma independente.

Eu nunca tenho a sensação de "estar limpando a sala de aula". A finalidade dessa preparação é tornar as coisas o mais atraentes possíveis para as crianças, dando-lhes liberdade para explorar e aprender.

Um ambiente preparado é qualquer espaço que organizamos para nossos filhos: uma sala de aula, nossa casa, um lugar alugado para um feriado ou um espaço externo.

2. DESEJO NATURAL DE APRENDER

A doutora Montessori reconhecia que as crianças têm uma motivação intrínseca para aprender. Em um ambiente acolhedor, bebês aprendem a agarrar um objeto, a ficar em pé tentando inúmeras vezes, e de repente conseguem andar – tudo por conta própria. O mesmo se aplica a aprender a falar, aprender a ler e a escrever, aprender matemática e aprender sobre o mundo ao seu redor.

As descobertas que as crianças fazem sozinhas – sobretudo em um ambiente preparado – geram maravilhamento e amor por aprender. Elas não precisam ser guiadas para explorar o ambiente.

Em uma sala de aula montessoriana, as idades das crianças são mistas. As crianças mais novas aprendem observando crianças maiores, e as crianças maiores consolidam o que aprendem ajudando as menores.

O trabalho de uma criança pequena é brincar. Elas são aprendizes intrinsecamente curiosas – se permitirmos que elas o sejam.

3. APRENDIZAGEM CONCRETA COM A "MÃO NA MASSA"

> "Podemos resumir assim: a inteligência da criança pode se desenvolver até certo nível sem a ajuda das mãos. Mas caso se desenvolva com suas mãos, ela atinge um nível mais alto e o caráter da criança fica mais forte."
>
> — Maria Montessori, *Mente Absorvente*

As mãos absorvem informações de maneira concreta para transmitir ao cérebro. Uma coisa é ouvir ou ver algo, mas nós aprendemos em um nível mais profundo quando integramos a escuta ou a visão com o uso das mãos. Deixamos de aprender passivamente para aprender de forma ativa.

Os materiais em uma sala de aula montessoriana são preparados de um modo tão encantador que a criança se sente atraída por para fazer descobertas sozinhas, **com as próprias mãos**.

Nós oferecemos experiências para as crianças aprenderem com o tato. Elas seguram um objeto enquanto o nomeamos, nós oferecemos diversos materiais de arte bonitos para elas explorarem, por exemplo, itens interessantes para abrir e fechar (como velcro, zíperes e botões) e elas nos ajudam a preparar comida na cozinha – enfiando os dedos na massa e usando a faca de manteiga para cortar uma banana.

Outro exemplo de aprendizagem prática são os materiais de matemática (aqui chamamos de *kit* material dourado) presentes em uma sala de aula montessoriana para crianças de 3 a 6 anos. Uma pequena conta dourada representa o número 1. Uma fileira de dez contas representa o número 10. Uma placa de madeira com dez fileiras de dez contas representa o 100. Uma pilha de dez placas de madeira representa 1.000.

Usando esses materiais, uma criança pequena pode fazer contas de adição. Para a soma de 1.234 + 6.432, a criança pode pegar um bloco de 1.000, duas placas de madeira para 100, três fileiras para 30 e quatro contas. Depois pode fazer a mesma coisa para 6.432, e então, fica bem claro quando elas começam a somar que agora há sete blocos de 1.000, seis placas de madeira de 100 e por aí em diante. A criança pode ver e segurar esses valores concretamente nas mãos, o que é diferente da abordagem abstrata, na qual a maioria das crianças aprendem a somar em um pedaço de papel.

À medida que progride para as próximas séries, a criança contará com essa base concreta para evoluir para a abstração. Ela não precisará dos materiais, mas eles estarão sempre disponíveis caso queira usá-los novamente.

4. PERÍODOS SENSÍVEIS

Quando uma criança demonstra um interesse especial em uma área – por exemplo, movimento, linguagem, matemática, leitura – isso é conhecido por *período sensível*. Trata-se de um momento em que a criança está particularmente sintonizada para aprender uma certa habilidade ou conceito, e isso ocorre com facilidade e sem esforço.

Devemos observar nossos filhos para ver em que períodos sensíveis eles estão e proporcionar atividades adequadas para estimular esses interesses. Quando a criança começa a nos imitar e repetir certas palavras, isso denota um período sensível para a linguagem, e devemos proporcionar um vocabulário novo, além do conhecido, para ela praticar.

Se uma criança pequena fica interessada em subir na mesa, esse é um período sensível para os movimentos e ela precisa praticá-los. Mas, em vez de deixá-la subir nos móveis, podemos criar um percurso com obstáculos usando almofadas, mantas, objetos para ela se equilibrar em cima e outros para escalar.

A tabela na página 30 dá alguns exemplos de como alimentar o interesse da criança quando ela está em um período sensível.

Nota: Algumas pessoas se preocupam que, caso não percebam um período sensível, por exemplo, para a leitura, a criança terá problemas para aprender a ler. Ela aprenderá a ler, mas isso irá demandar mais esforço consciente, a exemplo de um adulto aprendendo uma língua estrangeira.

PERÍODOS SENSÍVEIS PARA CRIANÇAS PEQUENAS
(de 1 ano e meio a 3 anos)
A época desses períodos sensíveis varia conforme a criança

LINGUAGEM	Um período sensível para a língua falada. As crianças observam nossa boca, balbuciam, começam a repetir o que dizemos e, em breve, há uma explosão da linguagem. O interesse em escrever costuma surgir a partir dos 3 ou 5 anos; em ler, a partir de 4 ou 5 anos. • Use uma linguagem rica. • Nomeie tudo com o nome apropriado. • Leia livros para ela. • Tenha conversas com a criança e dê pausas para ela reagir. • Siga os interesses da criança.
ORDEM	As crianças adoram ter uma ordem para as atividades. Maria Montessori observou uma criança que estava passeando com a sua mãe, e que ficou muito chateada quando a mãe lhe tirou o casaco. A criança se aborreceu porque a "ordem" (como as coisas eram ou deveriam ser) mudou e, quando a mãe colocou o casaco na criança novamente ela se acalmou. • Use rotinas para que a criança saiba o que esperar a seguir. • Ter "um lugar para tudo e para tudo um lugar". • Proporcionar compreensão se a criança estiver perturbada quando algo não acontece da mesma maneira todos os dias.
PEQUENOS DETALHES	Entre 18 meses e 3 anos, a criança fica atraída por objetos minúsculos e pelos mínimos detalhes. • Insira detalhes refinados em casa: arte, flores e artesanatos. • Sente-se no chão e fique na altura da criança para enxergar pela perspectiva dela — torne sua casa atraente. • Tire itens imperfeitos.
AQUISIÇÃO DE MOVIMENTOS	A criança pequena adquire movimentos motores finos e grossos — ela aprende a andar e a usar as mãos. Quando cresce um pouco, ela refina essas habilidades e começa a ter mais coordenação. • Ofereça diversas oportunidades para ela praticar a coordenação motora fina e também a grossa. • Dê tempo para ela se movimentar.
EXPLORAÇÃO SENSORIAL	Crianças pequenas ficam fascinadas pelas cores, sabores, cheiros, toque e sons que descobrem explorando o ambiente. Ao se desenvolver, a criança começa a classificar e organizar essas impressões. • Dê acesso a ambientes internos e externos interessantes para que ela os explore com todos os sentidos. • Dê tempo para a criança explorar livremente. • Façam descobertas conjuntamente.
BOAS MANEIRAS E GENTILEZAS	O período sensível para incutir boas maneiras começa por volta dos 2 aos 5 anos. Antes disso, o adulto pode dar exemplos de boas maneiras e gentilezas para crianças pequenas, que absorverão. • Confie na criança no sentido de que essas boas maneiras e gentilezas irão se desenvolver gradualmente, sem necessidade de forçá-la a adotá-las. • Demonstre boas maneiras e gentilezas em casa, na vida cotidiana e com estranhos.

5. MENTE ABSORVENTE INCONSCIENTE

Desde o nascimento até os 6 anos, as crianças absorvem informações sem esforço. A doutora Montessori se referia a isso como a *mente absorvente*. Desde o nascimento até os 3 anos, elas o fazem *inconscientemente*.

A facilidade com que uma criança pequena aprende nos dá oportunidades, mas também responsabilidades.

Oportunidades, pois elas absorvem com muita facilidade a linguagem ao seu redor (formando um vocabulário rico e compreensão), como lidamos com móveis e objetos (idealmente com cuidado), como tratamos os outros (idealmente com respeito e bondade), onde colocamos as coisas (criando ordem), e a beleza do ambiente em nosso entorno.

Responsabilidades, porque, como a doutora Montessori salienta, uma esponja absorve igualmente água suja e água limpa. Uma criança capta facilmente tanto as experiências negativas quanto as positivas. Ela capta até nossos sentimentos e atitudes, por exemplo, quando nós derrubamos alguma coisa e ficamos frustrados conosco mesmos (em vez de nos perdoarmos) ou se temos uma mentalidade de que somos péssimos para desenhar (ao contrário de uma mentalidade de crescimento de que sempre é possível melhorar nossas habilidades).

Portanto, devemos ficar atentos ao máximo para sermos exemplos positivos para as crianças pequenas, cercando-as de beleza e gentileza para que elas as absorvam.

6. LIBERDADE E LIMITES

Ouço pessoas perguntarem "É verdade que as escolas Montessori são permissivas e deixam as crianças fazerem tudo o que quiserem?", ao passo que outras indagam "As escolas Montessori são mesmo muito rígidas e só deixam as crianças usarem materiais de certas maneiras?".

Na verdade, o método Montessori se situa em algum ponto intermediário entre a permissividade e a ordem.

Na escola ou em casa, temos algumas regras que as crianças devem seguir para aprender a ter respeito e responsabilidade por si mesmas, pelos outros e pelo ambiente em que vivem. Dentro desses limites, as crianças têm liberdade de escolha, de movimento e de vontade.

Em uma escola Montessori, as crianças têm a liberdade para escolher em no que querem trabalhar (desde que essa opção esteja disponível), a liberdade de descansar ou observar outra criança (desde que não a perturbem), e a liberdade de se movimentar na sala de aula (desde que respeitem as outras pessoas). Dentro desses limites, nós acompanhamos a criança e confiamos que ela se desenvolverá em seu próprio ritmo.

Em casa, damos liberdade para escolherem o que querem vestir (desde que a roupa seja adequada para a estação), a liberdade de fazer seu lanche (desde que se sentem para comer) e a liberdade de se expressar (desde que não magoem os outros nem danifiquem objetos).

Preocupadas, algumas pessoas perguntam, *como elas aprenderão que têm de fazer algumas coisas?* ou *elas não ficarão mimadas se focarmos nelas o tempo todo?* Eu não estou sugerindo que é preciso deixar nossos filhos fazerem tudo o que quiserem. Como pais, devemos ser claros sobre o que é esperado em termos de conduta e ser firmes com os limites. Devemos intervir se eles estiverem machucando alguém ou a si mesmos e ajudá-los gentilmente a ir embora do parque se estiverem relutantes. Embora estejamos aprendendo a ver pela perspectiva deles, também estamos lhes mostrando como ter respeito mútuo e se importar com os outros (inclusive conosco, como seus pais) e com o ambiente.

Nós lhes damos liberdade dentro de limites.

7. INDEPENDÊNCIA E RESPONSABILIDADE

"Ajude-me a fazer isso sozinho."

No método Montessori, as crianças aprendem a ser independentes. A intenção não é estimulá-las para que cresçam rápido demais, pois (deixamos as crianças serem crianças) respeitamos as etapas do desenvolvimento. Nós fomentamos a autonomia porque elas adoram ser independentes.

As crianças querem ser capazes de fazer mais, contribuir, participar da família/sala de aula/sociedade. Nós vemos a satisfação em seus rostos quando elas calçam o próprio sapato, põe uma coisa de volta em seu lugar ou ajudam um amigo. A paz as invade quando conseguem fazer atividades sozinhas, quando não têm de brigar com alguém que está enfiando a camiseta pela sua cabeça ou arrastando-as para o banho sem aviso prévio.

Por meio da independência, a criança aprende **a ser responsável** por cuidar de si mesma, dos outros e do ambiente.

Elas aprendem a manusear coisas frágeis com cuidado. Aprendem a oferecer ajuda a um amigo. Aprendem a cuidar de seus pertences. Aprendem a fazer as pazes quando magoaram alguém. Aprendem a cuidar das plantas, da sala de aula e do ambiente ao seu redor.

Até mesmo as crianças pequenas aprendem todas essas coisas.

8. DESENVOLVIMENTO INDIVIDUAL

Cada criança tem um cronograma de desenvolvimento singular.

O método Montessori respeita não só esse cronograma individual, mas também o fato de que cada criança tem diferentes níveis de energia e de concentração em momentos distintos. As crianças têm diversas modalidades para aprender – visual, auditiva, tátil, ou uma combinação delas.

Algumas crianças gostam de repetir inúmeras vezes até dominar uma habilidade. Outras aprendem principalmente observando os outros. Certas crianças têm mais necessidade de se movimentar do que outras.

O método Montessori respeita como crianças distintas aprendem e apoia seu desenvolvimento individual.

9. RESPEITO

Os professores montessorianos têm tanto respeito pelas crianças que as tratam da mesma maneira que tratam os adultos. Isso fica evidente na forma com que falam com uma criança, na maneira com que pedem permissão se precisarem tocar nelas (por exemplo, "Posso erguê-lo?"), e na forma com que permitem que a criança se desenvolva em seu próprio ritmo.

Isso não significa que o adulto abra mão do comando, pois ele definirá um limite quando necessário. Sem ser passivo nem agressivo, mas de uma maneira respeitosamente assertiva.

10. OBSERVAÇÃO

Observação é a base da abordagem montessoriana. Durante minha formação como profissional Montessori, nós observávamos bebês e crianças pequenas por mais de 250 horas. Nós estávamos treinando para eliminar o impulso de analisar, tirar conclusões precipitadas, agir parcialmente e formar preconceitos sobre uma criança ou situação.

Simplesmente observar significa assistir como uma câmera na parede. Ser factual e registrar apenas aquilo que nós vemos: os movimentos das crianças, sua linguagem, sua postura, suas ações etc.

Observar nos mostra exatamente a fase em que a criança está. Ajuda-nos a ver no que ela está interessada, no que está empenhada para dominar, quando há uma mudança no desenvolvimento e, ocasionalmente, quando é preciso interferir para colocar um limite ou dar uma pequena ajuda antes de sair de cena.

Nos capítulos a seguir, você verá como incorporar esses princípios montessorianos na vida cotidiana:

- Observar nossos filhos para saber quais são seus interesses, de modo que possam explorar e fazer descobertas por conta própria;
- Dar tempo para a linguagem, movimento e para estar junto;
- Organizar nossa casa para que eles possam florescer;
- Incluí-los na vida cotidiana;

- Estimular sua curiosidade;
- Estabelecer regras básicas para que as crianças saibam quais são os limites;
- Ser o guia de nossos filhos, pois eles não precisam de um chefe nem de um criado;
- Deixá-los florescer como os seres singulares que são, em vez de moldá-los.

Vamos colocar tudo em prática com as crianças pequenas.

> **PARA PRATICAR**
>
> 1. Nós percebemos quando nosso filho está passando pelos períodos sensíveis? No que ele está interessado agora?
> 2. Nós vemos exemplos em nosso filho:
>   - da mente absorvente?
>   - do desejo natural de aprender?
> 3. O que achamos da aprendizagem de cima para baixo (uma abordagem tradicional de aprendizagem) e da abordagem na qual a criança está engajada na própria aprendizagem?

ATIVIDADES MONTESSORIANAS PARA CRIANÇAS PEQUENAS

3

37 Atividades montessorianas para a criança completa
38 Em que consiste uma atividade montessoriana?
40 Como mostrar uma atividade para a criança
41 Princípios gerais para ter em mente
48 Como preparar uma atividade
50 Tipos de atividades
    50 Coordenação olho-mão
    54 Música e movimento
    56 Vida prática
    63 Artes e artesanatos
    66 Linguagem
82 Uma observação adicional sobre o ar livre e a natureza
84 E os brinquedos não montessorianos?

ATIVIDADES MONTESSORIANAS PARA A CRIANÇA COMPLETA

Uma das maneiras mais fáceis de introduzir a sabedoria Montessori em casa é começar com atividades.

As atividades montessorianas visam desenvolver a criança integralmente. Nós começamos observando a criança para ver quais são suas necessidades, então, elaboramos atividades para satisfazer essas necessidades.

As crianças pequenas precisam usar as mãos de várias maneiras: treinar a habilidade de agarrar e segurar, a capacidade de alcançar o meio de seu corpo, transferir de uma mão para a outra, carregar objetos com as duas mãos, praticar movimentos motores grossos, autoexpressão e comunicação.

As atividades montessorianas para crianças pequenas abrangem cinco áreas principais:

1. Coordenação olho-mão;
2. Música e movimento;
3. Vida prática (atividades cotidianas);
4. Artes e artesanatos;
5. Linguagem.

Há uma lista de atividades montessorianas para crianças pequenas no apêndice desse livro. As idades servem apenas como indicação. Assegure-se de seguir a criança e ver que atividades prendem sua atenção, eliminando aquelas demasiado difíceis ou fáceis.

EM QUE CONSISTE UMA ATIVIDADE MONTESSORIANA?

Em geral, as atividades montessorianas **objetivam uma habilidade.** Por exemplo, colocar uma bola em uma caixa por um orifício pequeno permitindo que a criança domine essa habilidade. Elas diferem dos brinquedos tradicionais de plástico que objetivam múltiplas habilidades ao mesmo tempo, com uma parte para empurrar, uma parte onde uma bola cai, outra parte que faz um ruído e por aí em diante.

Nós também preferimos usar **materiais naturais.** As crianças pequenas exploram com seus cinco sentidos. Materiais naturais, como madeira, são agradáveis ao tato e geralmente seguros para botar na boca, e há mais probabilidade do peso do objeto estar diretamente relacionado ao seu tamanho. Embora sejam mais caros, brinquedos de madeira geralmente são mais duráveis e podem ser doados quando a criança perde o interesse por eles. Guardar atividades em recipientes feitos com materiais naturais, como cestas, também introduz elementos feitos à mão e beleza no espaço.

Muitas atividades montessorianas **têm um começo, um meio e um fim.** A criança pode começar por uma pequena parte da sequência e, à medida que se desenvolve, conseguirá completar *o ciclo de trabalho inteiro*, incluindo pegar outra atividade na prateleira. Ela sente paz enquanto está praticando a atividade — e satisfação quando termina. Por exemplo, quando faz um arranjo de flores, inicialmente a criança pode mostrar interesse apenas em verter água e usar a esponja para secar os respingos. Gradualmente, ela aprenderá todas as etapas e completará o ciclo de trabalho, vertendo água em vasinhos, arrumando todas as flores, guardando os materiais e enxugando possíveis respingos de água.

As atividades montessorianas são **completas.** Completar uma atividade é importante para o senso de destreza infantil. Uma criança pode se sentir frustrada, por exemplo, quando uma peça de um quebra-cabeça estiver faltando. Se quaisquer peças estiverem faltando, nós eliminamos toda a atividade.

Com frequência, as atividades são organizadas em **bandejas e cestas** individuais. Em cada bandeja ou cesta há tudo de que a criança precisa para completar a tarefa sozinha. Por exemplo, se a atividade envolver água, nós podemos incluir uma esponja ou luva grossa para enxugar quaisquer respingos.

Crianças ganham destreza em uma atividade por meio da **repetição**. A atividade deve estar exatamente em seu nível – desafiadora, porém não demasiado fácil nem difícil a ponto de fazer a criança desistir. Adoro ver uma pintura presa em pregadores de roupa acima da grelha de secagem – um sinal de que a criança se esforçou para aprender a secar suas pinturas da maneira certa.

As crianças podem se concentrar e repetir só uma parte da atividade. Por exemplo, praticam espremer uma esponja ou encher uma caneca com água da torneira. Nós observamos e deixamos elas repetirem quantas vezes quiserem a parte que estão tentando dominar, acrescentarem etapas ao processo ou mudarem para outra atividade.

A criança tem **liberdade para escolher** sua atividade. Nossos espaços são organizados para estimular essa liberdade de escolha, disponibilizando um número limitado de atividades que elas estejam se empenhando para dominar.

> "A tarefa de ensinar torna-se fácil, pois não precisamos escolher o que ensinar, mas devemos colocar tudo diante da criança para satisfazer seu apetite mental. Ela deve ter total liberdade de escolha e, então, só precisa de experiências repetidas que serão cada vez mais marcadas pelo interesse e a atenção, enquanto adquire algum conhecimento desejado."
>
> — Maria Montessori, *Para Educar o Potencial Humano*

COMO MOSTRAR UMA ATIVIDADE PARA A CRIANÇA

Na formação de professores montessorianos, nós aprendemos a mostrar para as crianças como fazer cada atividade na sala de aula por meio de "uma apresentação". Nela, cada atividade é dividida em pequenas fases, incluindo levar a bandeja à mesa, apresentar a atividade etapa por etapa e colocar a bandeja de volta na prateleira. Nós praticamos bastante a apresentação para cada atividade. Então, se a criança precisar de ajuda na sala, nós já conhecemos tão bem a atividade que podemos improvisar e oferecer a ajuda necessária.

Em casa, também é possível organizar uma atividade. Primeiramente os adultos a fazem, então, dividem-na em pequenas etapas e praticam para ver como a criança lida com ela.

A criança escolhe a atividade que a interessa e tenta fazê-la pelo tempo que quiser sem a interferência dos adultos. Se ela derrubar alguma coisa, eles esperam para ver se ela reage e pega aquele item. Ao perceber que está se esforçando e ficando frustrada, os adultos interferem e dizem "Veja", então mostram lentamente, por exemplo, como girar a tampa do jarro. Depois se afastam novamente para ver como ela lida com a situação.

Aqui estão algumas dicas para mostrar uma atividade a uma criança:

- Faça movimentos lentos e precisos com as mãos para que a criança possa observar claramente. Por exemplo, mostre cada uma das pequenas etapas necessárias para abrir um botão.

- Evite falar enquanto demonstra, senão a criança fica confusa entre olhar para você ou para as suas mãos.

- Tente mostrar do mesmo jeito todas as vezes para ela ter mais facilidade para entender as etapas.

- Manuseie os objetos de uma maneira que a criança possa imitar, por exemplo, usando as duas mãos para carregar uma bandeja, um copo e assim por diante.

- Se não quiser ajuda, ela pode atender a um comando verbal, como "empurre, empurre". Ou deixe-a tentar sozinha até dominar a tarefa, ou ela pode abandoná-la e tentar de novo em outra ocasião.

Mãos Lentas e Omitir Palavras

Foi minha amiga montessoriana Jeanne-Marie Paynel que me falou sobre a sigla *SHOW* (*sigla em inglês, sua tradução é Mãos Lentas e Omitir Palavras*), que é um lembrete útil para os adultos usarem mãos lentas e omitirem palavras quando estiverem mostrando algo novo para os filhos.

Movimentos lentos e fáceis de acompanhar ajudam a criança a entender as coisas com mais facilidade. Se nós explicarmos com palavras ao mesmo tempo, a criança não tem certeza se deve ouvir ou olhar para nós. Portanto, se ficarmos em silêncio, ela pode se concentrar apenas em nossos movimentos.

PRINCÍPIOS GERAIS PARA TER EM MENTE

1. DEIXE A CRIANÇA LIDERAR

Siga o ritmo e os interesses da criança. Em vez de sugerir ou comandar a brincadeira, espere ela escolher sozinha. Deixe-a optar por atividades que esteja tentando dominar – nada muito fácil ou difícil. Algo desafiador, mas não a ponto de fazê-la desistir.

2. DEIXE-A LIDAR COM A ATIVIDADE PELO TEMPO QUE QUISER

Enquanto uma criança está dominando uma atividade, não devemos apressá-la para terminar – mesmo que um irmão ou irmã esteja esperando. Após ela encerrar a atividade, pergunte se quer fazê-la novamente. Isso estimula a repetição e lhe dá chance de repetir, praticar, dominar a atividade e aumentar sua concentração.

Preferencialmente, não interrompemos a concentração profunda da criança. Um simples comentário nosso pode distraí-la da tarefa que está se empenhando para dominar e fazê-la desistir totalmente da atividade. Espere ela procurá-lo em busca de retornos acurados, ofereça ajuda quando ela estiver frustrada ou espere ela terminar o que está fazendo antes de fazer um pedido, como vir para a mesa para jantar.

3. EVITE PRESSIONAR A CRIANÇA

Mesmo sem perceber, pressionamos constantemente nossos filhos.

"Que cor é essa?", "Quantas maçãs estou segurando?", "Que tal mostrar para a vovó que você consegue andar?".

Eu fazia muito isso quando meu filho era pequeno. Frequentemente, eu lhe pedia para demonstrar alguma habilidade nova ou fazer algum truque novo. Talvez para exibi-lo, ou para pressioná-lo a aprender com mais rapidez.

Agora vejo que esse é um tipo de teste para uma criança, para o qual geralmente existe apenas uma resposta correta. Então, se ela der a resposta errada, só nos resta dizer, "Não, essa flor é amarela, não azul", o que não ajuda a aumentar a confiança de uma criança.

Portanto, é melhor continuar nomeando coisas, fazendo perguntas que despertem a curiosidade e observando o que a criança dominou e o que ainda está praticando.

Atualmente, só faço testes com uma criança se tiver certeza de que ela sabe a resposta e ficará empolgada em me dizer. Por exemplo, se ela já identifica objetos azuis, aponto algo azul e pergunto

"Que cor é essa?". Ela ficará alegre ao gritar "Azul!". Em geral, isso começa quando as crianças têm cerca de 3 anos.

4. RETIRE A ATIVIDADE APÓS SEU TÉRMINO

Quando termina uma atividade, a criança deve ser estimulada a recolocá-la em seu lugar na prateleira. Essa rotina enfatiza que há um começo, um meio e um fim na tarefa.

Além disso, colocar as coisas de volta no lugar certo, na prateleira, deixa o espaço em ordem e agradável.

Primeiramente, devemos mostrar que cada coisa tem seu lugar e ensinar a guardar as coisas é a última parte da atividade. Podemos então começar a trabalhar junto com a criança, levando as coisas de volta para a prateleira – ela pode levar uma parte e nós levamos a outra. Então, apoiados nessa base, estimulamos a criança a fazer isso sozinha, por exemplo, colocando a coisa de volta em seu lugar na prateleira. Gradualmente, elas irão arrumar cada vez mais as coisas sozinhas.

Elas podem não fazê-lo todos os dias, assim como em certos dias não temos vontade de cozinhar. Em vez de insistir para que elas o façam, podemos dizer: "Quer fazer isso comigo? Eu levo isso e você leva aquilo".

Até crianças maiores podem precisar de alguma ajuda no sentido de dividir a tarefa em partes menores. "Vamos colocar os blocos de volta no lugar e depois vamos pegar os livros."

Se elas já estão fazendo outra atividade, geralmente eu não interrompo sua concentração. Deste modo, guardo a atividade inicial, mostrando à criança o que fazer na próxima vez. Talvez elas não nos vejam fazendo isso, mas podem perceber a cena pelo canto do olho ou absorvê-la inconscientemente.

5. DÊ SEMPRE O EXEMPLO

Nossos filhos aprendem muito observando os pais, e também as outras pessoas ao seu redor. Então, pensando no êxito da criança pequena, mostramos como se deve fazer as coisas – por exemplo, empurrar uma cadeira com as duas mãos, carregar só uma coisa de cada vez e evitar sentar-se em uma mesa ou prateleira baixa.

6. PERMITA QUALQUER USO DOS MATERIAIS, MAS INTERROMPA QUANDO ELES FOREM USADOS INADEQUADAMENTE

Uma criança irá explorar as atividades de diversas maneiras (inclusive de jeitos inesperados). Nós não queremos limitar sua criatividade interferindo para corrigi-la. Se ela não estiver danificando os materiais, se machucando ou machucando alguém, não é preciso interrompê-la. Mas talvez seja apropriado fazer uma anotação mental para mostrar a finalidade daquela atividade em outro momento. Por exemplo, se a criança estiver usando um regador para encher um balde, podemos mostrar posteriormente em outro momento como usar o regador para regar algumas plantas.

No entanto, se a criança estiver usando os objetos inadequadamente, podemos interferir delicadamente. Por exemplo, "Eu não posso permitir que você bata com este copo na janela". Devemos mostrar a ela que os copos servem para tomar líquidos ou mostrar uma atividade que lhe permita usar essa habilidade, por exemplo, bater em um tambor ou fixar um prego com um martelinho.

7. MODIFIQUE PARA O NÍVEL DA CRIANÇA

Somos capazes de modificar uma atividade para torná-la mais fácil ou mais difícil. Por exemplo, se a criança estiver com dificuldade para colocar formas grandes em uma forma menor, podemos manter as mais fáceis (como um cilindro) e tirar as mais difíceis. A partir daí, vamos progredindo lentamente, acrescentando mais formas à medida que a criança adquire mais habilidade.

Às vezes, quando um conjunto tem menos itens, a concentração da criança aumenta. Por exemplo, em minha sala de aula geralmente há de cinco a oito animais em um estábulo de madeira, os quais são usados o tempo todo. Conforme a criança cresce, podemos disponibilizar mais itens.

8. ARRUME AS ATIVIDADES EM PRATELEIRAS, EM UMA SEQUÊNCIA DAS MAIS FÁCEIS ATÉ AS MAIS DIFÍCEIS

Ao colocar as atividades na prateleira em uma ordem de dificuldade crescente, da esquerda para a direita, nós ajudamos a criança a progredir das atividades mais fáceis para outras mais difíceis. Se achar uma atividade muito complicada, ela poderá retornar para a atividade anterior.

9. USE O QUE ESTIVER DISPONÍVEL

Não é preciso comprar todos os materiais mencionados nesse livro, pois eles apenas exemplificam os tipos de atividade que interessam às crianças pequenas. Materiais semelhantes podem ser feitos com coisas que já temos em casa.

Aqui estão algumas sugestões:

- Se a criança estiver interessada em como moedas entram em uma fenda, em vez de comprar uma caixa de moedas, corte uma fenda estreita em uma caixa de sapatos e ofereça alguns botões grandes para a criança enfiar pela fenda.
- Se a criança estiver interessada em enfileirar, proponha que ela enfie tubinhos de massa *penne* em um cadarço de sapato com um nó grande na ponta.
- Se a criança estiver interessada em abrir e fechar, junte potes velhos e lave-os bem para que ela possa praticar abrir e fechar as tampas. Dentro de carteiras ou bolsas velhas com diversos tipos de fecho esconda algumas coisas engraçadas para ela descobrir.

10. TENHA CUIDADO COM PARTES MIÚDAS E OBJETOS AFIADOS OU PONTIAGUDOS

As atividades montessorianas muitas vezes envolvem objetos com partes miúdas, facas e tesouras, mas sempre são supervisionadas. Não é preciso se preocupar, basta ficar observando com calma para se assegurar de que as crianças estão usando os itens de maneira segura.

COMO PREPARAR UMA ATIVIDADE

As crianças pequenas geralmente escolhem as brincadeiras de acordo com o que lhes interessa naquele momento.

Então, em vez de simplesmente colocar uma atividade na prateleira, recomendo despender alguns minutos para organizá-la de uma maneira que a torne ainda mais envolvente para a criança.

1. **Exponha-as em uma prateleira.** Em vez de guardar as atividades em uma caixa de brinquedos, é muito mais fácil uma criança pequena ver o que está disponível quando expomos algumas em uma prateleira.

2. **Torne-as atraentes.** Colocar uma atividade em uma cesta ou bandeja pode torná-la mais atraente. Se a criança se desinteressar por uma atividade, mudar a bandeja pode despertar novamente seu interesse.

3. **Mostre elementos associados.** Uma bandeja ou cesta reúne todos os itens necessários. Por exemplo, uma bandeja com massa de modelar pode incluir um recipiente para a massa, utensílios para modelar, cortar e fazer padrões, e uma esteira para proteger a mesa.

4. **Prepare tudo para que a criança se sirva sozinha.** Em uma área de pintura, coloque o avental pendurado em um gancho de um lado do cavalete e um pano úmido pendurado do outro lado para limpar respingos, as mãos e o cavalete. Devemos providenciar uma cesta de papel e uma corda de varal dobrável com pregadores de roupa, para que as crianças deixem as pinturas secando. Crianças mais novas precisarão de ajuda nessas etapas, mas gradualmente conseguirão fazer as atividades sozinhas.

5. **Desmonte a atividade.** Uma atividade terminada é menos atraente para a criança pequena do que outra que ficou inacabada. Desmonte a atividade e coloque-a de volta na prateleira. Ponha as peças em uma tigela à esquerda (digamos, as peças do quebra-cabeça) e o cerne da atividade à direita (a base vazia do quebra-cabeça). Acompanhar o movimento da esquerda para a direita é uma preparação indireta para a leitura.

COMO PREPARAR UMA ATIVIDADE

EXEMPLOS

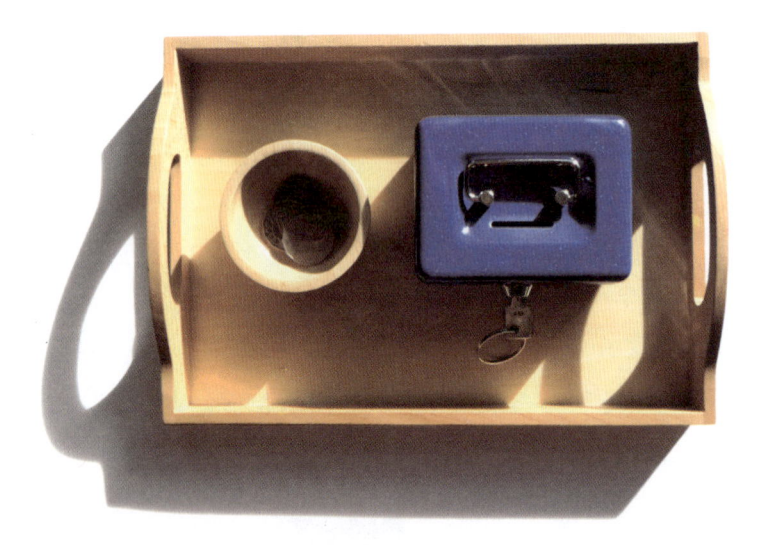

ELEMENTOS

- BANDEJA;
- ATIVIDADE DESMONTADA;
- GRAU DE DIFICULDADE DA ESQUERDA PARA A DIREITA;
- DAS MAIS FÁCEIS PARA AS MAIS DIFÍCEIS AO LONGO DA PRATELEIRA;
- NA ALTURA DA CRIANÇA;
- PREPARAÇÃO BONITA PARA ATRAIR O INTERESSE DA CRIANÇA;
- ATIVIDADE DESAFIADORA PARA A CRIANÇA – NEM FÁCIL DEMAIS NEM DEMASIADO DIFÍCIL;
- TUDO À MÃO;
- ITENS COM QUE A CRIANÇA POSSA LIDAR SOZINHA.

N.º1 **AQUARELA**

Em uma bandeja:
- pincel para aquarela;
- potinho com um pouco de água;
- pastilha de aquarela (se conseguir achar as cores separadamente, comece com uma cor para que todas não se misturem).

Providencie também:
- um forro para proteger a mesa;
- papel para aquarela (um pouco mais espesso do que o papel comum);
- um pano para limpar pequenos respingos.

N.º2 **ARRUMAÇÃO DA MESA**

Para mostrar à criança como se arruma a mesa, providencie:
- um copinho próprio para uma criança pequena;
- tigela ou pratinho;
- garfo e colher pequenos (além de faquinha, caso a criança já saiba usar).

Providencie também:
- uma esteira de jogo americano com lugares definidos para garfo, colher, faca, tigela e copo.

TIPOS DE ATIVIDADES

01 / COORDENAÇÃO OLHO-MÃO

Crianças pequenas usam constantemente as duas mãos ao mesmo tempo para refinar sua preensão (capacidade de segurar as coisas com firmeza). Procure novas maneiras de instigar esses movimentos.

ATIVIDADES DE ENCAIXE

Encaixar permite que a criança refine a preensão, a coordenação olho-mão e a destreza, além de ser uma prática feita com as duas mãos simultaneamente.

- Até os 12 meses, um bebê conseguirá tirar pinos grandes de um orifício e começar a colocá-los de volta.
- Crianças pequenas podem começar a colocar esses pinos em uma sequência do maior para o menor.
- Há também uma versão com três orifícios coloridos (vermelho, amarelo e azul) e três pinos coloridos correspondentes. Inicialmente, a criança fica interessada em colocar os pinos em qualquer orifício. Depois, começa a pôr um pino vermelho, digamos, no orifício azul, então, para procura o orifício vermelho e buscar o pino vermelho que combina com a cor do orifício.
- Podemos então oferecer maneiras para a criança enfiar um pino horizontalmente – em vez de vertical, o orifício pode ser horizontal. Isso introduz um movimento chamado *cruzar a linha mediana,* no qual a criança leva uma mão de um lado de seu corpo para o outro lado passando pela sua linha mediana.
- Progredimos então para o encaixe de contas. Uma boa etapa intermediária é oferecer à criança algumas contas e uma varinha de madeira de 30 cm de comprimento.

- A seguir, ofereça um cadarço com algumas contas. Procure conjuntos de cadarços, no qual o cadarço tenha uma ponta de madeira com 3 a 4 cm de comprimento, para facilitar o processo para crianças mais novas.
- Então a criança progride encaixando contas grandes em um cadarço comum...
- ...e depois encaixe as contas menores em um cadarço fino.

ATIVIDADES DE ENVASE

Com as atividades de envase, a criança aprende a soltar um objeto em um recipiente e começa a entender a permanência dos objetos (ou seja, algo que vai embora pode voltar).

- Até os 12 meses, um bebê gosta de colocar bolas em uma caixa ou bater com um martelo em uma bola para fazê-la entrar em um orifício.
- Por volta dos 12 meses, o bebê passa a empurrar formas geométricas em buracos, começando por um cilindro. A seguir, pode se concentrar em formas mais complexas, como um cubo, um prisma triangular e assim por diante.
- Com destreza crescente, a criança começa a inserir uma moeda grande (ou ficha de pôquer) em uma fenda estreita. Em nossa classe, as crianças adoram inserir moedas em uma caixa que tem uma chave.

ATIVIDADES DE ABRIR E FECHAR

Outra maneira de desenvolver a destreza manual de uma criança é lhe dar oportunidades para abrir e fechar vários recipientes.

- Use bolsas velhas com fechos, potes vazios, recipientes com fecho de pressão, carteiras com zíperes e assim por diante. Eu escondo diversos objetos dentro para a criança achar – um bebezinho de brinquedo, uma tarraxa, um pião, um chaveiro sem a argola etc.
- Ache cofrinhos para a criança abrir e fechar várias fechaduras, incluindo um cadeado com chave, e achar pequenos itens escondidos no interior.

GEOPLANO, TIRAS DE ELÁSTICO, PORCAS E PARAFUSOS

Essas atividades são ótimas para refinar o desenvolvimento motor fino da criança.

- A criança melhora sua coordenação esticando tiras de elástico sobre um geoplano (tipo de painel perfurado)[1].
- A criança pode rosquear uma porca no parafuso, com uma mão segurando o parafuso e a outra girando a porca. Assim, as duas mãos atuam conjuntamente.
- Ofereça vários tamanhos de porcas e parafusos para que a criança os organize pelo tamanho.

CLASSIFICAÇÃO

A partir dos 18 meses, as crianças se interessam em separar objetos por cor, tipo e tamanho. Dê um lote de objetos ou ache-os com a criança na praia, na floresta ou no jardim. Coloque-os em uma tigela grande para a criança separá-los e distribuir em tigelas menores. Um recipiente com compartimentos também é ótimo para uma atividade de classificação.

Alguns exemplos de objetos bons para fazer a classificação:

- botões com duas ou três cores/tamanhos/formatos;
- conchas de dois ou três tipos;
- nozes com cascas de dois ou três tipos.

BOLSAS ESTEREOGNÓSTICAS

Por volta dos 2 anos e meio, a criança se interessa por descobrir os objetos através da sensação do toque. Começa então a diversão com as bolsas estereognósticas, conhecidas como bolsas mágicas. (Estereognosia é a capacidade de conhecer um objeto pela via sensorial.) Ache uma bolsa opaca e coloque vários objetos dentro dela.

---

[1]. Disponível em: https://educador.brasilescola.uol.com.br/estrategias-ensino/geoplano.htm. Acesso em: 18 de março de 2022.

A criança enfia a mão dentro e adivinha o conteúdo pelo tato ou dizemos o nome de um objeto para ela achar na bolsa.

- Coloque dentro da bolsa objetos aleatórios ou ligados por um tema, ou pares de objetos.
- Escolha objetos com formatos bem definidos, como chaves e colheres, em vez de itens mais difíceis de distinguir, a exemplo de animais.

QUEBRA-CABEÇAS

Bebês e crianças pequenas gostam de desvendar quebra-cabeças. Quebra-cabeças de madeira com botões sobre peças que se encaixam em uma forma específica são ideais para essa faixa etária. Por volta dos 18 meses, elas podem conseguir encaixar algumas peças com formatos simples na base do quebra-cabeça.

- Para começar, dê à criança um quebra-cabeça simples com botões grandes sobre três a cinco peças. Mesmo que não consiga encaixar de volta as peças, ela estará refinando seu desenvolvimento motor fino. Nesse caso, mostraria como colocar as peças de volta para que ela possa repetir o processo.
- A partir dos 18 meses, a criança pode progredir para um quebra-cabeça de nove peças com botões menores ou sem botões.
- Continue dando quebra-cabeças para a criança. Os tradicionais têm todas as peças do mesmo tamanho. Outros têm o formato de um objeto – por exemplo, o formato de uma árvore. A dificuldade dependerá da quantidade de peças.

Nota: Crianças pequenas completam quebra-cabeças de maneira diferente de um adulto.

Em geral, os adultos acham primeiro os cantos e margens, mas as crianças tendem a resolver o quebra-cabeça vendo que formatos se encaixam. Quando elas estiverem começando a se entreter com quebra-cabeças, nós devemos mostrar ou dar a elas duas peças de cada vez, as quais se encaixem. Gradualmente, elas irão ganhando autonomia na atividade até dominá-la.

02 / MÚSICA E MOVIMENTO

MÚSICA

Todos os humanos precisam se movimentar, e todas as culturas têm uma longa história de canto e dança. Não é preciso cantar ou tocar bem uma música para as crianças para desfrutar dela em casa. Se nós gostarmos de música, elas também irão gostar. Produzir sons com instrumentos, imitar o ritmo da criança, copiar os movimentos que ela está fazendo e brincar com jogos de começar e parar é tão divertido quanto cantar acompanhando uma canção.

Exemplos de instrumentos musicais adequados para crianças pequenas incluem:

- Instrumentos para chacoalhar, como maracas, pandeiros, cabaças e xequerês;
- Instrumentos para bater com um martelinho, como xilofone, tambor e clave;
- Instrumentos de sopro, como gaita e flauta;
- Caixinhas de música com manivela para girar e ouvir o som.

Ouvir música é uma atividade em si. Mesmo que sejam obsoletos, um tocador de CD ou um iPod mais antigo que só armazene música permitem que a criança selecione músicas sozinha. É uma boa ideia usar uma esteira grande no chão como pista de dança.

Muitas crianças se movimentam instintivamente quando ouvem música. Várias famílias têm danças tradicionais ou culturais que gostam de apresentar ou assistir. O canto espontâneo com movimentos também é divertido, como cantar acompanhando músicas infantis conhecidas como as canções "A roda do ônibus" e "Cabeça, Ombro, Joelho e Pé".

É também recomendável levar as crianças pequenas a *shows* e concertos. Muitas salas de concerto recebem crianças pequenas ou têm apresentações especiais para o público infantil, dando a oportunidade para que elas vejam os instrumentos no final.

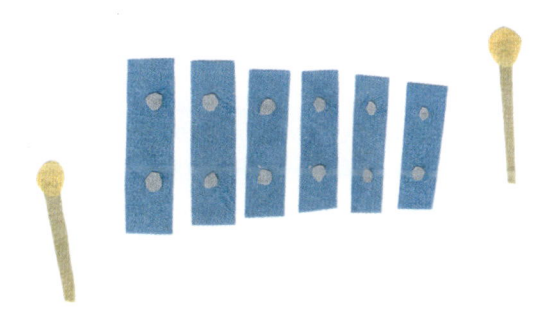

MOVIMENTO

Nós devemos dar muitas oportunidades para nossos filhos se movimentarem, como:

- correr;
- pular;
- saltitar;
- pular num pé só;
- braquiação;
- andar de bicicleta;
- escalar;
- escorregar;
- equilibrar-se;
- chutar e atirar bolas.

Se possível, leve as crianças para se movimentarem ao ar livre no quintal, em uma floresta ou reserva próxima, no parquinho, na praça da cidade, em uma praia, montanha, rio ou lago – mesmo que o clima não esteja agradável. "Não existe clima ruim, apenas as roupas inadequadas", dizem os escandinavos. Nos Países Baixos, nós vestimos roupas adequadas ao clima e saímos para pedalar.

Nós também podemos incorporar movimentos em casa, caso haja espaço. Em minha sala de aula há uma parede de escalada.

As crianças pequenas começam a subir nas agarras mais baixas; por volta dos 2 anos, elas sobem com a ajuda de um adulto, e não demora para que consigam equilibrar seu peso e escalar sozinhas. Todos os seus músculos são acionados.

Crianças também gostam de se esconder, então crie refúgios com mantas, cadeiras, redes e barracas. Esconderijos em jardins também podem ser lugares divertidos para uma atividade.

03 / VIDA PRÁTICA

ATIVIDADES DOMÉSTICAS COTIDIANAS

A maioria dos pais nota que as crianças pequenas adoram ajudar em casa, seja participando em atividades ligadas aos cuidados pessoais ou com o ambiente. Tais atividades podem ser maçantes para nós, mas as crianças pequenas as adoram. Além disso, são ótimas para acalmar crianças muito ativas.

A doutora Montessori descobriu rapidamente que as crianças em sua escola queriam ajudar a cuidar da sala de aula, de si mesmas, dos colegas e do ambiente. Por isso, ela introduziu ferramentas de tamanho infantil para que as crianças conseguissem fazer as tarefas desejadas.

Essas atividades são excelentes para aprender sequências, desde pegar e colocar um avental para lavar e enxugar a louça, pois são meios eficazes para ensinar uma sequência.

Quando a criança ajuda, a tarefa é feita lentamente e requer supervisão. Precisamos diminuir nossas expectativas quanto ao resultado final – as fatias de banana podem ficar um tanto amassadas e pode ser que nem todas as vagens tenham as pontas cortadas igualmente. No entanto, após dominar as habilidades, a criança ficará cada vez mais independente. Meus filhos cresceram assando e cozinhando. Agora que são adolescentes, eles cozinham muitos alimentos no forno e, às vezes, também se oferecem para preparar o jantar.

Aqui estão algumas tarefas em casa nas quais as crianças podem ajudar:

- **Cuidar das plantas** – regar as plantas, espanar as folhas, plantar sementes, arrumar flores em vasinhos e verter água neles usando um funil e um jarro pequenos.
- **Preparação de alimentos** – lavar legumes, bater ovos, despejar cereal em uma tigela e adicionar leite com uma canequinha.
- **Hora do lanche** – servir-se sozinha dos itens em uma área acessível (que é reabastecida diariamente com coisas saudáveis e com a ajuda delas), descascar e fatiar frutas, espalhar coberturas em biscoitos, espremer suco de laranja e despejar água para beber em uma canequinha.
- **Hora das refeições** – arrumar e tirar a mesa, e lavar pratos.
- **Preparar comidas de forno** – em esquema de rodízio com os irmãos, medir os ingredientes, ajudar a adicioná-los e mexer.
- **Limpeza** – varrer, tirar pó, limpar manchas e respingos, limpar janelas e polir espelhos.
- **Cuidar dos animais de estimação** – alimentar o animal, ajudar a levar o cachorro para passear e colocar água para ele em uma tigela.
- **Aprender sobre higiene pessoal** – assoar o nariz, pentear os cabelos, escovar os dentes e lavar as mãos.
- **Vestir-se** – colocar meias e tirá-las, ajustar o velcro nos sapatos, vestir uma camiseta, vestir e tirar as calças, vestir um casaco (veja a página 171 para aprender uma forma montessoriana de fazer isso), treinar abrir e fechar zíperes/colchetes/botões/cadarços.

- **Ajudar no trabalho com as roupas** – levar roupas sujas para o cesto da lavanderia, colocar e tirar roupas da máquina de lavar, adicionar sabão e separar as roupas limpas.
- **Preparar-se para receber amigos que vêm para dormir** – arrumar as camas, separar toalhas limpas para os amigos e guardar os brinquedos que estão espalhados.
- **Idas ao supermercado** – fazer uma lista com figuras, pegar coisas nas prateleiras, ajudar a empurrar o carrinho de compras, passar coisas para nós colocarmos na esteira do caixa, carregar sacolas com as compras e colocá-las nos armários e na geladeira em casa.
- **Trabalho voluntário** – Nunca é cedo demais para dar o exemplo de ajudar o próximo. Quando meus filhos eram pequenos, nós íamos semanalmente a uma casa de repouso local para visitar alguns residentes. Ver uma criança pequena e um bebê era o ponto alto da semana desses idosos, e isso ensinou a meus filhos desde a mais tenra idade o quanto faz bem ajudar os outros.

DICAS PARA ATIVIDADES DA VIDA PRÁTICA EM CASA

Acima de tudo, lembre-se de que a meta é a diversão. Caso for preciso pare antes de ficar sobrecarregada. Continue praticando!

- Disponibilize apenas a quantidade exata de materiais para a limpeza, como água, detergente ou um pequeno frasco de xampu.
- Deixe uma luva grossa na mesa para enxugar pequenos respingos, uma vassoura de tamanho infantil e um esfregão para respingos maiores.
- Para crianças com menos de 2 anos, as atividades terão apenas uma ou duas etapas. À medida que elas adquirem destreza, adicione mais etapas (por exemplo, vestir um avental e dar um laço, levar roupas sujas para a lavanderia e assim por diante).
- Foque no processo, não no resultado. Quando a criança ajuda, a tarefa demanda mais tempo e o resultado pode não ser perfeito,

mas a criança está aprendendo a dominar essas habilidades e irá se tornar uma ajudante perene em casa.

- Procure maneiras para a criança ajudar. Quando as crianças são pequenas, envolva-as em tarefas simples (um bebê de 18 meses pode levar uma camiseta enquanto nós levamos as calças para a cesta de roupa suja e/ou lavar algumas folhas para a salada); quando têm mais de 2 anos, elas podem ajudar em mais situações.
- Coloque em cestas, bandejas e caixas simples os itens que as crianças irão usar para nos ajudar. Por exemplo, junte todos os itens de limpeza das janelas e deixe-os à mão.
- Para não gastar muito dinheiro, crie atividades com coisas que já tem em casa. Além disso, anote algumas coisas interessantes, como uma vassoura de madeira ou uma torre de aprendizagem, em uma lista para aniversários e outras ocasiões especiais.

BENEFÍCIOS DAS ATIVIDADES COTIDIANAS EM CASA

Além do prazer que proporcionam para as crianças pequenas, essas atividades da vida prática são proveitosas em vários aspectos:

- A criança está aprendendo a ter responsabilidade em casa.
- Nós estamos trabalhando juntos para criar, praticar e dominar as atividades.
- Colaboração gera conexão.
- Essas habilidades requerem repetição para que a criança ganhe destreza, o que é ótimo para desenvolver a concentração.
- A criança gosta de se sentir parte da família e ser capaz de contribuir.
- Essas atividades envolvem sequências. À medida que a concentração da criança aumenta, nós podemos aumentar a quantidade de etapas em uma atividade.

- Essas atividades envolvem muitos movimentos, o que ajuda a refinar habilidades motoras finas e grossas (por exemplo, verter água sem derramar, usar uma esponja).
- Há muitas oportunidades de linguagem nessas atividades: falar sobre o que estamos fazendo juntos e ensinar vocabulário sobre utensílios de limpeza e de cozinha, alimentos e assim por diante.
- A criança aprende novas habilidades e ganha independência e autoconfiança.

Eu sempre digo que é bom começar cedo, enquanto as crianças estão dispostas, para formar uma base forte. Essas habilidades na vida prática ajudam as crianças a aprenderem a se cuidar, a cuidar dos outros (dos animais de estimação, por exemplo) e a cuidar do seu ambiente.

ALGUMAS ATIVIDADES DOMÉSTICAS POR IDADE

Aqui estão algumas ideias para incluir crianças de várias idades no cotidiano em casa.

Certas atividades simples para crianças de 12 a 18 meses ajudam muito a desenvolver as habilidades infantis. Oferecemos atividades com dificuldade crescente para crianças entre 18 meses e 3 anos. A criança de 3 a 4 anos pode começar a fazer tarefas mais longas e mais complexas, assim como algumas atividades de faixas etárias superiores.

12 a 18 meses

COZINHA

- Verter água ou leite em uma canequinha — use pouco líquido para evitar grandes respingos;
- Adicionar leite ao cereal;
- Colocar colheradas de cereal na tigela;
- Limpar respingos com uma luva grossa;
- Levar o prato para a cozinha;
- Beber em um copo.

BANHEIRO

- Pentear o cabelo;
- Escovar os dentes com ajuda;
- Lavar as mãos;
- Juntar os brinquedos usados durante o banho;
- Buscar e pendurar a toalha.

QUARTO

- Buscar a fralda/a calcinha ou a cueca;
- Colocar as roupas sujas na cesta correta;
- Abrir as cortinas;
- Escolher entre duas opções para se vestir;
- Vestir-se com ajuda;
- Tirar as meias.

OUTRAS

- Ajudar a guardar os brinquedos;
- Buscar os sapatos;
- Ajudar os pais (o pai diz, por exemplo, "Pega o regador para mim, por favor?");
- Acender e apagar a luz.

18 meses a 3 anos

COZINHA

- Preparar um lanche;
- Descascar e fatiar uma banana;
- Descascar uma mexerica;
- Descascar e cortar uma maçã com ajuda;
- Lavar frutas e legumes;
- Fazer suco de laranja;
- Arrumar a mesa/tirar a mesa;
- Limpar a mesa;
- Varrer o chão usando vassoura e pá de lixo;
- Fazer café para os pais (apertar botões na cafeteira/buscar xícara e pires).

BANHEIRO

- Assoar o nariz;
- Escovar os dentes;
- Tomar banho — use frascos pequenos de sabonete líquido para evitar desperdício;
- Limpar o rosto.

QUARTO

- Ajudar a arrumar a cama puxando a coberta;
- Escolher roupas;
- Vestir-se com um pouco de ajuda.

OUTRAS

- Arrumar flores em vasinhos;
- Arrumar e carregar a bolsa/mochila;
- Vestir o casaco;
- Calçar os sapatos e ajustar o fecho de velcro;
- Regar as plantas;
- Colocar brinquedos em cestas e levar para a prateleira;
- Limpar janelas;
- Colocar e tirar roupas da máquina de lavar e a secadora;
- Organizar meias e roupas pelas cores
- Buscar produtos no supermercado/empurrar o carrinho/ajudar a guardar as compras;
- Tirar pó;
- Prender o cachorro e escová-lo.

3 a 4 anos

COZINHA

- Tirar os itens da máquina de lavar louça;
- Medir e misturar ingredientes para itens de forno;
- Lavar e descascar legumes, como batatas e cenouras;
- Ajudar a cozinhar (por exemplo, fazer lasanha).

BANHEIRO

- Usar o vaso sanitário/dar descarga/fechar a tampa do assento sanitário;
- Colocar roupas úmidas na área de serviço;
- Limpar-se com ajuda após usar o vaso sanitário;
- Lavar o cabelo — use pequenos frascos de xampu para evitar desperdício.

QUARTO

- Arrumar a cama — estender o edredom;
- Guardar as roupas nas gavetas/guarda-roupa.

OUTRAS

- Alimentar os animais de estimação;
- Ajudar na reciclagem;
- Dobrar as roupas lavadas;
- Dobrar meias;
- Passar aspirador de pó na casa;
- Abrir a porta do carro com o controle remoto.

04 / ARTES E ARTESANATOS

Alguém perguntou à doutora Montessori se o ambiente montessoriano produzia bons artistas. Ela respondeu: "Eu não sei se nós produzimos bons artistas, mas certamente produzimos crianças com olhos que veem, almas que sentem e mãos que obedecem". Para crianças pequenas, artes e artesanatos têm a ver com autoexpressão, movimento e experimentar diversos materiais. **O processo importa mais do que o resultado.**

Tipos de atividades envolvendo artes e artesanatos:

- Para crianças pequenas, começamos com desenho. Procure lápis de cor ou giz de cera que deslizem facilmente no papel. Lápis roliços são mais fáceis para a criança pequena segurar e produzem mais cor do que um lápis de cor comum. É muito agradável desenhar com giz de cera feito de materiais naturais, como cera de abelha ou soja.
- Podemos então propor aquarelas ou desenhos iniciando com uma ou duas cores. Se adicionarmos mais cores, todas se misturam e viram marrom. A bandeja pode conter um potinho para colocar água (potinhos de geleia de hotéis têm o tamanho ideal), um pincel para aquarela e um pires com a(s) pastilha(s) de aquarela. Ponha um pedaço de papel sobre um forro para proteger a mesa, dê mais papel se a criança quiser repetir e tenha um pano à mão para enxugar respingos.
- A partir de 18 meses, podemos introduzir tesouras (usadas com supervisão). Dê uma tesoura com pontas arredondadas que corte bem e mostre à criança como usá-la corretamente (sente-se à mesa para usá-la e segure os cabos, não as lâminas). Dê tiras de papel que facilitem as tesouradas. Os pedaços podem ser colocados depois em um pequeno envelope, o qual será fechado com um adesivo.
- Por volta dos 18 meses, uma atividade envolvendo colagem pode ser bem divertida e ajuda a criança a refinar seus movimentos. Ela coloca um pincel pequeno no pote de cola (ou em um bastão de cola), aplica a cola no verso da figura e gruda-a no papel.

- Tinta e giz também são uma diversão para crianças pequenas. Crianças mais novas só podem brincar com tinta sob a supervisão de adultos. Tenha panos úmidos à mão para limpar as mãos, o chão ou a mesa.
- Argila, massa de modelar e areia cinética são excelentes para a criatividade de crianças pequenas. Pode-se também dar a elas alguns utensílios simples, como um rolo para massas, forminhas de biscoitos, uma faca cega ou ferramentas de modelagem, para que manipulem o material de várias maneiras. Também adoro fazer massa de modelar com elas. (Veja na página 286 minha receita favorita de massa caseira de modelar.)
- Por volta dos 2 anos e meio, podemos oferecer atividades simples de costura. A caixa de costura pode conter uma agulha rombuda para cerzir, algumas linhas de costura e um quadrado de 10 cm x 10 cm de papelão com orifícios perfurados na diagonal.
- Visitas breves a museus ajudam a cultivar o apreço por arte. No museu, podemos procurar cores, texturas e animais, além de fazer algumas brincadeiras simples, como escolher um cartão--postal na loja do museu, e depois procurar na galeria a pintura que aparece no cartão.

DICAS PARA ARTES E ARTESANATOS

1. Tente não ser prescritivo. Em vez de mostrar à criança o que fazer com os materiais de arte, nós mostramos como usar os materiais e deixamos a experimentação a cargo dela. Professores montessorianos preferem não usar livros de colorir devido à sugestão de que as crianças não podem ultrapassar as linhas. Nós também tentamos não limitar as crianças a usarem apenas verde para grama e azul para céu. Elas podem fazer escolhas criativas.

2. Dê retornos acurados. Em Montessori, em vez de dizer à criança que seu trabalho artístico é "bom", deixamos que ela decida se gosta daquilo que fez.

Nós damos retornos acurados, estímulo e podemos descrever aquilo que vemos; por exemplo, "Eu vejo que você fez uma linha amarela aqui". Isso pode ser mais significativo do que dizer "Bom trabalho", pois assim a criança sabe realmente o que apreciamos ao olhar seu trabalho.

Como crianças pequenas estão principalmente fazendo apenas movimentos de autoexpressão, também podemos perguntar "Você gostaria de me falar sobre sua pintura?", em vez de "O que é isso?". A pintura pode não representar algo específico e ser apenas uma expressão de seus movimentos corporais.

3. Use materiais de boa qualidade. Qualidade importa mais que quantidade, ainda mais em relação a materiais de arte. É melhor comprar alguns lápis de boa qualidade do que ter muitos lápis baratos que quebram facilmente e não têm cores bonitas.

4. Mostre dando o exemplo. Ao mostrar à criança como usar materiais de arte, muitas vezes é melhor desenhar linhas curvas ou soltas do que uma figura. Se nós desenharmos uma flor perfeita e a criança só souber rabiscar, ela pode desistir totalmente de tentar.

Além disso, embora seja divertido e altamente recomendável criar juntos, lado a lado, é melhor o adulto ter um pedaço de papel do que desenhar no papel da criança. Nós não sabemos qual é a intenção da criança ao desenhar. Considere como se fosse a figura feita por um aluno na aula de arte. Você desenharia um coração com flecha em seu autorretrato?

O melhor exemplo possível é pendurar belas obras de artistas nas paredes de nossa casa e na altura da criança, para toda a família poder apreciá-las.

05 / LINGUAGEM

> "Há um 'período sensível' para nomear as coisas… e se os adultos reagem de maneira adequada à sede infantil por palavras, as crianças adquirem riqueza e precisão de linguagem que irão durar pelo resto da vida."
>
> — Doutora Silvana Montanaro,
> *Understanding the Human Being*

Nós temos ótimas oportunidades para expor uma linguagem bela e rica que as crianças pequenas absorverão com facilidade. Assim como aprendem os nomes de diversas frutas (banana, maçã, uva e assim por diante), elas podem aprender os nomes de veículos diferentes, como caminhão, caminhonete e automóvel, e de vários pássaros, como flamingo e tucano. Divirta-se nesse processo. Provavelmente, você irá descobrir limitações em seu vocabulário quando não souber o nome de um certo pássaro, árvore ou caminhão. Descubra então os nomes específicos junto com a criança.

CESTAS DE VOCABULÁRIO (TAMBÉM CONHECIDAS COMO MATERIAIS DE NOMENCLATURA)

Para aumentar o desejo infantil de aprender palavras, faça cestas de vocabulário para elas explorarem. Essas cestas têm objetos classificados por tema: itens de cozinha, animais específicos, ferramentas ou instrumentos musicais. Isso facilita que a criança aprenda palavras novas com um grupo de objetos familiares.

- O primeiro tipo de cesta de vocabulário contém **objetos reais**, como três a cinco frutas ou legumes, para a criança tocar, sentir e explorar, enquanto nós os nomeamos.
- O nível seguinte envolve **réplicas**. Como não temos elefantes de verdade nas salas de aula e nas casas, usamos réplicas para apresentar mais vocabulário. A criança segura o objeto enquanto dizemos o nome dele – uma abordagem tátil para aprender mais palavras.
- A criança então está apta para aprender que um objeto tridimensional é a mesma coisa que uma figura bidimensional. Uma boa ideia é fazer **cartelas** com figuras iguais aos objetos, para que a criança possa combinar o objeto com a figura igual. É útil tirar fotos dos objetos e imprimi-las com a imagem do mesmo tamanho que o objeto – crianças pequenas adoram colocar o objeto que combina em cima da figura para escondê-la.
- Uma vez que consiga relacionar bem as figuras iguais aos objetos, a criança começará a **combinar cartelas semelhantes**.

Nós podemos fazer uma cartela com a figura de um caminhão semelhante àquele que recolhe lixo, porém não exatamente igual. A criança então tem de realmente abstrair a natureza intrínseca de um caminhão de lixo, em vez de simplesmente combinar o tamanho, a cor ou o formato. Muitas vezes, essa etapa pode ser feita combinando figuras em livros com objetos em nossa casa. A criança pode pegar uma cacatua de brinquedo e ir à sua prateleira de livros para nos mostrar uma figura de cacatua em seu livro favorito.

- A etapa final para crianças pequenas são as cartelas de vocabulário. Nós podemos oferecer cartelas com figuras de objetos relacionados a um tema, como veículos ou ferramentas de jardinagem, para ajudar as crianças a aprenderem seus nomes.

COMO TRABALHAR COM MATERIAIS DE LINGUAGEM

OFERECENDO UMA LIÇÃO EM TRÊS TEMPOS

PRIMEIRA FASE
nomear objetos

O objetivo básico das cestas de vocabulário é fazer a criança aprender a palavra que designa alguma coisa. Nós nomeamos cada objeto enquanto o olhamos, giramos, sentimos e exploramos. Nós damos apenas o nome do objeto, por exemplo, *girafa*, em vez da descrição completa da *girafa* como um animal de pescoço longo e assim por diante.

SEGUNDA FASE
jogos

Nós podemos propor jogos para ver que objetos a criança consegue identificar. "Você consegue achar o batedor de ovos?". Ela nos mostra o batedor de ovos e dizemos "Muito bem, você achou o batedor de ovos". Então, misturamos as cartelas.

As cartelas permitem propor diversos jogos:

- Apresente as cartelas e peça para a criança achar o objeto correspondente a cada uma.
- Peça à criança para escolher um objeto e mostre as cartelas uma a uma até ela achar a que corresponde ao objeto.
- Segure as cartelas em leque escondendo as figuras e peça para a criança escolher uma cartela; a seguir, ela pode procurar o objeto correspondente.

Se ela escolher o objeto errado em relação à cartela, anote mentalmente quais nomes de objetos a criança está confundindo. Mas, em vez de corrigi-la e dizer "não", diga algo como "Ah, você queria pôr o violino junto com o violoncelo". Em uma próxima ocasião, podemos rever a primeira fase e reapresentar os nomes.

TERCEIRA FASE
teste

Quando sabemos que a criança acima de 3 anos aprendeu o nome de um objeto, podemos perguntar "O que é isso?". A criança fica encantada por saber a resposta e muito satisfeita consigo mesma ao falar o nome do objeto. Não realizamos a terceira fase com crianças abaixo de 3 anos, pois ainda estão em um período pré-verbal e podem errar, o que abala sua confiança. Ou seja, espere até a criança saber seguramente os nomes dos objetos antes de realizar essa fase.

LIVROS

Escolha livros encantadores para ler em voz alta e compartilhar com seus filhos. Crianças abaixo de 6 anos baseiam seu entendimento do mundo naquilo que veem ao seu redor. Portanto, elas adoram livros que refletem coisas conhecidas em sua vida cotidiana: livros sobre fazer compras, visitar os avós, vestir-se, a vida na cidade, as estações e as cores. Um dos favoritos em nossa sala de aula é *Sunshine*, de Jan Ormerod, um livro sem palavras sobre uma menininha que acorda e se prepara para sair de casa.

Se ouvirem uma história com uma bruxa, as crianças podem acreditar que bruxas existem e são apavorantes. Pela filosofia Montessori, fantasia (especialmente fantasia apavorante) só deve ser introduzida quando as crianças têm mais de 6 anos, época em que começam a entender a diferença entre realidade e fantasia.

O que buscar nos livros:

- **Figuras realistas.** É isso que as crianças veem em suas vidas cotidianas e podem correlacionar imediatamente e com mais facilidade. Em vez de mostrar um urso dirigindo um carro, procure figuras de pessoas ao volante.
- **Imagens bonitas.** Crianças absorverão a beleza do trabalho artístico no livro, então procure ilustrações lindas e chamativas.
- **Quantidade de palavras.** Livros para crianças pequenas podem ter poucas palavras ou sentenças simples em cada página, ao passo que para as crianças um pouco maiores, eles têm sentenças mais longas em cada página. Livros de poesia e com rimas também agradam às crianças a partir de 3 anos.
- **Diversos tipos de páginas.** Comece com livros cartonados; progrida para páginas de papel quando a criança aprender a manusear livros. Livros com abas para levantar também divertem as crianças pequenas e as ensinam a abrir as abas com cuidado.

- **Livros que você aprecie.** Crianças desenvolvem o amor pela leitura vendo os adultos lerem, então escolha livros que você terá prazer em ler muitas vezes. Afinal, se gostar da história, uma criança pequena pedirá frequentemente "De novo! Outra vez!".
- **Livros que mostrem diversidade.** Ache livros que mostrem famílias, raças, nacionalidades e sistemas de crenças diferentes dos nossos.

Devemos mostrar às crianças que é preciso ter o mesmo cuidado com livros que elas têm ao segurar um copo. Fazemos movimentos lentos para virar a página delicadamente e, ao encerrar a leitura, colocamos o livro de volta na prateleira.

Ocasionalmente, podemos pegar em nossa coleção um livro que não se baseie na realidade. Então, salientamos esse fato de maneira divertida: "Ursos vão de verdade à biblioteca? Nãooo, isso é só mentirinha. Vamos dar uma olhada para ver o que acontece na história".

CONVERSAS COM A CRIANÇA

DESCREVA O MUNDO AO NOSSO REDOR

Os adultos no ambiente são uma fonte básica de linguagem para uma criança, então devem aproveitar qualquer momento do dia para descrever qualquer coisa que estejam fazendo, como andar ao ar livre, vestir-se de manhã e preparar o jantar. Use uma linguagem rica, com as palavras certas para as coisas que encontramos, como os nomes de cachorros, legumes, comidas, veículos, árvores e pássaros.

AUTOEXPRESSÃO

Até uma criança pequena pode manter uma conversa. Conversas ajudam as crianças a aprenderem que o que dizem é importante e estimula o desenvolvimento da linguagem. Nós podemos parar o que estamos fazendo, olhá-las com atenção, dar-lhes o tempo que for preciso e, por mais difícil que seja, tentar não completar suas frases.

Se a criança diz "bo-bo" para bola, devemos mostrar que escutamos e incluir a palavra correta em uma sentença. Por exemplo, "Sim, você atirou a bola no jardim".

Podemos fazer perguntas simples para ajudá-las a expandir sua história. Se a criança estiver na fase pré-verbal e não tivermos certeza do que elas querem dizer, basta pedir que elas nos mostrem.

MOMENTOS DE SILÊNCIO

Não se esqueça de incluir momentos de silêncio no dia a dia. Obviamente, é difícil abafar ruídos ao fundo, o que atrapalha a aquisição da linguagem. Além disso, nós, adultos, gostamos de dar aos nossos filhos retornos acurados sobre tudo que fazem. Mas, às vezes, também é bom ficar em silêncio e deixar a criança avaliar sozinha aquilo que fez.

Crianças entendem muito além dos balbucios e vocalizações de bebê e de instruções simples. Elas querem ser incluídas nas comunicações da nossa vida cotidiana.

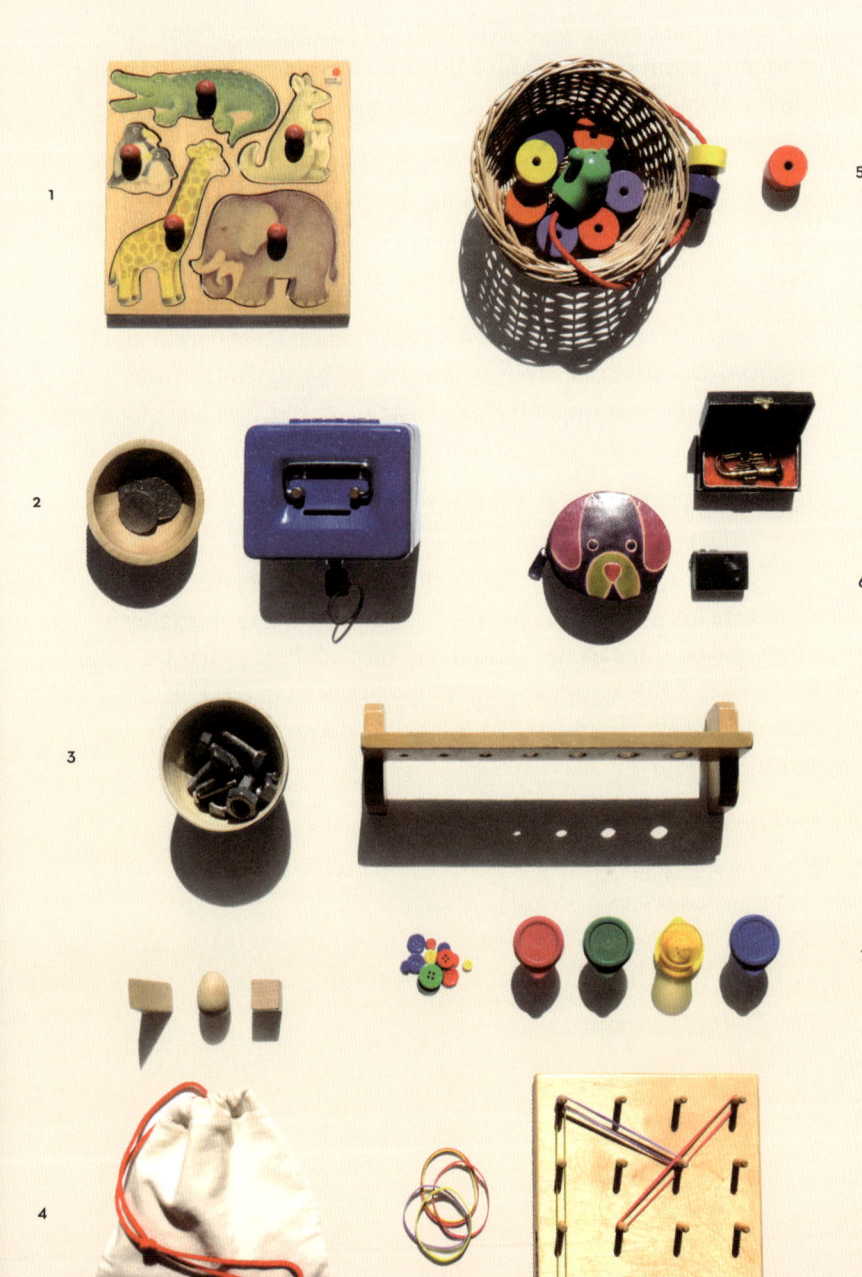

1

2

3

4

5

6

7

8

01 / COORDENAÇÃO OLHO-MÃO

N.º 1 – QUEBRA-CABEÇA COM PINOS

Esse quebra-cabeça com pinos tem cinco peças, o que é ideal para uma criança pequena. O pino pequeno ajuda a refinar sua capacidade de segurar as coisas com firmeza. A partir de 18 meses.

N.º 2 – ENVASE

A criança se empenha para refinar suas habilidades de envase tentando enfiar uma moeda em uma pequena fenda. Essa é uma das atividades favoritas em nossa turma para crianças a partir de 16 meses.

N.º 3 – PORCAS E PARAFUSOS

Esse conjunto é ótimo para organizar as porcas e parafusos no sentido das menores para as maiores e praticar pôr a porca no parafuso. A criança começa colocando os parafusos nos buracos corretos. Crianças um pouquinho maiores irão adorar lidar com as porcas. A partir de 2 anos.

N.º 4 – BOLSAS MÁGICAS

Essas bolsas mágicas servem para aprender o que é um objeto usando apenas o tato. Dentro delas escondemos objetos ligados por um tema, objetos que formam um par ou — mais difícil — objetos aleatórios que temos em casa. A partir de 2 anos e meio.

N.º 5 – PASSAR O FIO

Atividades de passar o fio são ótimas para a criança praticar o uso simultâneo das duas mãos. Nós podemos variar o tamanho das miçangas e a espessura da linha, dependendo da capacidade da criança. A partir de 16 meses.

N.º 6 – ABRIR E FECHAR

Crianças adoram achar pequenos objetos dentro de bolsas velhas, potes com tampas e recipientes com zíperes, botões de pressão e fechos. A partir de 18 meses.

N.º 7 – TRIAGEM

Separar por tipo, tamanho e cor é interessante para crianças pequenas. Separar pequenos botões por cor é para crianças a partir de 2 anos.

N.º 8 – GEOPLANO E ELÁSTICOS

Eu adoro ver crianças pequenas desenvolverem sua coordenação olho-mão com essa atividade. Elas aprendem a esticar tiras de elástico sobre os pinos, o que requer muita concentração. Crianças maiores também usam essa atividade para fazer alguns padrões divertidos. A partir de 2 anos.

1

3

4

2

5

6

8

7

02 / MÚSICA E MOVIMENTO

N.º 1 – GOLPEAR

Produzir sons batendo e golpeando um instrumento, a exemplo de triângulos, tambores e xilofones, é ótimo para bebês e crianças de até 3 anos. No caso de uma criança pequenininha, ajude se for necessário (por exemplo, segure o triângulo enquanto ela bate nele). Para qualquer criança pequena.

N.º 2 – CHACOALHAR

Instrumentos que são chacoalhados para emitir sons são os mais fáceis para a criança começar. Eu adoro a variedade de maracas disponível, desde a oval ao tipo mais tradicional. Recomendo também paus de chuva, que fazem sons calmantes quando as contas caem ou são chacoalhadas. Para crianças de 1 a 3 anos.

N.º 3 – CAIXINHA DE MÚSICA

Girar uma manivela para fazer a música tocar é muito agradável para as crianças pequenas. Crianças mais novas talvez precisem de ajuda, então o adulto segura a caixinha de música enquanto elas giram a manivela. Tente achar versões maiores e mais resistentes. Crianças de 3 anos irão gostar do desafio de girar uma manivela menor (veja a figura na página oposta). Para crianças de 1 a 3 anos.

N.º 4 – SOPRO

Instrumentos simples, como gaita e flauta, são divertidos para crianças pequenas. Elas testam ritmo, velocidade e volume, e talvez até tirem várias notas. Para crianças de 3 anos.

N.º 5 – BICICLETA DE EQUILÍBRIO

Quando a criança estiver com altura suficiente, a bicicleta de equilíbrio sem pedais é uma ótima alternativa ao triciclo tradicional. Locomovendo-se sobre duas rodas, ela se impulsiona com os pés. Então, gradualmente começa a tirar os pés do solo enquanto desliza, acostumando-se a se equilibrar – uma etapa útil antes de aprender a andar de bicicleta. Com o tempo e em seu próprio ritmo, ela progride facilmente para uma bicicleta comum sem rodinhas de apoio. A partir de 2 anos.

N.º 6 – AO AR LIVRE

Ir ao encontro da natureza, fazer coleções de coisas achadas nesses passeios e artesanatos com tesouros naturais são algumas maneiras de desfrutar de momentos ao ar livre com crianças pequenas. Faça passeios frequentes ao ar livre – basta estar com as roupas adequadas! Para crianças de 1 a 3 anos.

N.º 7 – BOLAS

Levar diversas bolas para fora de casa estimula a criança a chutar, rolar, a coordenação, a força e, é claro, garante muita diversão. É melhor crianças pequenas brincarem com bolas em lugares externos espaçosos. Para crianças de 1 a 3 anos.

N.º 8 – ESCORREGADOR

Esse é um escorregador Pikler, que pode ser montado dentro de casa para a criança subir e descer. A altura do escorregador pode ser ajustada à medida que a criança cresce. Procure também um escorregador adequado ao tamanho da criança em um parquinho, para que ela possa brincar com independência. Para crianças de 1 a 3 anos.

1
2
3
4
5
6
7

03 / VIDA PRÁTICA

N.º 1 — CUIDADOS PESSOAIS

Há muitas oportunidades para a criança aprender a se cuidar enquanto estruturamos gradualmente suas habilidades, para que cada vez mais ela faça as coisas sozinha. As crianças adoram dominar tarefas como pentear o cabelo, escovar os dentes, assoar o nariz e lavar as mãos. A partir de 15 meses.

N.º 2 — PREPARAÇÃO DE ALIMENTOS

Crianças pequenas adoram fazer o próprio lanche e ajudar na preparação das refeições. Para que elas tenham êxito, providencie utensílios adequados para suas mãozinhas. De início, a criança precisará de ajuda. Por exemplo, primeiramente nós mostramos como descascar a maçã. Depois, firmamos a maçã em uma tábua enquanto ela descasca do alto para a base, colocando a casca em uma tigela para aproveitar na compostagem. Nós então mostramos como colocar as mãos de forma segura no cortador de maçã. Podemos cortar a maçã ao meio para que a criança empurre facilmente o cortador na fruta. Cortar maçã a partir de 2 anos.

N.º 3 — ARRUMAR A MESA

Tenha um armário baixo para que as crianças pequenas peguem sua tigela, talheres e copo, e os coloquem em sua respectiva esteira de jogo americano na mesa.

N.º 4 — ITENS DE FORNO

Crianças pequenas podem ajudar a adicionar ingredientes que já foram medidos, misturar ingredientes com uma colher de madeira, sovar a massa, usar forminhas para biscoito e decorar itens de forno. Também podem nos ajudar experimentando quando o item estiver pronto. A partir de 12 meses.

N.º 5 — LIMPEZA DE JANELAS

É surpreendente como as crianças pequenas conseguem usar um borrifador para limpar as janelas — os movimentos repetitivos são ótimos para fortalecer as mãos. Depois, elas podem passar um rodo nas janelas e enxugá-las com um pano. É possível usar apenas água ou adicionar um pouco de vinagre para fazer as janelas brilharem. A partir de 18 meses.

N.º 6 — ARRANJO FLORAL

Fazer um arranjo floral envolve várias etapas e permite que a criança refine suas habilidades motoras finas, pratique carregar e verter água com controle, e ainda deixa a casa mais bonita. Primeiramente, ela enche uma caneinha com água da torneira e coloca-a em uma bandeja para evitar respingos no chão. Com um funil pequeno, ela verte a água no vaso, então coloca a flor nele e põe o vaso sobre um paninho bordado na mesa (o que é bom para desenvolver a concentração). Tenha uma esponja à mão para pequenos respingos. A partir de 18 meses.

N.º 7 — LIMPEZA

Ter pequenos utensílios de limpeza à mão — por exemplo, vassoura, esfregão, pá de lixo, escova, luvas grossas e esponjas — permite que a criança aprenda a cuidar da casa. A maioria das crianças pequenas adora ajudar a varrer, esfregar e tirar o pó. Essa pazinha de lixo e a escovinha são úteis para tirar migalhas e para treinar o uso simultâneo das duas mãos. A partir de 12 meses.

1

2

3

4

5

6

7

04 / ARTES E ARTESANATOS

N.º 1 — PINTURA COM AQUARELA

Aquarelas são ideais para crianças pequenas que querem pintar, além de sujar menos do que tintas e marcadores. Inicialmente, dê apenas uma cor. Procure pastilhas avulsas de aquarela ou tire uma cor da paleta de aquarela ou, se possível, divida a paleta em cores individuais. A criança pode praticar molhar o pincel na aquarela e fazer marcas no papel. Nessa idade, ela está só aprendendo a usar os materiais e a expressar seus movimentos no papel. A partir de 18 meses.

N.º 2 — COSTURA

Comece com uma cartela simples de papelão com orifícios, uma agulha rombuda de cerzir e linha dupla com um nó na ponta. Mostre à criança como enfiar a linha no buraco da agulha, enfiar a agulha na cartela, virar a cartela e trazer a agulha para esse lado. A agulha então entra no próximo orifício, a cartela é virada e a agulha a atravessa, fazendo um ponto de costura. Quando a cartela estiver completa, corte a linha com a tesoura, tire a agulha e dê um nó. A partir de 2 anos.

N.º 3 — TESOURA

Primeiro, a criança senta-se à mesa para aprender a segurar a tesoura de maneira segura. Inicialmente, ela usa as duas mãos para abrir e fechar a tesoura. Depois, podemos mostrar como cortar um pedaço de cartolina em tiras finas. Segure a cartolina para ela cortar. As tiras podem ser colocadas em uma tigela e depois em um pequeno envelope que será fechado com um adesivo. Repita. À medida que suas mãos adquirem força, a criança conseguirá segurar a tesoura em uma mão e a cartolina sozinha. Por volta dos 2 anos.

N.º 4 — RABISCAR

Meus materiais favoritos para crianças pequenas rabiscarem são lápis roliços e macios e lápis de cera de abelha. De vez em quando é bom variar o tamanho do papel, as cores e o material. Lembre-se de que elas estão aprendendo a usar os materiais, não a desenhar. A partir de 12 meses.

N.º 5 — GIZ E APAGADOR

Ofereça um giz roliço que se encaixe facilmente nas mãos da criança e disponibilize uma superfície grande, como um quadro-negro grande ou até mesmo a calçada. A superfície grande permite que a criança movimente o braço inteiro enquanto risca com o giz e limpa com o apagador. A partir de 12 meses.

N.º 6 — COLAR

Pregar formas pequenas no papel com um pincel molhado na cola disponível em um potinho (ou bastão de cola) ajuda a refinar os movimentos. A cola pode ser pincelada no verso da forma, que então é virada e colada no papel. A partir de 18 meses.

N.º 7 — ARGILA/MASSA DE MODELAR/ AREIA CINÉTICA

Manusear argila e usar utensílios simples estimulam a força manual e a criatividade infantil. A argila pode ser estendida, transformada em uma tora, cortada em pedacinhos, enrolada como uma bola, enfim, moldada de incontáveis maneiras. De vez em quando, eu troco a argila pela massa de modelar ou pela areia cinética para proporcionar diversas experiências sensoriais. A partir de 16 meses.

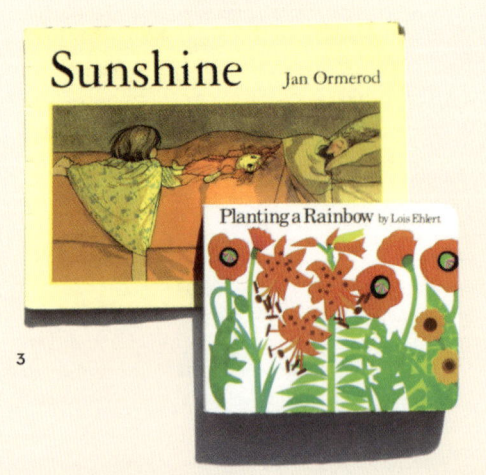

1

2

3

4

5

05 / LINGUAGEM

N.º 1 – RÉPLICAS DE OBJETOS

Para ensinar vocabulário novo, nós podemos oferecer réplicas realistas em torno de um tema como utensílios de cozinha, animais africanos ou instrumentos musicais. A criança toca e sente o objeto enquanto ouve seu nome – outro exemplo de aprender com materiais concretos. Para crianças de 1 a 3 anos.

N.º 2 – CARTELAS

À medida que a criança se desenvolve, podemos ampliar as oportunidades para a formação de seu vocabulário oferecendo cartelas com figuras relativas a um tema. Assim, não dependemos das réplicas ou objetos que conseguirmos achar. Aqui estão apresentadas obras do pintor Vincent Van Gogh. A partir de 18 meses.

N.º 3 – LIVROS

Ler com os filhos pequenos é uma alegria quando achamos livros que todos adoram. Procure livros sobre estações, vida cotidiana, animais, cores, formatos, veículos, natureza e os tópicos favoritos da criança. Para crianças de 3 anos, recomendamos livros com historinhas ou repletos de detalhes para explorar. Para crianças de 1 a 3 anos.

N.º 4 – OBJETOS REAIS

A maneira mais direta para a criança aprender vocabulário é com os objetos de sua vida cotidiana. Assim como ela aprende os nomes das frutas, podemos ensinar os nomes das flores em nossa casa e no mercado, de árvores e pássaros que vemos no parque, e de itens espalhados pela casa. Aqui estão algumas ervilhas e um conjunto de cartelas, com os quais a criança aprende que um objeto tridimensional pode ser representado por uma imagem bidimensional. A partir de 12 meses. Com cartelas, a partir de 14 meses.

N.º 5 – OBJETOS COM CARTELAS IDÊNTICAS E SEMELHANTES

Nós podemos desenhar ou fotografar objetos e fazer um conjunto de cartelas idênticas. Após a criança conseguir combinar objetos com cartelas idênticas, podemos aumentar a dificuldade usando imagens parecidas com os objetos, porém não iguais. O objeto pode ser um caminhão basculante, então damos uma figura de qualquer caminhão basculante (de modelo, cor ou tamanho diferente). Isso ajuda a criança a entender a natureza intrínseca de um caminhão basculante. Com cartelas, a partir de 14 meses.

UMA OBSERVAÇÃO ADICIONAL SOBRE O AR LIVRE E A NATUREZA

> "Deixe as crianças serem livres; estimule-as; permita que corram lá fora quando estiver chovendo; deixe que elas tirem os sapatos quando acharem uma poça d'água; e, quando a relva no prado estiver úmida de orvalho, deixe-as correr por lá com os pés descalços; deixe que elas descansem tranquilamente quando uma árvore as convida para dormir sob sua sombra; deixe-as gritar e rir quando o sol as acorda de manhã, pois ele acorda todos os seres vivos que dividem seu dia entre a vigília e o sono."
>
> — Maria Montessori, *Pedagogia Científica: A Descoberta da Criança*

É impressionante que, no início do século XX, a doutora Montessori já tivesse uma ideia tão holística em relação às crianças e seu desenvolvimento, incluindo a importância de ficarem ao ar livre em contato com a natureza. A natureza tem o poder de nos acalmar, nos conectar com a beleza e nos reconectar com a terra e o meio ambiente.

Crianças pequenas são aprendizes sensoriais. A citação da doutora Montessori mostra o quanto suas experiências podem ser ricas. Mesmo agora que sou adulta, ainda tenho lembranças vívidas de andar descalça na grama durante a infância.

Quem mora na cidade pode planejar aventuras na natureza em intervalos de poucos meses, o que pode incluir uma tarde no litoral ou passar algumas noites dormindo em uma barraca ou cabana.

Aqui estão algumas maneiras para incluir atividades montessorianas, ao ar livre, e na natureza:

1. Atividades sazonais. Dependendo da estação, podemos pegar uma cesta e ir ao parque local ou a uma floresta por perto para colher folhas, nozes, cascas, gravetos, pedras e pinhas. A colheita de frutas também varia conforme a estação.

2. Cultivar legumes. Não é preciso ter um jardim para cultivar legumes em casa. Montem uma horta com um pouco de terra, uma pá e algumas sementes, tendo sempre um regador à mão. A compostagem – colocar os restos de comida em uma composteira ou fazenda de minhocas – ajuda nossos filhos a aprenderem sobre o ciclo alimentar e que devemos devolver os nutrientes para o solo.

3. Oportunidades para se movimentar. Subir em árvores; equilibrar-se em muros, tocos e troncos de árvores; pendurar-se nos galhos; fazer um balanço com um pneu; andar em uma bicicleta de equilíbrio; chutar uma bola; saltar com uma corda; brincar de pique; correr rápido e andar lentamente.

4. Apreciar juntos a beleza da natureza. Observem os insetos em ação, gotinhas em folhas, as cores do poente, as vistas das montanhas, a água plácida ou encapelada em um lago, a movimentação do oceano ou do vento nas árvores ou simplesmente admirem a perfeição gloriosa das flores e das abelhas no jardim da vizinha. Usem uma lente de aumento para ver as coisas de perto, toquem-nas, ouçam o movimento das árvores e da relva, sintam o cheiro da chuva e o aroma das flores.

5. Achar momentos de silêncio. Encontrem um lugar para se sentarem e olharem as nuvens em silêncio ou apenas para respirar.

6. Fazer caças ao tesouro. Façam uma lista de figuras e procurem todos esses itens no jardim, no parque, na floresta ou em qualquer lugar ao ar livre.

7. Construa uma cabana, uma casinha ou um percurso com obstáculos e convide alguns amigos da criança para pernoitar.

8. Fazer arte ao ar livre. Usem lama, água, folhas, flores, terra, sementes, grama e quaisquer outros tesouros da natureza que vocês encontrarem. Com eles, você e a criança criam padrões, formas e um rosto ou um animal.

9. Faça uma parede musical. No jardim, pendure potes e panelas velhos, sinos e quaisquer outros objetos que emitam sons ao serem batidos. Ache algumas varetas para fazer percussão.

10. Exploração em todos os climas. Não existe clima ruim, apenas roupas inadequadas. Portanto, o adulto e a criança devem ter roupas e sapatos adequados para aproveitar bem qualquer clima, incluindo pisar com força nas poças d'água, fazer um boneco de neve ou vestir um chapéu, passar protetor solar e explorar a praia. Saiam todos os dias.

Bônus: **Qualquer coisa a ver com água.** Borrifar as janelas, encher um balde e pintar tijolos com um pincel, passar correndo por um aspersor, fazer rios com areia e água ou usar uma bomba hidráulica no parquinho.

E OS BRINQUEDOS NÃO MONTESSORIANOS?

Há uma diferença entre uma sala de aula montessoriana e um lar montessoriano. Embora uma sala de aula montessoriana não tenha brinquedos alijados do nosso método, podemos ter em casa alguns brinquedos bem selecionados. Quem ainda não conhece a fundo a abordagem montessoriana pode começar com brinquedos que já tem em casa – mantenha os favoritos da criança à mão, doe os que deixaram de ser usados e deixe alguns guardados para entrarem em uso posteriormente.

Aqui estão algumas ideias:

- LEGO DUPLO;
- blocos de madeira;
- veículos de construção, emergência e fazenda;
- animais de estábulo e fazenda;

- conjuntos Playmobil baseados na vida cotidiana (não em fantasia, como princesas e piratas);
- brinquedo de madeira com pistas;
- elementos soltos colhidos em aventuras na natureza;
- conjuntos de construção;
- maquetes ferroviárias;
- jogos de tabuleiro.

Há espaço para brincadeiras sem regras em casa – a criança explora os materiais de muitas maneiras criativas, faz descobertas sozinha e representa enredos imaginativos com base na vida cotidiana. No entanto, isso não substitui as atividades montessorianas abordadas nesse capítulo, as quais dão a uma criança pequena muita satisfação com a destreza adquirida e atendem suas diversas necessidades de desenvolvimento.

Se uma criança começar a frequentar um programa montessoriano pré-escolar, não se deve ter os mesmos materiais montessorianos em casa, para que ela continue envolvida na escola. Para dar continuidade ao método Montessori em casa, inclua a criança na vida cotidiana e deixe-a ter tempo para brincadeiras desestruturadas, oportunidades para criar, tempo ao ar livre e tempo para descansar.

Ela continuará praticando habilidades por meio da vida prática, de artes e artesanatos, de movimentos, música e livros.

PARA PRATICAR

1. Nós podemos proporcionar atividades de coordenação olho-mão que promovam as habilidades motoras finas da criança?
2. Nós podemos dar oportunidades ricas em termos de música e movimento?
3. Nós podemos incluir a criança na vida cotidiana (atividades da vida prática)? Preparação de alimentos, cuidados pessoais, cuidados com o ambiente.
4. Quais possibilidades para artes e artesanatos estão disponíveis?
5. Como podemos prover um ambiente linguístico rico em casa? Objetos, livros, conversa.

Nesse capítulo, vimos que observar os interesses e capacidades dos filhos e lhes proporcionar atividades envolventes ajudam a desenvolver a criança por completo.

Nós podemos usar itens que já temos em casa, e atividades montessorianas não precisam ser incluídas desde o primeiro dia. Todavia, para introduzir a abordagem montessoriana em casa, é fundamental observar mais a criança, aumentar nossa confiança e continuar seguindo a criança.

Além disso, não nos esqueçamos das coisas mais simples, que são as que geram lembranças com nossos filhos:

- Vamos saborear as gargalhadas e risadinhas.
- Vamos convidar nossos filhos para participarem das atividades domésticas cotidianas.
- Vamos pular nas poças d'água quando chove.
- Vamos colher folhas do outono e pendurá-las na janela.
- Vamos construir barracas dentro de casa.
- Vamos deixar nossos filhos explorarem um pouco mais.
- Vamos procurar conchas na praia em qualquer estação.
- Vamos fazer mais afagos nas pessoas amadas.
- Vamos desfrutar o ar fresco enquanto pedalamos pela cidade.

ORGANIZANDO A CASA

4

- 88 Montando espaços no estilo Montessori
  - 89 Cômodo por cômodo
  - 89 Entrada
  - 89 Sala de estar
  - 90 Cozinha
  - 91 Área de refeições
  - 91 Quarto
  - 92 Banheiro
  - 92 Área para artes e artesanatos
  - 93 Lugar aconchegante para leitura
  - 93 Parte externa
- 95 Princípios gerais para ter em mente
  - 95 Manter tudo em ordem
  - 96 Um lar aconchegante
  - 96 Uma casa bem organizada poupa trabalho
  - 97 Compartilhando espaços
  - 98 Espaços pequenos
- 99 A importância do ambiente doméstico
- 103 Giro pela casa

MONTANDO ESPAÇOS NO ESTILO MONTESSORI

Ao entrar em uma sala de aula montessoriana pela primeira vez, fica de imediato evidente que o espaço foi organizado lindamente visando as necessidades das crianças.

É fácil aplicar os mesmos princípios em casa. A meta não é ter uma casa perfeita, e sim organizar os espaços criteriosamente.

Nem todo espaço tem de estar de acordo com o tamanho das crianças. Afinal de contas, há pessoas de alturas diferentes e com necessidades distintas em nossa casa. No entanto, cada área da casa também pode ter um espaço organizado para as crianças desfrutarem e se sentirem à vontade.

Oito dicas para organizar sua casa

1. **Mobiliário de tamanho infantil.** Ache móveis que a criança possa usar sem ajuda. Procure cadeiras e mesas cuja altura permita que os pés da criança se firmem no chão; caso necessário, diminua um pouco o comprimento das pernas dos móveis.
2. **Beleza no espaço.** Deixe peças de arte e plantas a uma altura acessível para a criança.
3. **Independência.** Organize atividades e materiais em bandejas e cestas para que a criança tenha tudo de que precisa à mão; procure maneiras de facilitar que a criança pegue as coisas sozinha.
4. **Atividades atraentes.** Atividades apropriadas para a idade devem ficar arrumadas com capricho em prateleiras convidativas — não em caixas de brinquedos.
5. **Menos é mais.** Expor poucas atividades ajuda a concentração da criança; exponha apenas as atividades que ela está empenhada em dominar, para não sobrecarregá-la.
6. **Um lugar para tudo, com tudo em seu lugar.** Crianças pequenas possuem um senso muito forte de ordem. Quando há um lugar para tudo e tudo fica em seu lugar, a criança aprende onde ficam as coisas e para onde devem ser levadas de volta.
7. **Veja o espaço através do olhar da criança.** Em cada espaço agache-se na altura da criança para ver como ele fica pela perspectiva dela. Podem surgir cabos elétricos tentadores, desordem sob as prateleiras ou o ambiente parecer opressor.
8. **Guarde e faça rodízios.** Crie um depósito fora da visão da criança — por exemplo, armários do teto ao chão que se fundem com a cor da parede, um espaço no sótão ou recipientes que possam ser empilhados em um canto sossegado ou atrás de um sofá. Guarde a maioria das atividades da criança e troque as atividades nas prateleiras quando ela estiver procurando novos desafios.

CÔMODO POR CÔMODO

Vamos examinar todos os cômodos da nossa casa e ver como aplicar esses princípios. (Veja uma lista de recursos na página 276).

Essas são apenas ideias, não imposições. Adapte-as à vontade. Limitações de espaço e luz nos dão oportunidades para sermos criativos.

Entrada
- Ganchos baixos na altura da criança para ela pendurar sua mochila/bolsa, jaqueta, chapéu e capa de chuva (tudo de tamanho infantil).
- Cesta ou prateleira para sapatos.
- Cesta para acessórios sazonais como luvas, echarpes, gorros de lã, óculos escuros e assim por diante.
- Espelho baixo com uma mesinha ou prateleira para lenços de papel, grampos e fivelas de cabelo e protetor solar.
- Cadeira ou banco baixo para ela se sentar, a fim de calçar e tirar os sapatos.

Nota: Caso haja mais crianças na casa, cada uma deve ter sua cesta.

Sala de estar
- Duas ou três prateleiras baixas para atividades. Caso haja mais crianças na casa, podemos usar prateleiras mais baixas para as atividades da criança mais nova e as prateleiras mais altas para as atividades das crianças maiores. As prateleiras mais altas devem estar fora do alcance do irmão ou irmã mais nova, ou use recipientes que a criança mais nova não consiga abrir. Como referência, as prateleiras na minha sala de aula têm 1,20 m de comprimento x 30cm de profundidade x 40cm de altura.
- Mesinha e cadeirinha de preferência perto da janela, para que a criança possa firmar seus pés no chão. Por exemplo, o assento da cadeira deve ter 20 cm de altura e a mesa, 35 cm.
- Tapetes de chão (de cerca de 70 cm por 50 cm) fáceis de enrolar ficam guardados em uma cesta e são usados para marcar espaço durante as atividades.

Cozinha

- Prateleira baixa, armário, carrinho ou gaveta com poucos pratos, talheres, copos e jogos americanos das crianças.
  - Use copos, pratos e talheres de verdade — as crianças aprenderão a manuseá-los com cuidado se forem informadas de que eles quebram. Em vez de dizer, "Não deixe o copo cair", basta dizer que vidro é algo frágil e deve ser segurado com as duas mãos.
- Escadinha de mão, torre de aprendizagem ou tamborete cercado para que a criança alcance a bancada da cozinha para ajudar. Outra alternativa é preparar os alimentos na mesa de refeições ou em uma mesa baixa.
- Materiais de limpeza de tamanho infantil:
  - vassoura, esfregão, pazinha de lixo e escova;
  - luvas grossas de pano nas quais a mão se encaixe e que sejam fáceis para uma criança enxugar respingos;
  - esponjas cortadas no tamanho das mãos da criança;
  - pano de pó;
  - aventais de tamanho infantil.
- Utensílios de cozinha de tamanho infantil:
  - cortador e descaroçador de maçã;
  - espremedor de metal com alça, espremedor manual ou elétrico para fazer suco de laranja;
  - espátula pequena para as crianças pequenas espalharem facilmente sua cobertura favorita em biscoitinhos (que ficam guardados em um recipiente).
- Utensílios de corte:
  - facas de manteiga não serrilhadas para cortar itens macios como bananas;
  - um cortador rugoso para frutas e legumes mais firmes;
  - à medida que as habilidades da criança aumentarem e ela entrar na fase pré-escolar, ensine-a a usar facas mais afiadas com uma guia de corte e, obviamente, com supervisão.
- Fonte de água potável para a criança se servir sozinha — um filtro ou bebedouro que ela consiga alcançar, uma pia baixa ou um pouco de água em uma canequinha ou em uma bandeja (com uma esponja ou pano à mão para respingos).
- Recipientes fáceis de abrir com lanches nutritivos — ponha apenas a quantidade certa para ser consumida entre as refeições. Caso a criança queira comer algum desses itens logo após o desjejum, não há mais lanches nesse dia.
- Xícaras e colheres de medir, uma balança e colheres para misturar itens de forno.
- Borrifador e rodo para limpar janelas.
- Regador pequeno se houver plantas dentro de casa.

Nota sobre segurança: Mantenha facas afiadas fora de alcance e mostre à criança como usá-las quando estiverem preparadas, mas sempre sob sua supervisão.

Área de refeições

- Na hora do lanche, as crianças usam sua mesa e cadeira baixas, mas não devem sair dali levando o que estão comendo.
- Na hora das refeições, gosto que toda a família se sente à mesa principal ou da cozinha. Procure uma cadeira na qual a criança consiga subir e descer sozinha, como uma cadeira Stokke ou outra semelhante.
- Na hora das refeições, deve haver uma canequinha com um pouco de água ou leite à mesa para a criança. Naturalmente, às vezes ela irá derramar o líquido e você terá de limpar.
- Tenha luvas grossas ou esponjas à mão para respingos.
- Uma cestinha pode ser usada para levar itens da cozinha para a mesa. Ao arrumar a mesa para as refeições, coloque um banquinho para a criança alcançar a mesa. Uma esteira de jogo americano com marcações dos lugares para o prato, talheres e o copo é útil para uma criança pequena. O pai de um dos meus alunos teve a ótima ideia de fotografar os utensílios favoritos do seu filho, imprimi-los em papel e laminá-los: um guia perfeito para a criança usar ao arrumar a mesa.
- Algumas flores frescas colocadas na mesa tornam as refeições uma ocasião especial todos os dias.

Quarto

- Colchão no chão ou berço no qual a criança consiga entrar e sair sozinha.
- Se houver espaço suficiente, uma pequena prateleira com algumas atividades para as crianças brincarem sossegadamente ao acordar.
- Cesta ou prateleira para livros.
- Um espelho médio em posição vertical ajuda a criança a ver seu corpo inteiro e a se vestir.
- Um pequeno guarda-roupa com prateleiras, gavetas ou espaços ao alcance da criança, onde ela possa pendurar coisas. Ou use uma cesta com opções limitadas de roupas sazonalmente adequadas para a criança escolher a cada dia. Guarde as roupas das outras estações para evitar potenciais discussões.
- O quarto precisa ser completamente seguro — cubra todas as tomadas elétricas, tire fios soltos, deixe os puxadores de cortina fora de alcance (pois a criança pode se engasgar com eles) e instale trancas nas janelas.

Banheiro

- Uma área para trocar as fraldas. Quando já conseguem ficar em pé, é comum as crianças relutarem para deitar na hora da troca de fraldas. Então, troque a fralda com elas em pé para introduzir a ideia de que é no banheiro que usamos o vaso sanitário. Comece a oferecer o penico ou o vaso sanitário como parte da rotina de trocar as fraldas (veja mais sobre o uso do banheiro no capítulo 7).
- Um banquinho para a criança alcançar a pia e entrar na banheira ou *box* do banheiro.
- Barrinha de sabonete ou sabonete líquido para a criança lavar as mãos sozinha.
- Escova de dentes, pasta dental, pente e escova de cabelo ao alcance da criança.
- Espelho na altura da criança ou acessível para ela.
- Cesta para roupas sujas ou molhadas (ou coloque-as na lavanderia).
- Gancho baixo ou suporte para a criança alcançar sua toalha.
- Frascos pequenos com sabonete líquido, xampu e condicionador que a criança aprenda a usar. Se a criança gostar de espremer os frascos, reabasteça-os com um pouco desses produtos diariamente.

Área para artes e artesanatos

- Acesso a materiais de arte — por exemplo, um gaveteiro pequeno com lápis, papel, cola, estampas e itens para colagem.
- À medida que a criança cresce, podemos deixá-la usar tesouras pequenas, fita adesiva e grampeador.
- Não é preciso ter muitos materiais de arte, mas todos devem ser de alta qualidade.
- As atividades para crianças pequenas podem ser organizadas em bandejas para que tudo fique à mão.
- Por volta dos 3 anos, a criança passa a gostar de juntar coisas de que precisará. Então ela pode ter uma bandeja para selecionar sozinha os materiais de arte expostos. Organize tudo de maneira fácil: um lugar para os trabalhos artísticos secarem; um lugar para tiras de papel que possam ser reutilizadas; um lugar para reciclagem, por exemplo, uma bandeja para desenho e outra para colagem.
- Crianças pequenas são mais interessadas no processo do que no resultado, então, aqui estão algumas ideias para os trabalhos artísticos concluídos:
  - Coloque em bandejas coisas que elas querem continuar usando ou retomarão depois; quando as bandejas estiverem cheias, cole uma seleção dos trabalhos favoritos em um álbum de recortes.
  - Fotografe os trabalhos artísticos para manter um registro.
  - Reutilize os trabalhos artísticos como papel de presente.
  - Estimule as crianças a usarem os dois lados do papel.
  - Faça uma galeria para expor alguns trabalhos artísticos da criança. Exponha-os em molduras, em um cordão ou arame, ou em ímãs na geladeira.

Lugar aconchegante para leitura	• Tenha uma prateleira ou uma cesta com livros para que a criança veja facilmente as capas das obras. • Exponha somente poucos livros e troque a seleção conforme a necessidade. • Coloque um pufe, acolchoados, uma cadeira baixa ou uma esteira aconchegante de chão. • É agradável ler junto à janela devido à luz natural. • Faça um espaço aconchegante dentro de um guarda-roupa velho sem portas ou faça uma barraca baixa na qual as crianças entrem engatinhando.
Parte externa	• Crie oportunidades para as crianças se movimentarem: correr, pular, saltitar, pular num pé só, fazer braquiação, escorregar, dançar, balançar-se em uma corda, em um pneu velho ou em um balanço comum. • Jardinagem — pequenos ancinhos, pás, forquilhas e carrinho de mão. • Uma pequena horta que as crianças ajudem a cuidar. Se cultivarmos legumes em um canteiro, em vasos em um balcão ou dentro de casa, elas também aprenderão a apreciar sua comida valorizando sua procedência e sabendo quanto tempo leva para esses alimentos crescerem. • Um lugar para se sentar ou deitar sossegadamente e ficar olhando as nuvens. • Água — um balde de água e um pincel para "pintar" os tijolos ou o calçamento, borrifadores para lavar as janelas, um aparador para a água que escorre, uma bomba hidráulica. • Canteiro de areia. • Labirinto com pedrinhas para formar um caminho. • Lugar externo perto da porta de entrada onde as crianças possam deixar os sapatos quando chegam da rua ou limpá-los antes de entrar. • Cestas e potes para fazer coleções de elementos sazonais da natureza. • Cavar a terra, fazer lama, reconectar-se com a terra. • Cabanas ou túneis feitos com galhos de árvores. • Crie caminhos secretos para a criança explorar. Há muitas fontes de inspiração para nossos espaços externos. Adoro ver "paisagens lúdicas naturais" nas quais elementos naturais são incorporados ao *design*. Por exemplo, um escorregador encaixado em uma elevação no quintal ou caminhos feitos com pedras ou materiais achados na natureza. Para se inspirar, pesquise o trabalho de Rusty Keeler, que cria paisagens lúdicas naturais para crianças. *Nota*: Se não houver espaço externo em casa, leve as crianças para se movimentarem em um parquinho por perto, matas, praia, lago ou montanhas.

CONJUNTO DE ITENS INFANTIS MONTESSORIANOS EM CASA

Aqui estão oito itens básicos e a custos acessíveis para introduzir a metodologia Montessori em casa.

1. mesinha e cadeirinha **2.** prateleira baixa **3.** prateleira/caixa de livros **4.** cama baixa/colchão no chão acessível para a criança **5.** banquinho para usar a pia, o vaso sanitário e assim por diante **6.** ganchos baixos com utensílios de limpeza **7.** escadinha de mão/torre de aprendizagem para ajudar na cozinha **8.** ganchos baixos na entrada para casaco e bolsa

PRINCÍPIOS GERAIS PARA TER EM MENTE

MANTER TUDO EM ORDEM

Algumas pessoas pensam, *eu nunca vou conseguir manter a casa arrumada, pois temos coisas demais.*

A primeira etapa é reduzir a quantidade de brinquedos, livros, materiais de arte e artesanato, e a bagunça geral que se acumula em casa. Coloque em uma caixa as atividades e brinquedos que a criança esteja usando menos e as coisas que ela está achando muito difíceis. Por ora, essa caixa fica guardada; depois faça um rodízio e reintroduza essas atividades quando a criança precisar de um novo desafio. Coloque em outra caixa itens que são para crianças mais novas, atividades que não usam mais ou são demasiado fáceis. Ache um novo lar para elas ou as reserve para um irmão ou irmã mais novo.

Deixe à mão apenas as coisas que a criança está utilizando bastante. É preciso descobrir constantemente a quantidade certa de atividades para manter a criança interessada e dispensar aquelas que não a interessam mais.

Esse é um processo contínuo que acabará incluindo a criança para que desenvolva ideias sobre reutilização, reciclagem, caridade e cuidados com os brinquedos para doá-los quando chegar a hora de tentar coisas novas.

Crianças pequenas não se desapegam dos itens facilmente, então precisam se acostumar com a ideia de que os itens irão para uma caixa destinada à caridade ou a outra família. Deixe-as brincarem pela última vez com um item; ao terminar, elas o colocam na caixa e podem ir junto com você entregá-la. Se a caixa não puder ser entregue imediatamente, tire-a de vista para que a criança não tenha de repetir o processo de separação.

> Para quem pretende adotar uma abordagem ainda mais minimalista em casa, recomendo o livro *A Mágica da Arrumação*, de Marie Kondo. Ela ensina a manter em casa apenas as coisas que nos dão alegria ou são úteis. Pense em aplicar esse princípio às atividades e roupas das crianças. Além disso, sempre diga "obrigada" às coisas que não são mais necessárias ou use-as antes de descartá-las.

UM LAR ACONCHEGANTE

Dar fim à desordem não significa que a casa ficará sem personalidade. Coloque acolchoados, mantas, plantas e trabalhos artísticos na altura da criança. Escolha cestas e tapetes de materiais naturais para criar aconchego.

Nossas casas são adaptadas ao país e à época em que vivemos. Se a família tem diversas origens, é interessante expor tesouros ou móveis dessas outras culturas, assim como manter seus rituais e tradições.

Adoro acrescentar elementos artesanais como bandeirinhas de papel, itens costurados ou tricotados à mão e outras peças que nós criamos juntos. Esses detalhes tornam uma casa singular e especial, algo que a criança absorverá e valorizará.

Itens antigos ou *vintage* também dão muita personalidade à casa, sem passar a impressão de bagunça.

Todos esses elementos fazem da casa um lar, com o objetivo de criar um ambiente calmo, caloroso e acessível para a criança.

UMA CASA BEM ORGANIZADA POUPA TRABALHO

Cuidar de crianças pequenas é trabalhoso e muito cansativo. Portanto, vale a pena organizar a casa para facilitar as coisas para elas e, consequentemente, para os pais.

Arrume as coisas para que as crianças possam lidar com elas com independência e êxito. As coisas de que elas precisam devem ficar na altura delas, ou seja, facilmente acessíveis. Tire itens que elas não devam tocar. Continue ajustando e melhorando a arrumação, especialmente à medida que a criança cresce.

Susan Stephenson, uma professora montessoriana experiente, me contou uma história interessante. Toda vez que uma criança pedia ajuda na classe, Stephenson tomava alguma providência para que a criança conseguisse fazer aquilo sozinha da próxima vez. Se a criança pedia um lenço de papel, uma caixa de lenços de papel seria colocada na altura dela, além de haver uma cestinha com alguns lenços de papel dobrados e prontos para serem usados.

Lembre-se, nossas casas devem ser espaços seguros para as crianças pequenas explorarem. Quando dizemos "não" com muita frequência – por exemplo, quando a criança está tocando algo perigoso ou batendo em um vidro –, isso indica que deve haver menos tentações expostas em casa. É preciso cobrir tomadas elétricas, arrastar móveis para bloquear lugares arriscados, usar fechos de segurança em armários que não devem ser abertos pela criança e deixar uma cristaleira frágil em um depósito até a criança ficar um pouco mais velha.

Caso seja impossível deixar a casa inteira segura, podemos ao menos transformar uma área em um espaço do "sim", no qual a criança possa brincar livremente, talvez instalando um portãozinho para proteger o bebê. (Evite cercadinhos que limitam a movimentação da criança.)

COMPARTILHANDO ESPAÇOS

Caso haja mais crianças na casa, aqui estão outras providências recomendáveis:
- Organize espaços para diversas idades:
    - Use prateleiras mais baixas para atividades para a criança mais nova ou para qualquer idade; use prateleiras mais altas para atividades com partes miúdas que sejam adequadas para as crianças maiores.

- Guarde as partes miúdas em recipientes que crianças mais novas não consigam abrir.
- Estabeleça um ou dois lugares onde cada criança possa ir e ficar sozinha, o que pode ser tão simples quanto fazer um esconderijo com duas cadeiras e uma manta. Você pode até pendurar um aviso no lado externo com a inscrição "Privado" e apontá-lo quando o irmão ou a irmã quiserem entrar. Você então explica "Aqui diz privado, pois está ela querendo ficar sozinha. Vamos achar outra coisa para fazer".
- Se o irmão ou irmã mais nova estiver interferindo, tente simplificar a atividade para que todas as crianças possam participar.

- Compartilhando brinquedos:
  - Faça um plano para o compartilhamento de brinquedos e atividades. (Veja no capítulo 7 mais informações sobre compartilhamento.)
- Compartilhando um quarto:
  - Personalize a área de cada criança instalando, por exemplo, uma prateleira acima de sua cama com itens, fotos e coleções pessoais.
  - Se necessário, dê privacidade, talvez colocando uma cortina para dividir o quarto. Faça acordos claros sobre o uso do espaço, como a hora de apagar as luzes.
  - Organize o espaço para que cada criança possa ficar sozinha em algum canto.

ESPAÇOS PEQUENOS

É comum achar que seria mais fácil aplicar esses princípios se a casa fosse maior.

No entanto, é possível – e talvez até essencial – usar essas ideias se a casa for menor. A ideia é aproveitar ao máximo o espaço limitado disponível, mas se não houver cuidado a casa fica facilmente bagunçada e desagradável. Para mim, limitações como espaços pequenos instigam o uso da criatividade.

Aqui estão algumas ideias úteis:

- Prefira beliches, camas embutidas ou *futons* (colchões em estilo japonês) no chão.
- Compre móveis multifuncionais ou livre-se de alguns móveis para abrir espaço para as crianças brincarem.
- Procure móveis mais leves e compactos e use uma paleta neutra de cores para criar a sensação de mais espaço.
- Mantenha menos coisas expostas de cada vez para o espaço não parecer bagunçado.
- Aproveite as paredes para instalar painéis perfurados para pendurar materiais de artesanato ou espaços subutilizados para depósito (de camas sobressalentes, por exemplo) ou armários disfarçados para depósito perto do teto (talvez pintando-os com a mesma cor da parede).

A IMPORTÂNCIA DO AMBIENTE DOMÉSTICO

Essas ideias servem de inspiração para diminuir o caos e criar espaços mais envolventes para a criança.

Outros benefícios são:

- Estimular a criança a participar da vida cotidiana.
- Promover sua independência.
- Proporcionar espaços tranquilos e criativos para toda a família.
- Ajudar a aumentar a concentração da criança, com menos desordem e menos atividades exigentes.
- Permitir que a criança absorva e aprecie a beleza.
- Começar a mostrar para a criança como ser responsável por suas coisas.
- Ajudá-la a absorver a(s) cultura(s) nas quais elas vivem.

Organizar a casa ajuda a gerar mais calma no convívio com a criança. Espero que essas ideias o inspirem para fazer algumas mudanças hoje. Devemos aperfeiçoar constantemente a casa tornando as coisas cada vez mais acessíveis, mais atraentes e mais envolventes para a criança.

PARA PRATICAR

1. Você pode proporcionar:
    - móveis de tamanho infantil?
    - beleza, por exemplo, com plantas e arte?
    - maneiras para a criança ser independente?
    - atividades atraentes?
    - menos desordem?
    - um lugar para tudo e com tudo em seu lugar?
    - um depósito?
2. Você consegue ver o espaço com o olhar da criança?
3. Você pode fazer um espaço para a criança em cada cômodo da casa?

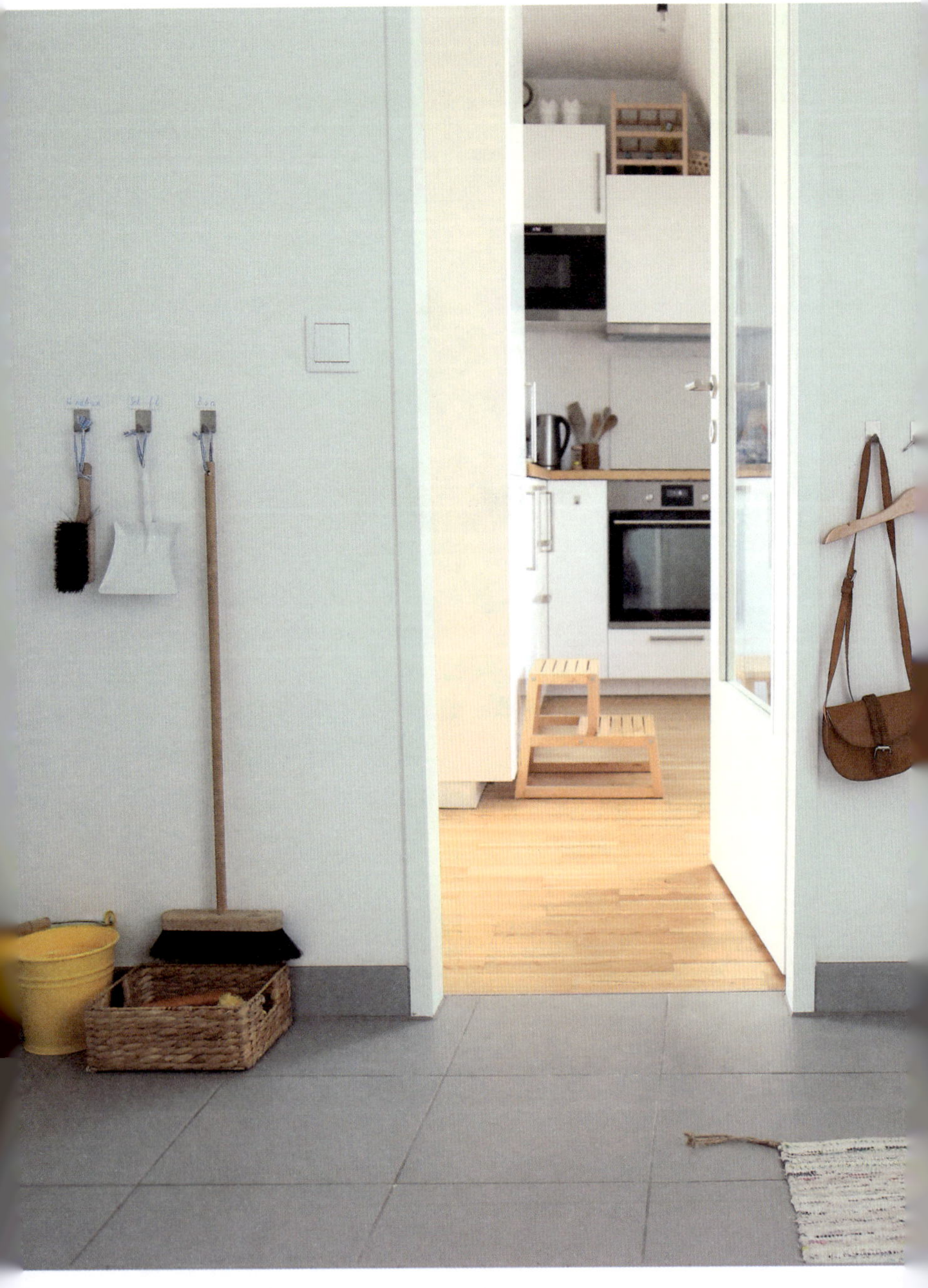

GIRO PELA CASA

Áustria

Agora é hora de se inspirar na casa da Anna, que mantém o *blog* e loja virtual Eltern vom Mars.

Vamos dar uma olhada na casa montessoriana de Anna na Áustria.

Tudo fica na altura da criança, e o espaço é simples e bonito. A criança tem tudo em seu lugar e à mão. A paleta cromática simples é muito calmante. Nós podemos entrar, por favor?

ÁREA DE HIGIENE PESSOAL

Essa pequena área para higiene pessoal é simples e atraente. Aqui a criança assoa o nariz, limpa o rosto e penteia o cabelo. Sobre o banquinho há duas cestas, uma com lenços de papel e a outra com a escova de cabelo. A cestinha sob o banquinho é para lenços de papel usados. O espelho pendurado verticalmente permite que a criança se veja de corpo inteiro e é perfeito para uma checagem rápida antes de sair de casa.

ÁREA PARA ARTES E ARTESANATOS

Essa área para artes e artesanatos se destina a crianças de 3 anos. As prateleiras abertas são convidativas e acessíveis, e o uso de bandejas e recipientes expõe o que está disponível.

Os lápis na prateleira de cima são atraentes, pois estão organizados por cor em potes simples de vidro com um adesivo indicando cada cor que se encontra dentro de cada pote.

Potinhos contêm contas e linhas para atividades de passar o fio; materiais como um rolo de papel *washi*[1], um furador e uma tesoura estão à mão; marcadores estão em um recipiente transparente; e há também pincéis e aquarelas.

Uma planta enfeita o espaço, e um aparelho para reproduzir músicas permite que a criança escolha o que deseja ouvir.

Uma mesa e uma cadeira pequenas ficam ao lado dessa prateleira, para a criança usar esses materiais.

---

1. Papel tradicional japonês usado para origami.

COZINHA

Uma gaveta baixa na cozinha permite que a criança pegue os utensílios para a preparação de alimentos.

Talheres ficam em potes, e cestas contêm um rolo para massas, um batedor de ovos e um descascador. Há também um pequeno ralador, espremedor, fatiador de ovos e descaroçador de maçã.

ESPAÇO EXTERNO

Uma área pavimentada foi transformada em um belo espaço externo para explorar.

Uma vassoura e ferramentas de jardinagem estão penduradas em ganchos à mão, ao lado de um regador e um balde. É divertido regar as plantas nos vasos, e o espaço vertical foi aproveitado para acomodar mais plantas.

Quando o clima permite, essa área também é usada para outras atividades, que demandam apenas uma pequena bandeja de desjejum ou sentar-se em uma cadeira junto à mesa.

5

EDUCANDO UMA CRIANÇA CURIOSA QUE SE SENTE OBSERVADA E OUVIDA

PRIMEIRA PARTE

ESTIMULANDO A CURIOSIDADE INFANTIL

- 110 Cinco ingredientes para a curiosidade
  - 110 Confie na criança
  - 111 Um ambiente de aprendizagem rico
  - 111 Tempo
  - 112 Uma base segura
  - 112 Fomentando o senso de maravilhamento
- 112 Sete princípios para humanos curiosos
  - 113 Siga a criança
  - 114 Estimule o aprendizado "mão na massa"
  - 115 Inclua a criança na vida cotidiana
  - 116 Vá com calma
  - 117 Ajude-me a fazer isso sozinho
  - 120 Estimule a criatividade
  - 122 Observação

SEGUNDA PARTE

ACEITANDO A CRIANÇA COMO ELA É

- 127 Dê importância, senso de pertencimento e aceitação à criança
- 128 Seja o intérprete da criança
- 129 Permita todos os sentimentos, mas nem todo comportamento
- 130 Dê retornos acurados, em vez de elogios
- 132 Papéis e rótulos

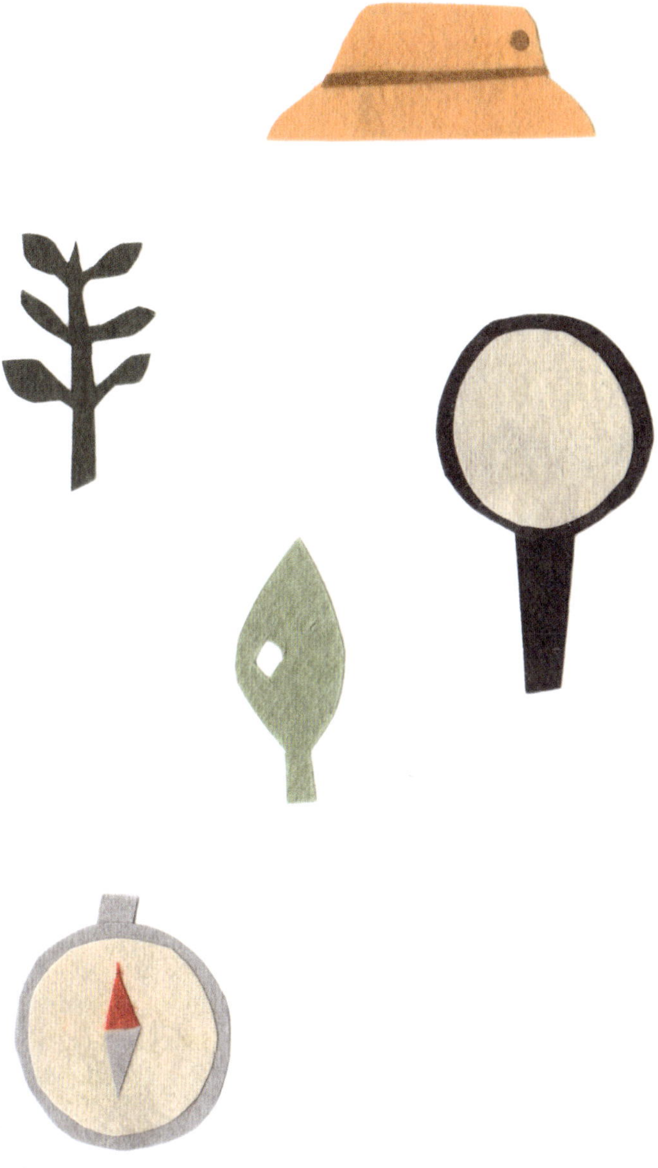

PRIMEIRA PARTE

ESTIMULANDO A CURIOSIDADE INFANTIL

Conforme mencionado no capítulo 2, professores montessorianos acham que uma criança não é um vaso para ser preenchido com fatos. A criança genuinamente adora aprender, fazer descobertas por conta própria e criar soluções criativas.

Como pais, nós também podemos estimular em casa a curiosidade de nossos filhos, utilizando cinco ingredientes.

CINCO INGREDIENTES PARA A CURIOSIDADE

1. Confie na criança

A doutora Montessori nos estimula a confiar que a criança quer aprender e crescer, e sabe intrinsecamente do que precisa para se desenvolver com plenitude. Isso significa que se lhe proporcionarmos um ambiente rico para explorar, não é preciso forçá-la a aprender nem nos preocuparmos se ela estiver se desenvolvendo de maneira diferente de seus pares.

Devemos confiar que as crianças estão se desenvolvendo ao longo de seu caminho singular, em seu modo original, em seu próprio cronograma.

Devemos confiar também que elas aprendem sozinhas seus limites corporais. Crianças pequenas são aprendizes curiosas que querem explorar o mundo ao seu redor. Eventualmente podem acontecer acidentes, isto é inevitável, e talvez devamos deixar que aconteçam. Afinal de contas, é assim que elas aprendem e, caso queiram ser apoiadas, nós estaremos à disposição. "UI! Foi uma batida? É difícil ver você se machucar. Fico feliz que seu corpo seja capaz de se curar sozinho. Não é incrível?".

Nós nos preocupamos constantemente sobre como a criança está se desenvolvendo ou se ela vai se machucar? Somos capazes de praticar e deixar de lado essas preocupações com o futuro e desfrutar a fase atual dela em sua jornada singular?

2. Um ambiente de aprendizagem rico

Para uma criança desenvolver a curiosidade pelo mundo ao seu redor e o desejo de aprender, nós devemos proporcionar um ambiente rico em aprendizagem e tempo para explorá-lo.

Esse ambiente propício à aprendizagem não precisa ser repleto de materiais caros. Explorações na natureza podem ser totalmente grátis ou muito baratas, a exemplo de enfiar uma corrente ou um cordão em um tubo de papelão, ou escolher e separar alguns feijões secos.

O capítulo 3 sobre atividades ensina que devemos estar sempre observando a criança e lhe dando oportunidades para praticar aquilo que está tentando dominar agora.

Como é o ambiente da criança – o físico, o social e até os adultos ao seu redor? Ele lhe proporciona oportunidades variadas para exploração?

3. Tempo

Para se desenvolverem e seguirem sua ânsia para descobrir, explorar e se maravilhar, as crianças precisam de tempo. Tempo que não seja marcado no relógio nem abreviado e até de períodos em que se sintam entediadas.

Dê tempo para elas explorarem e se movimentarem, para linguagem e conversa, para criarem conexões, para maravilhamento e curiosidade.

Caso trabalhemos ou estejamos com uma criança em tempo integral, vamos pensar criativamente sobre nossos dias e semanas. É possível mudar o esquema para conseguir de 15 a 30 minutos livres todos os dias? Talvez uma ou duas horas no fim de semana? De que compromissos podemos abrir mão?

4. Uma base segura

Como pais, devemos proporcionar segurança física e emocional. Nós mantemos a criança fisicamente a salvo de tomadas elétricas, ruas movimentadas e outros perigos. Blindamos uma área da casa ou a casa inteira para que a criança possa explorá-la livremente.

Então para dar segurança emocional aos filhos, devemos aceitá-los como eles são. Assim, eles sabem que estaremos a seu lado até quando estiverem passando por um momento difícil.

Esse senso de segurança física e emocional permite que a criança tenha a liberdade de ser curiosa com o mundo.

Há maneiras de mostrar para a criança que estamos sempre a seu lado até, e especialmente, quando ela está passando por um momento difícil? Nós conseguimos olhá-la nos olhos e reconhecer os sentimentos avassaladores que ela está tendo em relação a coisas que nos parecem pequenas?

5. Fomentando o senso de maravilhamento

Nós podemos fazer perguntas à criança sobre o mundo que nós vemos, convidá-la para explorá-lo com seus cinco sentidos e estar junto à natureza sempre que possível.

Nós estamos demonstrando maravilhamento para a criança? Nós a deixamos explorar com seus cinco sentidos? Nós usamos a natureza para inspirar o senso de maravilhamento na criança?

SETE PRINCÍPIOS PARA HUMANOS CURIOSOS

Quando utilizamos esses cinco ingredientes, as crianças têm uma base forte para se tornarem curiosas em relação ao mundo ao seu redor, desenvolver a capacidade de pensar e fazer coisas sozinhas.

Com base nos cinco ingredientes essenciais, podemos aplicar sete princípios para ajudá-las a se tornarem seres humanos curiosos.

1. Siga a criança — deixe que ela lidere.

2. Estimule o aprendizado "mão na massa" — deixe que ela explore.

3. Inclua a criança na vida cotidiana — deixe que ela seja incluída.

4. Vá com calma — deixe que ela estabeleça o próprio ritmo.

5. Ajude-me a fazer sozinho — deixe que ela seja independente e responsável.

6. Estimule a criatividade — deixe que ela se deslumbre.

7. Observe — deixe que ela nos mostre.

Vamos agora considerar cada princípio para explorar como eles nos ajudam a introduzir a filosofia montessoriana na vida cotidiana.

1. Siga a criança

> "Esse é o modo de aprender da criança. Esse é o caminho que ela segue. Ela aprende tudo sem saber que está aprendendo... andando sempre nos caminhos da alegria e do amor."
>
> — Maria Montessori, *Mente Absorvente*

Nós já falamos o quanto é importante deixar a criança liderar, seguir seus interesses e não a interromper quando ela estiver profundamente concentrada em alguma coisa. Por mais difícil que seja, algumas vezes, essa é a raiz da abordagem montessoriana. Pode significar sair para caminhar e deixar a criança liderar. Nós paramos e entramos no ritmo dela.

Pode significar que falamos muito sobre faróis, saímos para visitar faróis, lemos livros sobre faróis e montamos um farol de modelismo com a criança se essa for sua área de interesse atual.

Pode significar deixar as coisas prontas no início da noite se a criança acorda com pouca disposição todas as manhãs.

Seguir a criança significa seguir seu cronograma próprio, observando como está hoje e não impondo nossa ideia sobre o que e quando ela deveria estar aprendendo. Quero, porém, deixar claro que **seguir a criança não significa permissividade, deixando-a fazer tudo o que quiser.** Sempre que necessário, definiremos limites para garantir a segurança dela, de seu ambiente e dos outros.

Tampouco significa ser mandão. Quando nos ouvimos dando ordens, dando lições ou dando um excesso de informações, devemos refletir: *Puxa, exagerei. Como posso recuar e deixar a criança liderar?*

Mas nós temos que fazer muitas coisas, pensamos com frequência. *Precisamos nos vestir, precisamos levar a criança à creche, jantar, tomar banho etc.* Obviamente, ainda daremos conta dessas coisas, mas de uma maneira que nos permita "seguir a criança". Devemos aprender a lidar com a criança, em vez de apelar para o suborno, ameaças e castigos. Iremos examinar maneiras para definir limites e cultivar a cooperação na criança no capítulo 6.

2. Estimule o aprendizado "mão na massa"

Crianças pequenas aprendem melhor quando tocam coisas, cheiram, ouvem, colocam coisas na boca e veem coisas. Para formar aprendizes curiosos, proporcione novas experiências práticas para elas.

Quando elas começam a fazer perguntas ao invés de simplesmente responder, nós podemos dizer: "Eu não sei. Vamos descobrir juntos". Podemos, então, fazer um pequeno experimento ou explorar juntos, como olhar algo de perto com uma lente de aumento, visitar o zoológico, ir à biblioteca para achar alguns livros ou perguntar à vizinha que sabe mais sobre o assunto.

Nossos filhos pequenos estão aprendendo que se não sabem alguma coisa podem tomar a iniciativa de descobrir, muitas vezes de uma maneira concreta.

Em casa, elas exploram o ambiente tocando e sentindo as coisas. Em vez de dizer: "Não, não toque", devemos observar a habilidade que elas estão praticando e tentar redirecioná-las para uma atividade que seja mais adequada. Se estiverem tirando todos os livros da prateleira, podemos colocá-los de volta para que elas pratiquem numerosas vezes. Ou, se não estivermos com vontade de participar em algum jogo, podemos pensar em outras atividades que elas possam explorar, como a coleção de echarpes em uma cesta. Quando as flagramos explorando nossa carteira e tirando todos os cartões e o dinheiro, podemos preparar outros recipientes em uma cesta para que elas abram, fechem e achem coisas lá dentro. Em nossa sala de aula há uma carteira velha com alguns dos meus antigos cartões de fidelidade e da biblioteca.

Frisando mais uma vez, a natureza é formidável para aprendizagem sensorial com a "mão na massa", o vento ou o sol batendo no rosto, a areia ou a terra nos dedos, com o som das ondas ou o rangido das folhas, o cheiro do mar ou das folhas nas matas.

3. Inclua a criança na vida cotidiana

Crianças pequenas são curiosas sobre o que vamos fazer. Elas querem ser um membro importante da família e não estão tentando nos enlouquecer quando se penduram em nossas pernas.

No capítulo 3, examinamos muitas atividades práticas cotidianas nas quais podemos incluir as crianças pequenas.

Talvez elas possam ajudar na preparação dos alimentos. Podemos convidá-los dizendo: "Estou preparando o jantar. Qual parte você gostaria de fazer?". Elas podem pegar e nos entregar coisas, e é recomendável haver uma escadinha de mão e um avental para elas em um gancho. Pedimos para lavarem as mãos e depois lavarem e picarem as folhas de alface para a salada. Caso percam o interesse, elas saem da cozinha.

Em vez de pensar: *Preciso cuidar das roupas*, faça essa atividade com as crianças. Quando meu filho era pequeno, eu o segurava no colo para que ele apertasse os botões da máquina de lavar. Ele me ajudava a tirar as roupas da máquina e brincava com os pregadores, enquanto eu pendurava as roupas. (Pode haver também uma corda de varal baixa para as crianças pendurarem as roupas). Nessa época, tínhamos a sorte de morar na Austrália, onde havia espaço para uma corda de varal na parte externa da casa. Minha filha ficava deitada em um colchãozinho esperneando e olhando enquanto todos nós conversávamos. Em certos dias eu sentia uma bem-aventurança doméstica. Na maioria dos dias a situação se assemelhava mais a um caos organizado, mas nós nos divertíamos muito.

Envolver as crianças pequenas nas tarefas cotidianas implica em mais bagunça e lentidão, mas estamos fortalecendo as conexões e lembranças que irão durar para sempre. Quem tem dificuldade para encaixar esse tipo de coisa em seu dia a dia, em meio a tantos compromissos de trabalho e a lida habitual, pode começar definindo momentos. Ou seja, reserve uma ou duas horas que você fica em casa nos fins de semana para fazer as atividades de lavanderia, assar um bolo ou cuidar das plantas e do jardim junto com a criança. Em dias de semana, talvez não haja tempo nem paciência para deixar os filhos ajudarem na cozinha, mas eles podem arrumar a mesa, servir seu próprio suco no jantar e levar seu prato para a bancada após a refeição. Podemos começar com as coisas mais simples e que gostamos de fazer com nossos filhos.

Para mais ideias, reveja a lista de "atividades da vida prática" no capítulo 3 ou a lista de atividades no apêndice.

4. Vá com calma

> "Seja rápido quando faz sentido ser rápido, seja lento quando a lentidão é necessária. Busque viver de acordo com o que os músicos chamam de o *tempo giusto* — a velocidade certa."
>
> — Carl Honoré, Devagar: Como *um Movimento Mundial Está Desafiando o Culto da Velocidade*

Com crianças pequenas, o *tempo giusto* é bem mais lento do que o usual. Crianças pequenas não gostam de se apressar, a menos que vejam um grande espaço aberto e sintam vontade de correr.

Parem e vejam juntos as rachaduras na calçada, e desfrutem o processo, em vez do resultado. Ir lentamente dá tempo para a criança explorar e ser curiosa. Faríamos bem em aprender com as crianças. Elas nos lembram de desacelerar e estar presentes, abrindo mão de fazer intermináveis listas mentais e de se preocupar com o passado ou o futuro.

Se quisermos a cooperação da criança, o ideal é ir lentamente. Isso significa se abster de dizer todas as manhãs: "Estamos atrasados outra vez!". Esse tipo de coisa a estressa e a fará resistir, o que nos atrasará mais ainda. (Há algumas ideias para não se atrasar na página 175).

Se nós vivermos com tranquilidade, naqueles momentos ocasionais em que precisamos nos apressar – por exemplo, para pegar um ônibus ou porque não ouvimos o despertador tocar – a criança reagirá de maneira mais dócil. Se for apressada todos os dias, a criança pode ignorar nossos pedidos quando realmente precisarmos da sua ajuda.

5. Ajude-me a fazer isso sozinho

"Ajude-me a fazer isso sozinho" é uma expressão muito usada no método Montessori e significa:

- organizar as coisas para que a criança consiga fazê-las sozinha.
- **interferir o mínimo possível e somente na medida necessária**, então deixar a criança continuar tentando.
- dar tempo para ela praticar.
- demostrar nossa aceitação e apoio.

Como ensinar habilidades à criança

Divida a tarefa em pequenas etapas e mostre-as **lentamente**. Crianças pequenas entenderão mais rápido se nós **não falarmos** enquanto estivermos mostrando algo a elas. Diga apenas: "Olhe!", e demonstre com movimentos claros e lentos.

Estruture as habilidades

Adoro como materiais montessorianos em uma sala de aula se baseiam uns nos outros, à medida que a criança progride dos simples para os mais complexos, e cada habilidade dá suporte à seguinte. A ideia é elevar gradualmente os andaimes conceituais.

Nós podemos aplicar o mesmo princípio para ensinar a criança a fazer coisas em casa por conta própria. Nós estruturamos as habilidades à medida que a criança ganha competência e maturidade. As habilidades serão mais difíceis, terão mais etapas ou irão requerer que a criança siga várias instruções.

Por exemplo, primeiramente mostramos à criança como colocar o sapato no pé, então mostramos como puxar o velcro para ajustar o sapato. Após dominar esse movimento, ela pode aprender a puxar o velcro para tirar o sapato. Sendo assim, pedimos que ela calce os sapatos sozinha.

Dê tempo

Quando nós damos tempo suficiente na rotina diária, ajudamos as crianças a terem mais autonomia. Por exemplo, deixar que elas se vistam em seu próprio ritmo. Isso não significa tempo ilimitado, mas cerca de dez a quinze minutos, enquanto nos sentamos por perto no chão com uma xícara de chá, relaxamos e desfrutamos o processo de ajudar a criança a aprender a se vestir. Em um dia chuvoso, podemos deixar a criança tirar e colocar as meias diversas vezes.

Essas atividades cotidianas geram momentos de conexão e oportunidades para que a criança aprenda a fazer coisas sozinha e se torne confiante em relação às suas capacidades.

Se começarmos a ficar frustrados quando demora demais, ao invés de nos irritarmos, basta pensar que desta vez vamos ajudar a criança e tentar novamente que ela se vire sozinha no dia seguinte.

Seja compreensivo com os erros

> "Nada inibe mais a iniciativa infantil do que refazermos alguma coisa que a criança fez."
>
> —Jean K. Miller/Marianne White Dunlap, *The Power of Conscious Parenting*

Erros são simplesmente oportunidades para aprender. Nossos filhos cometerão erros, quebrarão e derramarão coisas e, às vezes, até machucarão alguém. Quando se oferecerem para ajudar, eles podem não fazer as tarefas tão bem quanto um adulto.

Em vez de punir, passar um sermão ou corrigi-los, tente isso:

1. Se errarem o nome de alguma coisa, anote mentalmente que ainda não sabem aquilo e depois ensine o nome certo em um momento calmo. Eles estarão mais abertos para aprender depois do que se forem corrigidos imediatamente. O método Montessori tem uma frase para isso: "Ensine ensinando, não corrigindo".

2. Se quebrarem ou derramarem coisas, pegue os utensílios para limpar e ofereça ajuda.

3. Dê apoio para se reconciliarem com alguém que eles magoaram.

4. Dê o exemplo não se levando a sério demais quando cometer erros e pedindo desculpas. "Estou arrependida. Eu deveria ter dito que..." ou "Eu deveria ter feito...".

Oferecer ajuda

Em vez de correr para ajudar a criança, espere para ver se consegue se virar sozinha. Se ela "empacar" ou a tarefa for nova ou difícil, aí sim ofereça ajuda.

"Você quer que eu ou outra pessoa a ajude a fazer isso?"

"Você quer ver como eu faço isso?"

"Você tentou...?"

Ofereça ajuda apenas se ela quiser.

6. Estimule a criatividade

> "Quanto mais experiência uma criança tiver com atividades concretas e resolução de problemas, mais útil, criativa e efetiva será sua imaginação."
>
> — Susan Stephenson, *A Criança Alegre: Sabedoria Montessori do Nascimento aos Três Anos*

Há uma concepção equivocada de que a abordagem montessoriana não apoia nem estimula a criatividade e a imaginação infantis, já que os materiais montessorianos têm finalidades específicas, em vez de ter menos regras, não há um canto para encenações em nossas salas de aula e não estimulamos a fantasia em crianças abaixo de 6 anos, preferindo que elas se concentrem no mundo concreto ao seu redor.

Imaginação é diferente de fantasia

Fantasia significa inventar algo que não existe na realidade. Crianças abaixo de 6 anos não percebem facilmente a diferença entre algo inventado e algo real. Em seu estudo de pesquisa "Do Monsters Dream? Toddler's Understanding of the Fantasy/Reality Distinction", Tanya Sharon e Jacqueline D. Woolley mostravam a crianças pequenas figuras fantásticas e realistas de animais, e comprovaram que as crianças de 3 anos tinham dificuldade para distinguir entre o real e cenas fantásticas.

Esse fato fica evidente quando uma criança se apavora com algum fato nos livros ou em outras mídias, desde dragões e monstros a imagens nos noticiários, pois aquilo lhe parece muito real.

Por sua vez, a imaginação entra em campo quando a mente usa as informações que tem para engendrar possibilidades criativas.

No método Montessori, nós formamos a base da criança pequena na realidade, plantando as sementes para sua vida como cidadãos do mundo criativos e imaginativos. Para estabelecer uma base forte, devemos proporcionar às crianças pequenas experiências práticas no mundo real. Por volta dos 2 anos e meio, a criança começa a brincar interpretando papéis, o que é um sinal de que está processando o que vê ao seu redor (imaginação). Ela interpreta famílias, finge que faz biscoitos e que é a professora. Ia está sendo criativa sem ficar oprimida pela ideia de dragões, monstros e outras coisas que não consegue ver ou vivenciar diretamente (fantasia).

Quando damos os materiais para essas brincadeiras, os itens devem ser menos prescritivos. Echarpes e outros objetos podem ser usados de várias maneiras, ao passo que uma roupa de bombeiro só pode ser usada de uma maneira específica.

Comprovadamente, o foco na realidade só intensifica a criatividade infantil. A base forte que plantamos floresce na adolescência quando a imaginação se torna especialmente forte e a garotada começa a encontrar soluções criativas para os problemas mundiais e para mudanças sociais.

E em relação à criatividade artística?

Conforme mencionado no capítulo 4, podemos organizar uma área rica e convidativa para a criatividade artística infantil. Isso inclui:

- Organizar e expor materiais bonitos na altura da criança.
- Instigar a criatividade oferecendo materiais apropriados para a idade em belas bandejas para a criança explorar.
- Inserir beleza em casa, incluindo peças de arte e plantas, que a criança absorverá e usará como inspiração.
- Escolher materiais pela qualidade, não pela quantidade.

Além disso, há o princípio-chave de apoiar o desenvolvimento da criatividade artística da criança. Para isso, devemos:

- Instigar o uso sem regras de materiais (evite *kits* de arte e livros de colorir, que são mais prescritivos).
- Preparar-se para estimular a criatividade – dê tempo e esteja aberto para bagunça e exploração; prepare um espaço que possa ficar sujo; relaxe, junte-se à criança e criem juntos.
- Perguntar, não explicar. Em vez de instruir a criança, estimule a exploração.
- Aceitar o tédio. Quando surgem momentos livres no dia nos quais é possível se sentar sem ter de planejar nada e sem tecnologia para entreter, a criança pode ficar entediada. Sua mente pode devanear, engendrar novas ideias e estabelecer novas correlações. Quando está entediada, a mente busca estímulo e se torna cada vez mais criativa.
- Focar no processo, não no resultado. Concentre-se no esforço da criança e descreva o que ela fez: "Você fez círculos grandes" ou "Eu vejo que você misturou essas duas cores".
- Mostrar à criança que não há erros nesse trabalho e que é possível experimentar e aprender quando as coisas não são conforme o esperado.

Acima de tudo, é importante o adulto se divertir inspirando, explorando e criando junto com a criança.

7. Observação

Com frequência, professores montessorianos dizem aos pais dos alunos "Apenas observe seu filho". *Observar o que nele? Por quê? E como?*

Observar é ver ou perceber sem qualquer julgamento ou análise. É como uma câmera de vídeo que registra objetivamente uma situação, mas sem analisá-la.

Por exemplo, um professor montessoriano faz a seguinte observação sobre um aluno: "João solta o lápis da mão direita, o qual cai no chão. Ele olha pela janela. Transfere seu peso do pé esquerdo para o pé direito. Dobra os joelhos. Apanha o lápis com o polegar e o dedo indicador da mão direita".

Ao observar, registramos cientificamente aquilo que nós vemos, em vez de se apressar para reagir ou fazer suposições. **Com as informações, é possível responder adequadamente, em vez de reagir irrefletidamente.**

Nós vemos mais detalhes, notamos quando algo muda e praticamos deixar de julgar tudo o que vemos. Isso nos permite ter um novo olhar sobre a criança todos os dias.

O que fazer com essas observações?

Essas observações serão úteis de várias maneiras.

Nós aprendemos a ver que a criança está se desenvolvendo em seu modo singular. Conseguimos seguir seus interesses e manter a criança curiosa em relação ao mundo ao seu redor.

Refreamo-nos para não interferir, vendo oportunidades, em vez de limitar sua curiosidade e criatividade, e também sabemos quando é preciso interferir calmamente para manter a criança em segurança.

Quando observamos constantemente, conseguimos detectar diferenças muito sutis na criança. Também podemos identificar fatores no ambiente ou nos adultos que ajudam ou atrapalham a independência, movimentação, comunicação e outras áreas do desenvolvimento infantil.

Observar nos ajuda a apoiar nossos filhos como os aprendizes curiosos que são. Observar nos permite ver a criança claramente e sem julgamento, ou ideias preconcebidas sobre o que ela é capaz de fazer.

ALGUMAS COISAS PARA OBSERVAR

HABILIDADES MOTORAS FINAS

- Como elas pegam e seguram objetos;
- Quais dedos e qual mão elas usam mais;
- Como seguram um pincel ou lápis;
- Quais atividades e habilidades motoras finas elas estão praticando, como usar o polegar e o indicador como uma pinça, como inserem miçangas em um fio, e assim por diante.

HABILIDADES MOTORAS GROSSAS

- Como elas se levantam e se sentam;
- Como andam — amplidão dos movimentos com as pernas e braços;
- Equilíbrio;
- As habilidades motoras grossas que estão praticando;
- Se elas escolhem atividades que envolvam habilidades motoras grossas;
- Se o ambiente ajuda ou atrapalha seus movimentos.

COMUNICAÇÃO

- Sons/palavras que elas usam para se comunicar;
- Sorrir;
- Chorar — intensidade, duração;
- Outras linguagens corporais;
- Como elas se expressam;
- Contato visual durante as conversas;
- Linguagem usada;
- Como as pessoas no entorno reagem quando as crianças se comunicam.

DESENVOLVIMENTO COGNITIVO

- No que elas estão interessadas;
- O que elas estão praticando e aprendendo a dominar, e as atividades que conseguem completar;
- Durante quanto tempo elas ficam focadas em uma atividade.

DESENVOLVIMENTO SOCIAL

- Interações com os outros — pares e adultos;
- Se elas observam os outros;
- Como pedem ajuda;
- Como ajudam os outros.

DESENVOLVIMENTO EMOCIONAL

- Quando a criança chora, sorri e gargalha;
- Como elas recebem consolo ou se consolam;
- Como elas reagem a estranhos;
- Como elas lidam com momentos de separação;
- Como elas se comportam quando as coisas não são como esperavam.

COMER

- O que e o quanto comem;
- Se elas são passivas ou ativas para comer — se precisam ser alimentadas ou alimentam-se sozinhas.

DORMIR

- Quaisquer padrões do sono;
- Como elas caem no sono;
- Qualidade do sono;
- Posição durante o sono;
- Como elas começam a despertar.

INDEPENDÊNCIA

- Sinais de independência;
- Relacionamento com adultos.

ROUPAS

- Se as roupas ajudam ou atrapalham os movimentos e a independência;
- Se as crianças tentam colocar e tirar as roupas;
- Se elas expressam preferência por algumas roupas.

AUTO-OBSERVAÇÃO

- Registre a comunicação — o que você diz e como interage com a criança;
- Se surge alguma ideia ao observar a criança;
- O que você faz se a criança não come ou dorme;
- O que você diz se a criança faz algo positivo ou reprovável.

INGREDIENTES E PRINCÍPIOS PARA ESTIMULAR A CURIOSIDADE

CINCO INGREDIENTES

1. Confie na criança;

2. Um ambiente de aprendizagem rico;

3. Tempo;

4. Uma base segura;

5. Fomentando o senso de maravilhamento.

SETE PRINCÍPIOS

1. Siga a criança;

2. Estimule o aprendizado "mão na massa";

3. Inclua a criança na vida cotidiana;

4. Vá com calma!;

5. Ajude-me a fazer sozinho;

6. Estimule a criatividade;

7. Observação.

SEGUNDA PARTE

ACEITANDO A CRIANÇA COMO ELA É

Crianças pequenas querem se sentir importantes, integradas e ser aceitas como são. Ao entender isso, saímos do campo das brigas e gatilhos para a irritação e vamos para uma postura de guiá-las, apoiá-las e liderá-las.

DÊ IMPORTÂNCIA, SENSO DE PERTENCIMENTO E ACEITAÇÃO À CRIANÇA

Ver o mundo pelos olhos de uma criança nos ajuda a **entender a sua perspectiva**. Assemelha-se a ter empatia ou compaixão pela criança. O importante é reconhecer que todo o mundo está diante dos seus olhos.

Ao tomar à força o brinquedo de outra criança pequena, a criança não está tentando ser travessa, apenas querendo brincar *imediatamente* com aquele brinquedo. Caso a estejamos observando, saberemos se ela precisa de alguma ajuda ou se devemos interferir.

Nós podemos achar que a criança está sendo destrutiva, por tirar a terra dos vasos de plantas, mas se pensarmos por sua perspectiva, entendemos que ela está vendo algo em seu ambiente que precisa ser explorado *imediatamente*. Se estivermos observando-a, podemos decidir melhor se é preciso interferir para colocar a planta em outro lugar ou cobrir a terra.

Em vez de achar que a criança está nos provocando por mostrar a língua e dar uma gargalhada, pensando por sua perspectiva, concluímos que ela está testando um novo som, vendo nossa reação e descobrindo a relação entre causa e efeito. Devemos observar e ver se ela para de fazer isso por vontade própria ou então dizer algo como: "Eu não gosto quando você mostra a língua para mim, mas nós podemos ir dar cambalhotas no tapete ali".

Quando paramos para observar sem julgar, passamos a ver e aceitar a criança como ela é.

Quando perguntamos a nós mesmos "o que devo fazer para minha filha ser menos tímida/se concentrar mais/ficar mais interessada em arte/ser mais ativa?" e assim por diante, não estamos aceitando-a como ela é. Então, devemos nos esforçar para demonstrar à criança que a amamos do jeito que ela é e na fase em que está.

Afinal, é isso que toda pessoa quer.

Importância. Pertencimento. Aceitação por ser quem ela é.

SEJA O INTÉRPRETE DA CRIANÇA

Quando vemos as coisas pela perspectiva da criança, também podemos ser seu tradutor quando necessário, como se estivéssemos procurando em um dicionário aquilo que ela está tentando dizer.

"Você está tentando me dizer...?" é uma frase útil para traduzir as necessidades da criança em palavras.

Quando ela joga comida no chão, nós podemos dizer "Você está tentando me dizer que acabou de comer?"

Podemos usar isso também com uma criança mais velha que esteja xingando as pessoas ou agindo inadequadamente. "Parece que você está muito zangado. Você está tentando dizer que não gosta quando elas mexem nas suas coisas?"

E, ao notar que a criança está causando desconforto no ambiente, podemos traduzir a situação para ela. "Para seu pai é importante sentar-se à mesa para comer, mas você realmente quer ficar zanzando pela sala com sua comida, então ele não está gostando disso."

ÀS VEZES, NOSSA FUNÇÃO É SER O INTÉRPRETE DA CRIANÇA

PERMITA TODOS OS SENTIMENTOS, MAS NEM TODO COMPORTAMENTO

Você pode questionar: se eu aceitar a criança como ela é, entender sua perspectiva e permitir todos os seus sentimentos, devo aceitar todos os seus comportamentos?

De forma alguma, pois devemos interferir para deter qualquer comportamento inadequado. Afinal, o córtex pré-frontal da criança (a parte racional de seu cérebro) ainda está se desenvolvendo e eventualmente temos que interferir para mantê-la em segurança, assim como para manter a segurança dos outros e a nossa. Devemos mostrar que é possível discordar dos outros de maneira respeitosa, como estar presente e se tornar um ser humano responsável.

Exemplos:

"Discordar é um direito, mas não posso permitir que você magoe seu irmão/irmã. Agora você vai se sentar desse lado e eu me sento no outro."

"Eu não posso permitir que você me machuque/Eu não posso permitir que você fale assim comigo/Eu não posso deixar que você se machuque, mas sei que algo importante está acontecendo e estou tentando entender."

DÊ RETORNOS ACURADOS, EM VEZ DE ELOGIOS

Professores montessorianos gostam de ajudar as crianças a construírem seu senso do *eu*, a aprenderem a se aceitar como são e a maneira correta de tratar as outras pessoas.

Desde os anos 1970 e 1980, há muita pressão para os pais elogiarem os filhos para formar sua autoestima. Então, ouvimos os pais dizerem "Muito bem", "Você é um bom menino", "Você é uma boa menina". Em holandês, a expressão *"goed zo"* é dita em resposta a tudo. As crianças são elogiadas por suas pinturas, por apertar a descarga no banheiro, por qualquer façanha física. Nós as aplaudimos e dizemos que aquilo foi um triunfo.

Esses tipos de elogio são motivadores extrínsecos que não derivam da própria criança.

Alfie Kohn escreveu um artigo útil, *Cinco motivos para parar de dizer "muito bom!"*, no qual salienta que:

- na verdade, os elogios podem ser usados para manipular as crianças quando servem como instrumento de barganha para motivá-las.
- as crianças podem se tornar viciadas em elogios.
- elogios em excesso podem até tirar a espontaneidade das crianças, as quais deveriam se deleitar com aquilo que conseguiram realizar.
- as crianças podem ficar menos motivadas quando fazem algo para receber elogios, pois isso esvazia o sentido primordial da atividade.

- elogios em excesso podem atrapalhar as realizações – quando uma atividade é ligada à pressão pelo desempenho, a criança tem menos interesse ou prazer com a atividade, ou corre menos riscos.

Os professores montessorianos acreditam que uma criança aprenderá a se comportar se nós a ajudarmos a desenvolver sua motivação intrínseca – seu radar interno que lhe diz se algo é certo ou errado e reconhece o que faz bem ou mal a ela ou a outras pessoas.

O que nós devemos dizer em vez de elogios...

De início, pode ser surpreendente constatar o quanto dizemos "muito bem". Ao tomar consciência disso, devemos nos esforçar para mudar. Ao procurar alternativas, basta pensar no que diríamos a outro adulto ao lhe dar *feedback*.

Aqui estão algumas ideias que aprendi no livro *Como falar para o seu filho ouvir e como ouvir para o seu filho falar*, de Adele Faber e Elaine Mazlish. Quando seguimos essas sugestões, a criança fica sabendo melhor aquilo que apreciamos e é exposta a um vocabulário muito mais rico do que o clichê "muito bem".

1. Descrever aquilo que nós vemos

Foque no processo, não no resultado e descreva o que a criança fez.

Dê retornos acurados fazendo descrições positivas e factuais das ações e realizações da criança.

"Você levou seu prato para a cozinha."

"Você parece mesmo satisfeito consigo mesmo."

"Você se vestiu sozinho."

"Você pôs os blocos na cesta e levou-a de volta para a prateleira."

"Você usou tinta azul e vermelha. Eu vejo um redemoinho aqui."

2. Resumir em uma palavra

"Você arrumou sua bolsa e está pronta para ir à praia. Isso é o que eu chamo de independência!"

"Você ajudou a vovó a carregar sua bolsa. Isso é que é ser bondosa."

"Você enxugou sozinha a água no chão com o esfregão. Isso é que é tomar iniciativa".

3. Descrever como você se sente

"Estou muito empolgada com você."

"É um prazer entrar na sala de estar quando você já arrumou toda a bagunça."

PAPÉIS E RÓTULOS

Outra parte de aceitar uma criança como ela é implica vê-la sem quaisquer julgamentos ou ideias preconcebidas a seu respeito.

Como os adultos em suas vidas, nós precisamos ter cautela em rotular nossos filhos.

Provavelmente, alguém em nossa vida nos rotulou de "o palhaço", "a tímida", "o travesso". Até rótulos positivos podem ser complicados no sentido de se manter à sua altura (por exemplo, "a sabichona", "o atlético").

Mesmo a contragosto da pessoa, um rótulo desses pode acompanhá-la durante toda a vida.

É muito mais saudável transmitirmos às crianças outra visão sobre elas mesmas. Lembrar junto delas de ocasiões desafiadoras nas quais foram bem-sucedidas. Deixar que elas nos ouçam contando a alguém o quanto elas se esforçaram para superar um obstáculo. Por exemplo, podemos dizer "Gostei de ver você levar o copo com tanto cuidado à mesa, segurando-o com as duas mãos" para uma criança considerada desajeitada.

Rótulos também são comumente usados entre irmãos. Quando outro bebê nasce na família, uma criança pequena de repente se torna o "irmão ou a irmã mais velho". É uma responsabilidade enorme ter de se comportar o tempo todo e mostrar ao irmãozinho ou irmãzinha como é ser uma "criança mais velha". Em vez de sempre deixar a mais velha no comando, por exemplo, no banheiro, podemos dizer para **as crianças cuidarem umas das outras**, independentemente de sua idade. As crianças mais novas também devem ter responsabilidades apropriadas para sua idade, em vez de deixar tudo por conta da mais velha.

Vamos enxergar a criança e aceitá-la como ela é todos os dias, tanto em momentos de comemoração quanto naqueles períodos difíceis.

Permitir que a criança seja curiosa e lhe dar um senso de importância, pertencimento e aceitação cria uma **base sólida de conexão e confiança** com ela – algo indispensável para cultivar a cooperação e necessário no momento de impor limites.

Sem conexão, obtemos pouca cooperação; sem confiança, é difícil definir limites.

PARA PRATICAR

1. Como permitir que a criança seja mais curiosa?
   - A criança sente que confiamos nela?
   - Há um ambiente rico em aprendizagem?
   - Damos tempo para ela explorar e fazer as coisas em seu próprio ritmo?
   - Isso é física e psicologicamente seguro para ela?
   - Como podemos fomentar o senso de maravilhamento?

2. Pratique observar a criança por 10 a 15 minutos por dia.
   - Seja curioso.
   - Seja objetivo.
   - Evite fazer análises.

3. Como dar à criança um senso de importância e pertencimento, e fazê-la saber que a aceitamos como ela é?
   - Veja pela perspectiva dela.
   - Interprete algumas situações para ela.
   - Dê retornos acurados, em vez de elogios.
   - Evite papéis e rótulos.

INCUTINDO COOPERAÇÃO E RESPONSABILIDADE NA CRIANÇA

6

PRIMEIRA PARTE

ESTIMULANDO A COOPERAÇÃO INFANTIL

- 136 Por que a abordagem montessoriana não usa ameaças, subornos e castigos?
- 138 Resolvendo problemas com as crianças
- 141 Maneiras de envolver a criança
- 143 Como podemos falar para ajudá-las a escutar
- 145 Gerindo expectativas
- 147 Bônus

SEGUNDA PARTE

DEFININDO LIMITES

- 149 É necessário definir limites
- 150 Seja claro sobre os limites
- 152 Continue acompanhando com atitudes claras e amáveis
- 155 Admita sentimentos negativos
- 156 Lidando com birras
- 159 Reatando após elas se acalmarem
- 159 Ajudando-as a corrigir os erros
- 162 Dicas para definir limites
- 165 Uma lista útil de verificação de limites

PRIMEIRA PARTE

ESTIMULANDO A COOPERAÇÃO INFANTIL

QUANDO A CRIANÇA NÃO A ESCUTA

É complicado cultivar a cooperação em crianças pequenas, pois elas são naturalmente curiosas, impulsivas e movidas pela própria vontade. É comum tentar obter a cooperação de crianças pequenas por meio de ameaças, subornos, castigo e ladainhas constantes.

Então pensamos *por que elas não me escutam?*

> "Se você já falou alguma coisa mil vezes para uma criança e ela ainda não aprendeu, então o aprendiz lento não é a criança."
>
> — Walter B. Barbe

POR QUE A ABORDAGEM MONTESSORIANA NÃO USA AMEAÇAS, SUBORNOS E CASTIGOS?

A palavra *disciplina* tem origem no latim e significa "ensinar, aprender". Portanto, é preciso considerar **o que estamos ensinando a nossos filhos** e o que eles estão aprendendo com nosso modo de discipliná-los.

Ameaças, subornos e castigos são motivadores extrínsecos. A criança pode cooperar para evitar um castigo, ganhar um adesivo ou um sorvete, mas esse tipo de disciplina raramente tem um efeito a longo prazo. Em geral, é só uma reparação temporária ou uma distração da verdadeira questão em pauta.

Certa vez, fiquei de castigo na escola por escrever um bilhete maldoso sobre uma professora (em minha defesa, devo dizer que ela era assustadora, mas eu nunca deveria tê-la chamado de "dragão"). Obviamente, a professora achou o bilhete e eu fiquei tão nervosa de ter de ficar de castigo que disse a todo mundo na classe que ela era má. O castigo funcionou? Nem um pouco. Em vez de me arrepender, achava que era a professora que tinha feito uma coisa errada.

Quando ameaçamos uma criança com um castigo, como ficar um pouco sozinha para pensar, nós começamos a desgastar a confiança entre pais e filhos. Pode acontecer duas coisas: ela passa a temer o adulto e coopera por medo ou faz o que quer furtivamente, sem que os pais descubram.

De maneira semelhante, ameaças e subornos podem fazer a criança cooperar, mas não por querer nos ajudar. Ela só quer evitar as consequências negativas (castigo) ou tirar vantagem das positivas (recompensas). À medida que a criança cresce, as ameaças e subornos talvez tenham de ser maiores e mais elaborados. Se ela aprendeu a fazer alguma coisa só porque iria ganhar um adesivo, o "preço" de sua cooperação irá aumentar.

Esses métodos para obter cooperação infantil são exaustivos, pois colocam toda a responsabilidade sobre os adultos. Ficamos matutando o *que devo fazer para o meu filho se vestir/comer/ lavar as mãos?* Nós acabamos nos aborrecendo, e a criança para totalmente de nos dar ouvidos.

Há outra abordagem.

Toda vez que uma criança nos desafia, pode ser uma oportunidade para nós ensinarmos algo para que ela possa aprender.

Vamos adicionar esse fato à nossa caixa de ferramentas parentais e procurar maneiras de lidar com a criança sem perder a paciência, para obter sua cooperação.

Então vamos perguntar a nós mesmos *o que devo fazer para apoiar meu filho nessa fase?*

Cultivar a cooperação envolve:

- resolver problemas com a criança;
- envolver a criança;
- falar de uma maneira que ajude a criança a escutar;

- gerir nossas expectativas;
- um pequeno bônus.

Nota: Precisamos ter uma base de conexão e confiança com as crianças para obter sua cooperação. Então, quando tudo parecer uma batalha, é bom rever as ideias do capítulo anterior.

RESOLVENDO PROBLEMAS COM AS CRIANÇAS

Para começar, procuro uma maneira de fazer a criança sentir que tem algum controle sobre a situação, pois até crianças pequenas querem estar envolvidas no desenrolar das coisas.

Embora não esteja no comando, a criança pode contribuir para resolver problemas. Ao perguntar **"Como podemos resolver o problema?"**, podemos descobrir soluções em conjunto.

Os adultos dão a maioria das ideias, mas a criança está aprendendo o processo. Não as subestime. Às vezes, elas têm ideias excelentes e até muito mais criativas do que as nossas.

- "Você quer ficar no parque, mas eu estou pronta para ir embora. Como vamos resolver o problema?"
- "Que tal você terminar o quebra-cabeça e depois colocar sua blusa? Certo, eu vou me vestir e volto para ver se você quer alguma ajuda."
- "Duas crianças e um brinquedo. Eu só quero ver no que isso vai dar."

Até uma criança na fase pré-verbal pode ajudar. Por exemplo, se um irmão ou irmã engatinhando pegou um de seus brinquedos, ela pode ter a ideia de dar outro brinquedo para o irmão ou irmã brincarem.

Se houver um problema maior, podemos fazer uma lista de soluções por escrito junto com a criança, incluindo até as ideias tolas que surjam. Revemos depois a lista juntos e achamos soluções razoáveis para todos. Podemos escolher uma para tentar e definir um prazo para ver se ela funciona ou se precisa de algum ajuste. Obviamente, esse processo não é tão formal com uma criança pequena, mas ela estará aprendendo uma prática que será continuamente aprimorada enquanto ela cresce.

Além disso, a criança tem mais probabilidade de assumir a autoria da solução planejada e segui-la, o que também é uma habilidade excelente para resolver problemas com os outros. (Retomaremos essa ideia ao falar sobre irmãos no capítulo 7.)

Quando as crianças pequenas se envolvem na resolução de problemas, ficamos até mais relaxados, pois compartilhamos um pouco da responsabilidade. Além disso, continuamos abertos e curiosos com o que pode acontecer de maneira inesperada, sem forçar coisa alguma.

Criando uma lista de atividades com a criança

Uma maneira de resolver problemas com crianças pequenas é montar uma lista simples de atividades com elas, incluindo figuras.

Se elas relutam em se vestir de manhã, fazemos uma tabela da rotina matinal com todas as etapas necessárias para elas se aprontarem. Se a hora de ir para a cama for problemática, a lista incluirá todas as coisas que elas têm de fazer antes de se deitar, incluindo tomar água e fazer xixi.

Vale a pena desenhar ou fotografar cada etapa e depois imprimir. Se elas quiserem mudar a ordem a cada dia, podemos fazer notas adesivas para cada etapa ou laminar algumas figuras e pregar velcro no verso.

Então checamos a tabela para ver o que é preciso fazer a seguir. Dessa maneira, quem faz o trabalho é a tabela, não nós. "O que vem a seguir na lista?", indaga a criança. O adulto responde: "A lista de atividades diz que depois é para escovar os dentes".

Quando estão envolvidas na elaboração e no uso da lista de atividades, as crianças assumem a coautoria da solução.

LISTA DE ATIVIDADES MATINAIS

ARRUMAR A CAMA

TOMAR O DESJEJUM

VESTIR-SE

PENTEAR O CABELO

ESCOVAR OS DENTES

CALÇAR OS SAPATOS/VESTIR O CASACO

LISTA DE ATIVIDADES NOTURNAS

JANTAR

TOMAR BANHO

VESTIR O PIJAMA

ESCOVAR OS DENTES

TOMAR ÁGUA

FAZER XIXI/TROCAR A FRALDA

OUVIR UMA HISTÓRIA

TROCAR CARINHOS

DORMIR

MANEIRAS DE ENVOLVER A CRIANÇA

Dar escolhas apropriadas para a idade

Oferecer escolhas à criança estimula sua cooperação. Não em decisões importantes, como qual será sua escola, mas escolhas condizentes com sua idade, como qual das duas camisetas apropriadas para a estação ela prefere usar naquele dia; ou quando está indo para o banho, ela tem a opção de pular como um canguru ou andar como um caranguejo.

Essas escolhas dão à criança um senso de controle sobre a situação e a envolvem no processo.

Nota: Algumas crianças pequenas não gostam de fazer escolhas. Portanto, use apenas as sugestões que funcionam para ela e esqueça as outras.

Dar informações

Em vez de ordens – "Ponha a casca da laranja na lata de lixo, por favor" –, é melhor dar informações: "A casca da laranja vai para o lixo". Assim, as crianças entendem que precisam jogar a casca no lixo. Isso se torna algo que elas resolveram fazer, em vez de ser outra ordem do adulto.

Usar uma palavra

Às vezes, damos instruções detalhadas demais aos nossos filhos. "Estamos indo ao parque, então, precisamos calçar os sapatos para proteger os pés. Onde estão seus sapatos? Você já os calçou?", e por aí vai a ladainha.

Tente usar apenas uma palavra. "Sapatos." Assim, a criança entende o que precisa fazer sozinha e se sente com algum controle na situação.

Nós estaremos dando também o exemplo de uma comunicação respeitosa para nossos filhos e eles entenderão isso. Certo dia, minha família estava saindo de casa e todos nós estávamos aglomerados pondo os casacos e sapatos junto à porta da frente.

Meu filho (que tinha 7 anos nessa época) me disse "Mamãe, o cadarço". Eu olhei para baixo e vi que estava pisando em seu cadarço. Ele poderia ter revirado os olhos e dito "Mamãe, você precisa pisar nos meus cadarços?" ou coisa pior.

Esse é outro lembrete, e quer dizer que as atitudes que temos falam mais alto do que o que *dizemos* às crianças.

Obter sua concordância

Fazer a criança se envolver e sentir que participa do processo ajuda a obter sua cooperação. Se a criança reluta para sair de casa ou do parquinho, informamos que estamos saindo dali a cinco minutos. Então, checamos **se a criança escutou e fazemos um plano com ela**. Ela pode não entender exatamente quanto duram cinco minutos, mas pouco a pouco aprende o conceito.

Nós podemos dizer "Vejo que você está empenhado nesse quebra-cabeça, mas nós estamos saindo daqui a cinco minutos. Acho que não vai dar tempo de você terminar antes de sairmos. Você quer colocar o quebra-cabeça em um lugar seguro para retomá-lo na volta ou quer deixar aí mesmo e continuar depois?".

No parquinho, poderíamos dizer "Vamos embora daqui a cinco minutos. Em qual brinquedo você quer ir pela última vez hoje?".

Não gosto de usar um cronômetro com alarme para fazer a criança se lembrar. Se usado em excesso, ele pode se tornar um motivador extrínseco. No entanto, usá-lo de vez em quando pode ser útil para fazer a criança concordar, especialmente se ela ajudar a programar o alarme. Então, assim como com a lista de atividades, é o cronômetro, e não nós, que declara que o tempo acabou.

COMO PODEMOS FALAR PARA AJUDÁ-LAS A ESCUTAR

Use linguagem positiva

Em vez de dizer à criança *o que fazer*, é melhor dizer com linguagem positiva *o que ela pode fazer*. Em vez de "Não é para correr", podemos dizer, "Vamos entrar andando".

Em vez de "Não, não suba", podemos dizer "Você pode manter os pés no chão ou sair para escalar".

Se dissermos "Pare de gritar!", eventualmente também elevamos a voz, então a criança nos espelhará e gritará. O importante é que ela ouça precisamente o que não queremos que ela faça, assim podemos dizer em voz baixa "Vamos usar nossas vozes calmas".

Fale com um tom e uma postura respeitosos

Nosso tom de voz serve para mostrar às crianças pequenas que as respeitamos. Um tom de voz agudo, inseguro, ríspido ou ameaçador pode distorcer até as melhores intenções e não mostra à criança que a valorizamos e queremos trabalhar com ela.

Portanto, fique atento à sua voz que, acima de tudo, deve se originar de um lugar tranquilo em seu coração. (Veja no capítulo 8 maneiras de se acalmar.) E de vez em quando podemos até cochichar. Certamente, os ouvidos da criança escutarão com mais atenção.

Peça ajuda a elas

Crianças pequenas querem participar, então, se quisermos que elas se envolvam, basta pedir ajuda com uma sacola pesada ou para pegar a chave. Antes das idas ao supermercado, o adulto e a criança fazem juntos uma lista de compras contendo as figuras de comida tiradas de revistas ou desenhadas. Ao chegar lá, a criança fica encarregada de pegar os itens da lista nas prateleiras e de colocá-los na esteira do caixa.

Diga "sim"

Se dizemos "não" cem vezes por dia, a criança pouco a pouco passará a nos ignorar. Portanto, é melhor reservar o "não" para quando a segurança dela estiver em jogo.

Em vez de dizer "não" para botar um limite, devemos achar outra maneira de expressar o que queremos dizer, porém concordando com ela e dizendo "sim".

Se uma criança pequena quer outro biscoito, mas ainda não terminou o primeiro, podemos dizer em um tom gentil "Você pode sim pegar outro biscoito... quando terminar de comer esse". Se os biscoitos acabaram, basta dizer "Sim, você pode ter mais... quando formos à loja. Vamos anotar isso em nossa lista de compras".

Leva algum tempo para romper com o hábito de dizer "não". Sendo assim, é útil tomar nota de todas as vezes que dizemos isso e conversar com um amigo sobre maneiras mais positivas de reagir nas próximas vezes.

Use o humor

Crianças reagem bem ao humor, que é um recurso leve para estimular a cooperação.

Às vezes, quando estava ajudando um dos meus filhos a se vestir e ele resistia, fingia colocar o sapato dele no meu pé. Ele ria e dizia "Não, Simone, ele vai no meu pé", e o calçava.

O humor é ainda mais útil quando estamos à beira de perder a cabeça. Algo simples como cantar uma canção engraçada pode aliviar a tensão e fazer a criança rir. Então recomeçamos do zero.

Se a criança estiver passando pela fase do "não", ajuste sua linguagem

É fácil reconhecer quando uma criança pequena está nessa fase. Pergunte se ela precisa ir ao banheiro, se irá se vestir, se quer chocolate, e a resposta será sempre "não".

Durante a fase do "não", é melhor o adulto ajustar sua linguagem para dizer o que está acontecendo, em vez de perguntar. Diga "É hora de comer/tomar banho/ir embora do parque." Isso deve ser feito com respeito, um tom de voz gentil e palavras carinhosas, mas com você no papel de líder.

Mostre a elas

Às vezes, é preciso mostrar às crianças o que elas precisam fazer, em vez de repetir a ladainha costumeira estando do outro lado da sala. Se elas ainda não têm certeza do que fazer com a casca da laranja, vá até a lata do lixo e aponte para ela dizendo "A casca tem que ser deixada aqui". Mostre a elas.

Ações nos dizem mais do que palavras.

GERINDO EXPECTATIVAS

Tenha expectativas apropriadas para a idade da criança e se prepare

Não é razoável esperar que uma criança pequena se comporte o tempo todo da maneira desejável. Pode ser muito difícil para ela ficar sentada calmamente na sala de espera de um consultório médico, em um café ou em um trem. Lembre-se de que ela tem uma vontade enorme de explorar, de se movimentar e de se comunicar, e é muito impulsiva. Isso não justifica seu mau comportamento, mas os pais devem estar preparados para lidar com esse tipo de coisa.

O primeiro passo é ajustar as expectativas – nem sempre é possível ler uma revista, checar o celular ou fazer um telefonema com calma. Quando a criança ficar muito agitada ou gritar em um café ou restaurante, prepare-se para dar uma saidinha com ela ou leve-a para ver o *chef* em ação ou os peixes no aquário. Ao esperar um avião, fique com a criança na janela do aeroporto vendo a movimentação na pista e o avião sendo preparado para o embarque.

Esteja sempre devidamente equipado para qualquer viagem com a criança. Não se esqueça de levar bastante água, petiscos, alguns livros favoritos e uma bolsa com zíper contendo alguns brinquedos favoritos – dois carrinhos, uma garrafa para jogar uma moeda dentro, algumas conchinhas e assim por diante. Tomando essas providências, se houver algum atraso durante o percurso, você estará preparado para apoiar a criança e ajudá-la a cooperar.

Antes de pedir alguma coisa, tente esperar a criança terminar o que está fazendo

Se uma criança pequena está entretida com um quebra-cabeça e lhe pedem para se preparar para sair, geralmente ela nem responde. Daí a mãe pensa: *Ela nunca me ouve!*

Também acho irritante se alguém me interrompe quando estou respondendo a um e-mail, pois quero terminar o que estou fazendo e depois posso oferecer toda a minha atenção.

Portanto, se quiser que a criança venha almoçar ou ir ao banheiro, sempre que possível tente esperar ela terminar o que está fazendo, então, peça o que deseja antes de ela iniciar a próxima atividade.

Dê tempo para a criança processar

Leva um tempo para uma criança pequena (e as crianças também) processar o que dizemos.

A mãe pede para ela colocar o pijama e não tem resposta. Então, a mãe conta mentalmente até dez enquanto espera a criança processar o que foi dito.

Quando faço essa contagem e chego ao três ou ao quatro, sinto que já me repeti e, no sete, já pedi a mesma coisa outra vez. Quando chego ao oito ou nove, a criança geralmente está começando a responder.

Não é que a criança não esteja escutando; ela só está processando o que dissemos.

Mantenha um ritmo diário

Não subestime o quanto uma criança pequena gosta de ter o mesmo ritmo todos os dias.

Então esse tipo de coisa pode ser usado para gerir as expectativas: acordar, se vestir, tomar o desjejum, sair de casa, hora do almoço, hora da soneca, hora do jantar, hora do banho e preparar-se para dormir. Esse cronograma não precisa ser inflexível, mas quanto mais regular for a rotina, menos resistência as crianças terão. (Veja no capítulo 7 mais detalhes sobre o ritmo diário.)

BÔNUS

A maioria das crianças pequenas ainda não sabe ler, mas advertências escritas são muito eficazes. Escreva uma advertência dizendo "Proibido subir" e coloque-a sobre a mesa. Então aponte para o aviso e diga "Aqui está escrito que 'é proibido subir'". Dá mais peso e autoridade à mensagem. É a advertência que impõe a regra, em vez de o adulto ter de repetir a regra, e ela sempre é consistente.

Pode-se usar uma advertência na cozinha se o forno estiver na altura da criança. Ao acender o forno, mostre à criança que está pondo a advertência dizendo "QUENTE" para lembrá-la de que o forno está aceso e é perigoso tocá-lo.

Advertências são efetivas até com crianças que ainda não sabem ler, mas use-as com moderação, pois se forem espalhadas em todos os lugares, deixarão de fazer efeito.

Outro expediente útil é manter um caderno. Se a criança embirrar para sair ou porque algo não foi como queria, anote no caderno e talvez desenhe uma figura. Ela mostrará à criança que você a ouviu. Às vezes, é tudo o que ela precisa.

IDEIAS PARA ESTIMULAR A COOPERAÇÃO

RESOLVER PROBLEMAS COM A CRIANÇA
- Pergunte: "Como podemos resolver o problema?"
- Faça uma lista de atividades.

ENVOLVER A CRIANÇA
- Dê escolhas apropriadas para a idade dela.
- Dê informações a ela.

- Use uma palavra.
- Obtenha sua aprovação.

FALAR DE UMA MANEIRA QUE A AJUDE A ESCUTAR
- Use linguagem positiva.
- Fale com tom e postura respeitosos.
- Peça ajuda a ela.
- Diga "sim".
- Use o humor.
- Se a criança estiver na fase do "não", ajuste sua linguagem.
- Mostre a ela.

GERIR AS EXPECTATIVAS
- Tenha expectativas apropriadas para a idade dela e se prepare.
- Antes de fazer um pedido, tente esperar ela terminar o que está fazendo.
- Dê tempo para ela processar.
- Mantenha um ritmo diário.

BÔNUS
- Escreva uma advertência.

SEGUNDA PARTE
DEFININDO LIMITES

AJUDANDO A CRIANÇA A TER RESPONSABILIDADE

A cooperação pode ser cultivada sem que os adultos recorram a ameaças, subornos e castigos. Mas se a criança continuar não cooperando, é hora de aprender a definir limites.

Para o método Montessori, essa é a parte mais difícil de cuidar de uma criança pequena. Afinal, nós queremos dar o máximo de liberdade possível para ela explorar e continuar curiosa, mas é preciso impor limites para mantê-la segura e para que aprenda a respeitar os pais e os outros.

Nos Países Baixos, o povo em geral parece fazer esse tipo de coisa com muita naturalidade. Eu não vejo muitos pais ou cuidadores neerlandeses brigando com crianças pequenas ou tendo discussões que acabem levando o adulto a gritar com elas. De vez em quando, vejo uma criança pequena chorando na garupa da bicicleta da mãe ou do pai, o qual continua calmo, pedalando na direção pretendida e dizendo algumas palavras para consolar o filho ou a filha.

Mostrarei como se impõem limites de uma maneira respeitosa para a criança e o resto da família.

Isso requer bastante prática, pois os pais estão basicamente aprendendo uma nova linguagem. Será mais fácil aprender se tivermos apoio de outros pais com os quais possamos partilhar erros e acertos e discutir momentos espinhosos. Quando nós errarmos, podemos lembrar uns aos outros de que estamos fazendo o melhor possível e usar isso como uma oportunidade para pedir desculpas à criança.

É NECESSÁRIO DEFINIR LIMITES

Quando meus filhos eram pequenos, eu achava que meu papel era simplesmente fazê-los felizes. Para ser sincera, essa é a parte fácil. Como pais, nosso dever é ajudá-los a lidar com tudo de bom e ruim que a vida lhes reserve: iremos comemorar com eles ao ajudá-los a lidar com os momentos de decepção e pesar.

Às vezes, porém, é preciso impor limites. Para mantê-los seguros, para mostrar como é ser respeitoso, para interferir quando eles não estão fazendo uma boa escolha e para ajudá-los a se tornarem seres humanos responsáveis.

Pode ser difícil impor limites e a criança talvez deteste o limite que lhe foi imposto. Mas quando impomos um limite de maneira acolhedora e carinhosa, elas aprendem a confiar que só queremos o melhor para elas, e a conexão com as crianças se fortalece.

Momentos difíceis nos fazem crescer. Momentos difíceis fazem nossos filhos crescerem. É muito reconfortante que nossos filhos saibam que os amamos até quando estão fazendo birra, puxando nosso cabelo ou não querendo se vestir.

SEJA CLARO SOBRE OS LIMITES

DEFINA REGRAS BÁSICAS/CASEIRAS

Crianças, principalmente as pequenas, precisam de ordem. Elas precisam saber o que esperar. Elas precisam saber que as coisas são consistentes e previsíveis. Que seus pais as manterão seguras. Que elas terão a mesma resposta independentemente da mãe ter dormido a noite inteira ou ter acordado de hora em hora para cuidar do bebê.

Vale a pena ter algumas regras que sejam importantes para a família. Regras em excesso tornam o ambiente uma ditadura, mas algumas regras claras e simples ajudam a manter todos seguros e convivendo mais pacificamente – da mesma forma que há regras e leis regendo a sociedade.

Quem já tem algumas regras básicas em casa? Talvez pregadas na geladeira? Talvez uma lista de valores da família emoldurada na parede da sala de estar? Ou talvez apenas discutidas entre os adultos da casa?

Quando faço essas perguntas em minhas oficinas para pais, a maioria dos participantes admite não ter sequer regras básicas. Isso significa que a maioria das coisas é decidida de improviso no calor do momento. Assim, fica difícil manter o prumo, o que certamente afeta as crianças.

Imagine se as regras para semáforos fossem alteradas e em alguns dias o sinal vermelho significasse "pare" e, em outros dias, "prossiga". Não surpreende que crianças pequenas se confundam com as mensagens quando nós mudamos de ideia.

Aqui estão algumas ideias de regras para aplicar em casa, as quais devem ser ajustadas segundo o que funciona para cada família:

Exemplos de regras básicas/caseiras

- **Nós somos bondosos uns com os outros.** Isso significa que, até quando discordamos, não vamos nos agredir fisicamente ou verbalmente; essa atitude ensina as crianças a se respeitarem, assim como a, ter respeito pelos outros.
- **Nós nos sentamos à mesa para comer.** Essa é uma regra prática que evita que a comida se espalhe pela casa inteira. Ela também faz as crianças se lembrarem de que as refeições são uma ocasião social, na qual nós não brincamos e comemos ao mesmo tempo.
- **Nós contribuímos com o lar.** Não importa a idade, todos nós ajudamos na casa e nossa ajuda é valorizada.
- **Nós fazemos brincadeiras mais brutas com consentimento mútuo.** É fundamental as crianças pequenas entenderem o sentido dessa regra. Se um adulto disser "Parem!", é porque a diversão descambou para a agressão e a brincadeira deve parar.

Essas regras básicas/caseiras dão uma base à qual sempre retornamos, mas devem ser atualizadas à medida que nossos filhos crescem. No entanto, não no meio de uma discussão, e sim em um momento neutro (de preferência, planejado).

CONTINUE ACOMPANHANDO COM ATITUDES CLARAS E AMÁVEIS

"Cumpra o que você diz. Se falou sério, mantenha o que disse por meio de uma atitude firme e amorosa."

— Jane Nelsen, *Disciplina Positiva para Crianças de 0 a 3 Anos*

Se, apesar de tantos esforços, a criança se recusar a cooperar, é hora de tomar uma **atitude firme e amorosa.**

Digamos que a criança não queira trocar a fralda, sempre atire sua comida longe ou não queira ir embora do parquinho. Os pais **admitem seus sentimentos**, mas tomam uma atitude. Afinal, são os líderes, embora sempre respeitosos.

Nós tocamos suavemente se for preciso manobrar a criança. Nós a pegamos no colo se for preciso, dando uma explicação breve enquanto andamos. Nós trocamos sua fralda. Nós a ajudamos a levar seu prato para a cozinha. Nós saímos do parque. Nós estamos estabelecendo limites claros e amorosos para a criança.

Tudo tem de ser lógico e adequado à idade

A consequência deve estar diretamente relacionada ao comportamento. Crianças pequenas não conseguem seguir a lógica se não houver uma relação direta. Para elas não faz sentido que, se não escutarem os pais, não poderão ir ao parque nem tomar sorvete depois.

Certa vez, estava em um avião e ouvi um pai dizer a seu filho, "Se você não se comportar, o avião vai fazer meia volta e nós vamos para casa". Essa é uma ameaça impossível de cumprir.

Por outro lado, prometer dar adesivos à criança se ela se comportar bem é um suborno.

O correto é achar uma consequência lógica. Por exemplo, se as crianças estiverem jogando bola dentro de casa, temos de pedir para pararem. A consequência lógica seria tirarmos a bola de cena e deixar as crianças brincarem lá fora depois.

Vou dar um exemplo claro de consequências lógicas e acompanhamento. Quando meus filhos tinham por volta de 7 e 8 anos, eles estavam sentados na *bakfiets* (uma bicicleta de carga com um bagageiro na frente que acomoda até quatro crianças sentadas).

Eles estavam irritados e invadindo o espaço um do outro. Então começaram a se atacar com os pés, e isso dificultava minha concentração para pedalar, então pedi que eles parassem. Mas eles continuaram, então parei a bicicleta no acostamento e falei para descerem, pois nós íamos andar até eles estarem prontos para se sentarem calmamente na bicicleta.

Foi difícil continuar acompanhando a situação com atitudes claras e amáveis. Meus filhos ficaram muito zangados inicialmente, mas mantive um tom de voz uniforme. "Sim, vocês pareciam nervosos por ter de descer da bicicleta."

Gradualmente, eles se acalmaram. Após andarmos um pouco, perguntei se eles estavam dispostos a tentar de novo. O saldo foi que eles nunca mais se atacaram com os pés na *bakfiets*.

Expresse o limite claramente

Sinto-me mais confortável definindo limites com uma linguagem clara: "Eu não posso permitir que você..." ou "Eu vou...". Ela é coerente com nosso papel de pais e respeitosa com ambos os lados. Nós também podemos fazer com que as crianças nos ouçam indo até elas e descendo a seu nível.

- "Eu não posso permitir que você arranque aquele brinquedo das mãos da sua irmã. Estou usando minhas mãos gentis para afastar as suas mãos."
- "Eu não posso permitir que você bata naquela criança. Eu vou separar vocês."

- "Eu vou pôr um travesseiro aqui para que você não se machuque."
- "Eu vou colocar você no chão. Se você precisa morder, então morda essa maçã."

Não é preciso explicar o limite toda vez

Se a criança já sabe o limite, não é preciso explicar tudo de novo sempre que ela se exceder.

Digamos que a criança atire comida em todas as refeições e nós tenhamos a mesma conversa dezenas de vezes – que não se deve atirar comida, que comida é para comer e assim por diante. Nós não devemos entrar em uma negociação nem dar infinitas chances à criança.

Se o comportamento continuar, a dica é falar menos e tomar uma atitude clara e amável. Basta dizer "Parece que você já terminou, então seu prato vai para a cozinha". (Veja na página 181: Dicas sobre atirar comida.)

Defina limites de segurança

Se a criança estiver fazendo algo perigoso, é preciso interferir e eliminar o risco. Eu digo "não" somente nessas ocasiões, pois isso ajuda a criança a prestar atenção quando há algum perigo.

Algumas coisas que considero perigosas: tocar alguma coisa quente, mexer em uma tomada elétrica, correr na rua, se distanciar muito sozinha em uma rua deserta, subir perto de uma janela.

Pegue a criança no colo, diga "Não, eu não posso permitir que você toque aquilo" e leve-a para outro lugar.

Se ela continuar voltando à área perigosa, é preciso repetir o procedimento e tentar mudar o ambiente para eliminar ou esconder o perigo. Esconda a tomada com uma caixa, esconda os cabos elétricos atrás do sofá ou mude um armário com vidro para um compartimento cuja porta fique trancada a chave.

Se elas rirem

É difícil se as crianças rirem quando nós impomos um limite, mas, mesmo assim, temos de continuar acompanhando com atitudes claras e amáveis. Elas podem ter se acostumado a despertar reações em nós. Contudo, mantenha a calma e diga, por exemplo, "Você está querendo se divertir, mas não posso permitir que você machuque seu irmão".

ADMITA SENTIMENTOS NEGATIVOS

É normal as crianças ficarem infelizes com a imposição de um limite, então admitimos seus sentimentos e vemos as coisas por sua perspectiva.

Imagine o sentimento da criança

Eu aprendi com a Comunicação Não Violenta a tentar imaginar o que uma criança está sentindo, ao invés de simplesmente nomear diretamente o sentimento.

- Parece que você...
- Você está me dizendo...?
- Você está se sentindo...?
- Parece que...
- Imagino que você possa se sentir...

Pergunte se ela está decepcionada, dê palpites sobre como ela se sente ("Você está me dizendo que ficou brava porque estamos indo embora do parque?") ou descreva o que elas aparentam ("Agora você parece muito zangado").

Talvez você imagine o sentimento errado, mas não se preocupe. A criança responderá gritando "Não estou!" ou "Só estou chateada". O importante é que você a ajudou a esclarecer seus sentimentos.

Locução esportiva

Nós também podemos usar a técnica de locução esportiva que conheci por meio de Janet Lansbury, autora de *No Bad Kids* e *Elevating Child Care*. Assim como um locutor esportivo narra um jogo de futebol, nós descrevemos o que está acontecendo de uma maneira factual (assim como fazemos com a observação). Essa atitude gera um distanciamento emocional durante esse momento difícil, permite observar e nomear o que vemos e nos refreia de precipitações para resolver o problema.

"Você está no balanço e suas mãos estão segurando firme. Estou usando minhas mãos gentis para ajudá-lo a sair. Estou segurando você perto de mim para sairmos do parque."

Deixe a criança extravasar os sentimentos avassaladores

Nós também podemos admitir os sentimentos das crianças quando as coisas não são como gostariam. Por exemplo, quando elas querem vestir uma roupa que não está disponível ou não é adequada. Deixe-as extravasarem a raiva, segure-as se possível, evite que se machuquem e ofereça um abraço assim que elas se acalmarem.

Deixe-as liberarem todas as suas emoções, inclusive os sentimentos ruins. Mostre que você as ama mesmo nos piores momentos. Após elas se acalmarem, você as ajudará a fazer as pazes.

Dica

Notei que, após processar seus sentimentos e se acalmar, as crianças pequenas, muitas vezes, respiram fundo ou dão um grande suspiro. Esse tipo de sinal físico denota que elas estão calmas novamente.

LIDANDO COM BIRRAS

Quando uma criança pequena faz uma birra, é sinal de que algo não aconteceu conforme o desejado e ela está passando por um momento difícil. Talvez ela tenha feito algo errado, mas, nesse momento, a primeira coisa a fazer é **ajudá-la a se acalmar**.

Adoro a analogia usada no livro *O Cérebro da Criança*, de Daniel Siegel e Tina Payne Bryson: quando uma criança está transtornada, ela "perdeu a cabeça". Isso significa que o córtex cerebral – a parte do cérebro que toma decisões racionais e propicia o autocontrole – não está disponível para a criança.

Portanto, todos os argumentos e explicações que dermos não serão assimilado. Primeiro, nós precisamos ajudá-la a recuperar a razão dando apoio para se acalmar.

Podemos fazer um carinho, mesmo sem saber se elas querem. Algumas crianças gostam de ser acarinhadas para se acalmarem. Outras crianças nos repelirão e, nesse caso, o importante é que elas estejam seguras, e então iremos oferecer um carinho quando elas estiverem calmas.

É normal elas desabarem emocionalmente. Em vez de tentar cortar a birra o quanto antes, deixe elas expressarem todos os seus sentimentos livremente até se acalmarem, e mostre que está ali para ajudar se elas precisarem. Então, após elas se acalmarem, nós podemos ajudá-las a fazer as pazes.

É isso.

As birras podem acontecer na rua, no supermercado, no parque. Elas fazem parte da vida com uma criança. Tente tirá-la do lugar onde empacaram. Dê o tempo que for preciso para ela se acalmar. Tente manter a calma e se refrear de apressá-la ou distraí-la. **Deixe que ela extravase.**

Quando meu filho tinha quase 2 anos, ele teve uma birra por não querer se vestir que durou 45 minutos. Estava com raiva, depois ficou zangado, então ficou triste e, a seguir, envergonhado. Ele sentiu todas essas emoções. Gradualmente, seus gritos ficaram espaçados e ele respirou fundo. "Agora vou me vestir." Eu continuei calma e nossa conexão foi mantida (e talvez até fortalecida, pois ele sabia que eu o amava mesmo estando transtornado).

Se não estivesse com pressa de sair naquele dia, teria ajudado ele a se vestir usando minhas mãos o mais gentilmente possível, aplicando calmamente a técnica de locução esportiva mencionada anteriormente: "Você está tendo dificuldade para se vestir? Você pode se vestir ou eu posso ajudá-lo. Acho que vou precisar ajudá-lo. Sim, você está desviando o braço e não quer pôr a roupa. Vou passar a camiseta pela sua cabeça. Você está tentando escapar. Obrigada por me mostrar que isso é difícil".

Eu deveria ignorar a birra?

Ouço pessoas sugerirem que é melhor ignorar totalmente a birra. A ideia é que ajudar as crianças ou dar atenção a comportamentos indesejados sinaliza que estamos estimulando-os.

Eu discordo.

Imagine se eu tivesse um voo problemático e dissesse à minha amiga que minha bagagem foi perdida e que estava decepcionada com a companhia aérea, pois não me ajudou em nada. Se minha amiga me ignorasse e saísse da sala, eu iria pensar que ela não se importava comigo. Além disso, ela ficaria zangada, pois eu só queria que me escutasse, ajudasse a me acalmar ou talvez perguntasse se eu precisava ficar sozinha.

Ignorar a birra direciona os sentimentos da criança para nós, e não para o problema que está a perturbando. Isso cria um conflito justamente quando ela precisa de conexão.

Uma aceitação calma e gentil a estimula a expressar seus sentimentos. No decorrer do tempo, as crianças encontrarão formas mais saudáveis de expressão, mas não terão medo de partilhar seus sentimentos conosco, pois sabem que conseguimos ser gentis e calmos mesmo quando seus sentimentos são avassaladores e alarmantes.

Organizando um espaço tranquilo

Em *Disciplina Positiva para Crianças de 0 a 3 Anos*, Jane Nelsen fala sobre organizar um espaço tranquilo para crianças por volta de 3 anos, o qual tenha algumas de suas coisas favoritas e aonde elas possam ir sempre que precisarem se acalmar. Isso é diferente de mandar a criança ficar um pouco sozinha para pensar, pois ela decide ir para lá e quanto tempo quer ficar. Portanto, nunca é sentido como uma ameaça.

Ao vermos o nervosismo da criança aumentando, podemos sugerir "Você quer ir para o seu lugar tranquilo para se acalmar?" ou "Que tal irmos juntos para o seu lugar tranquilo?".

Caso ela recuse e nós queiramos nos acalmar, podemos dizer "Acho que vou para o lugar tranquilo". Se ela ainda estiver agitada e se afastar, podemos sugerir calmamente que ela fique lá até se sentir mais calma.

O objetivo dessa manobra *não* é dizer que aceitamos seu comportamento, e sim ajudá-la a se acalmar.

REATANDO APÓS ELAS SE ACALMAREM

Após se acalmarem, elas conseguirão falar sobre o que aconteceu. Nós podemos oferecer um abraço ou esperar que o peçam. Reconhecemos então seus sentimentos e vemos as coisas por sua perspectiva. "Uau, foi difícil passar por isso? Parecia que você estava detestando e também estava furiosa."

AJUDANDO-AS A CORRIGIR OS ERROS

> "Quando todos já se acalmaram, é hora de consertar os estragos. Apanhar os itens atirados, juntar e descartar os papéis rasgados e colocar as almofadas de volta no sofá ou na cama. Os adultos podem se oferecer para ajudar a criança com essas tarefas. Pode também ser adequado ajudar a criança a consertar outros estragos, como um brinquedo quebrado... uma maneira bem real de aprender a fazer as coisas certas."
>
> — Jane Nelsen, *Disciplina Positiva para Crianças de 0 a 3 Anos*

Após a criança se acalmar, nós podemos ajudá-la a se emendarem. Essa atitude ensina a assumir a responsabilidade por suas ações e é um passo muito importante. Justiça restauradora ("Como podemos melhorar isso?") é preferível a castigos (tirar alguma coisa da criança).

Sim, aceite todos os seus sentimentos, inclusive os condenáveis, e ajude-a a se acalmar. Após ela se acalmar, nós a ajudamos a ter responsabilidade por seu comportamento.

Se fizermos isso antes que a criança se acalme, ela irá resistir e não irá querer se comportar melhor. Somente quando estão calmas, as crianças realmente aprendem a reparar uma situação ruim com alguém.

LIDANDO COM BIRRAS

ENTENDA OS GATILHOS E, SE POSSÍVEL, EVITE-OS

- Frustração;
- Raiva ou fúria quando as coisas não são do seu jeito;
- Desejo de estar no controle;
- Dificuldade para se comunicar porque sua linguagem ainda é limitada.

AJUDE A CRIANÇA A SE ACALMAR

- Ofereça um carinho – esfregue as costas da criança, pegue-a no colo, cante para ela, enquanto ela sente diversas emoções, de raiva para frustração intensa, então tristeza e, às vezes, arrependimento.
- Se ela lhe repelir, certifique-se de que ela está segura, não está se machucando nem danificando alguma coisa. Fique por perto e continue oferecendo ajuda. "Estou aqui se você precisar de ajuda para se acalmar. Ou podemos fazer um carinho quando você quiser."
- Se a criança estiver atirando brinquedos no irmão ou na irmã ou tentando bater em você, retire os objetos para que

todos fiquem seguros. "Eu não posso permitir que você bata em mim. Minha segurança é muito importante. Que tal você bater nessas almofadas?".

CRIANÇAS MAIORES

- Você pode montar um "lugar tranquilo" para ser usado por uma criança acima de 3 anos que estiver transtornada, como uma barraca com almofadas e suas coisas favoritas ou um canto com alguns itens.
- Pergunte se ela quer ir para seu lugar tranquilo. Se sair de lá ainda com raiva, diga gentilmente que ela ainda precisa se acalmar e só deve voltar para perto de você quando estiver tranquila.

CORRIGIR OS ERROS — NÃO PULE ESSA ETAPA

Após a criança se acalmar, eu a ajudo a corrigir os erros que cometeu. Por exemplo, se desenhou nas paredes, ela ajuda a limpá-las; se quebrou o brinquedo do irmão, ela ajuda a consertá-lo. Dessa maneira, ela aprende a ter responsabilidade quando as coisas dão errado.

Como corrigir os erros

Se a criança bateu em alguém e já se acalmou, nós podemos ajudá-la a ver se a outra criança está bem, oferecer-lhe um lenço de papel, perguntar se ambas querem pedir desculpas ou algo desse gênero.

Com frequência, menciono um exemplo de quando meus filhos eram mais velhos para mostrar como as crianças podem aprender a corrigir seus erros no decorrer do tempo. Minha filha tinha uma amiga que de vez em quando vinha dormir em nossa casa. Certa vez, meu filho estava se sentindo um tanto excluído e programou o despertador no quarto da irmã para tocar às quatro da manhã. Quando todos nós nos encontramos de manhã, minha filha e sua amiga estavam furiosas porque haviam acordado de madrugada por causa do despertador. Eu interferi para aconselhá-los, reconhecendo que meu filho se sentira excluído e a raiva justificada das meninas por terem acordado de madrugada. No final, as três crianças combinaram que ele iria preparar o desjejum para todos, e ele ficou muito satisfeito consigo mesmo enquanto fazia rabanadas. Obviamente, quando essa amiga veio de novo para dormir, perguntei a ele se as acordaria novamente e sua resposta imediata foi que não aconteceria de novo.

Mostrando como corrigir os erros

Se as crianças ainda forem muito pequenas, mostramos como fazer isso. "Vamos ver se sua amiga está bem", "Peço desculpas por minha filha ter batido em você. Você está se sentindo bem?". Dar o exemplo é mais eficaz do que obrigar a criança a se desculpar sem vontade, apenas murmurando "desculpe" ou dizendo isso com um tom sarcástico.

Nós mostramos às crianças como pedir desculpas quando esquecemos coisas, magoamos pessoas, esbarramos em alguém sem querer e nos arrependemos de nossa conduta durante um conflito com elas. À medida que crescem, as crianças aprenderão a pedir desculpas sinceras.

Para mim, ajudar as crianças a **assumirem responsabilidade** quando fizeram algo errado é a parte mais difícil. Essa, porém, é uma das partes mais essenciais de ajudar essas sementes a se transformarem em seres humanos respeitosos.

DICAS PARA DEFINIR LIMITES

Defina logo os limites

É difícil nossos filhos serem respeitosos se permitimos que eles ultrapassem nossos limites. Quando nós cedemos demais. Quando tentamos ser flexíveis e damos liberdade excessiva. Então acabamos perdendo a cabeça e ficamos zangados.

Se começarmos a nos incomodar com algo que a criança esteja fazendo, é melhor interferir logo para estabelecer um limite claro e amável, sem perder a paciência nem gritar.

Talvez inicialmente não vejamos problema em algo que a criança esteja fazendo e depois a irritação começa a surgir. Mas não é tarde demais para dizer "Sinto muito. Eu achei que você podia jogar a areia, mas mudei de opinião e não posso permitir que faça isso". (Se ela ficar transtornada, veja as dicas sobre admitir sentimentos negativos e lidar com birras na página 156).

Se nós nos transtornarmos

Lembre-se de que nós somos o guia da criança e é impossível ser um guia ou líder exemplar quando ficamos transtornados. As crianças estão contando com nossas orientações. Se nós perdemos a cabeça com uma situação difícil, é provável que a criança tenha um problema que está se transformando em **nosso problema**. Cabe a nós apoiá-la nos momentos difíceis, mas não temos de resolver tudo para ela.

- Quando estamos nos empenhando ao máximo para fazer a criança jantar, isso se transforma em um problema nosso.
- Quando estamos nos empenhando ao máximo para fazer a criança se vestir, isso se transforma em um problema nosso.
- Quando estamos nos empenhando ao máximo para levar a criança embora do parquinho, isso se transforma em um problema nosso.

Deixe a criança resolver algumas coisas – com o seu apoio.

- Sirva refeições nutritivas para a criança, mas deixe-a decidir o quanto come.
- Use uma lista de atividades para elaborar junto com a criança um sistema para quando ela tem de se vestir, mas tire o pijama dela se ela não quiser cooperar.
- Avise que vamos embora do parquinho em cinco minutos. Não mude o plano e pare de falar com seu companheiro ou companheira. Continue saindo do parquinho e, se necessário, ajude a criança.

Consistência

Uma última observação sobre consistência. Crianças pequenas estão tentando entender o sentido do mundo ao seu redor.

Em geral, elas testarão os limites todos os dias, às vezes mais de uma vez por dia, para ver se eles são sempre iguais. Quando nós sabemos nossos limites, isso as ajuda muito. Elas aprendem que quando dizemos "não" é para valer e que somos dignos de confiança e só queremos o melhor para elas.

Se dissermos "não" e logo mudarmos de ideia porque as crianças ficam apoquentando sem parar, elas aprenderão rapidamente que a estratégia funciona. Os psicólogos chamam isso de *reforço intermitente*. Se obtiveram uma reação diferente uma vez, elas continuarão tentando.

Se não tivermos certeza, podemos dizer "Ainda não sei" ou "Veremos".

Nota: Devemos questionar por que sempre dizemos "não" em primeiro lugar. Se nós acabamos lhes dando o sorvete após elas apoquentarem muito, talvez pudéssemos ter dito "sim" desde o início e evitado ser inconsistentes.

PARA PRATICAR

1. Como cultivar a cooperação na criança?
   - Há uma maneira de resolver o problema com ela?
   - Há uma maneira de lhe dar uma escolha?
   - Nós poderíamos falar de outra maneira?
   - Nós precisamos gerir nossas expectativas ou as delas?
   - Nós podemos escrever uma advertência?

2. Ao impor limites, você é claro e amável?
   - Você tem regras básicas/domésticas claras?
   - A criança está aprendendo alguma coisa?

3. Você admite os sentimentos negativos da criança para ajudá-la a processar suas emoções?

4. Você ajuda a criança a corrigir seus erros após ela se acalmar?

Crianças precisam que os pais demonstrem que as amam ao:
- aceitá-las integralmente como são;
- dar-lhes liberdade para explorarem e serem curiosas;
- trabalhar com elas para cultivar a cooperação;
- definir limites para que elas fiquem seguras e aprendam a ser seres humanos respeitosos e responsáveis.

Seja o guia da criança. Ela não precisa de um chefe nem de um criado.

> "A liberdade da criança tem por limite o interesse coletivo da comunidade na qual ela está inserida; isso é expressado no que chamamos de boas maneiras e bom comportamento. Portanto, é nosso dever impedir a criança de fazer qualquer coisa que possa ofender ou magoar os outros, e ficar atentos a comportamentos que sejam indecorosos ou grosseiros. Em relação a tudo mais, toda ação tem uma finalidade útil, qualquer que ela seja e em qualquer forma que se apresente, devendo não só ser permitida, como mantida sob observação; esse é o ponto essencial."
>
> — Maria Montessori, *Pedagogia Científica: a Descoberta da Criança*

UMA LISTA ÚTIL DE VERIFICAÇÃO DE LIMITES

HÁ CLAREZA?

- Tenha algumas regras domésticas.
- Seja consistente com os limites.

HÁ AMOR NESSES LIMITES?

- Desça até o nível da criança.
- Use um tom de voz claro e amoroso.
- Controle primeiramente sua própria raiva.
- Demonstre respeito e compreensão se a criança estiver triste ou frustrada.
- Se a criança se descontrolar, esteja ali para segurá-la e evitar riscos.

HÁ RAZÃO PARA O LIMITE?

- Ele está ligado a segurança ou ao respeito da criança pelos outros, seu ambiente ou por si mesma?
- "Porque eu disse e ponto final" não é uma razão aceitável.

O LIMITE É ADEQUADO PARA A IDADE E CAPACIDADE DA CRIANÇA?

- Limites devem ser atualizados à medida que a criança cresce.

ELE INSTIGA A CRIANÇA A ACHAR SOLUÇÕES?

- Às vezes, são as crianças que têm as melhores ideias.

COLOCANDO EM PRÁTICA

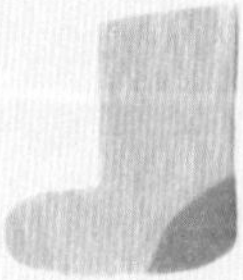

7

PRIMEIRA PARTE

CUIDADOS DIÁRIOS

168   Ritmo diário

170   Rituais

171   Vestir-se e sair de casa

176   Alimentação

181   Sono

185   Escovar os dentes

SEGUNDA PARTE

LIDANDO COM MUDANÇAS

186   Aprendendo a usar o banheiro

190   Desapegando-se da chupeta

191   Irmãos

TERCEIRA PARTE

HABILIDADES ÚTEIS PARA AS CRIANÇAS (DE 1 ANO E MEIO A 3 ANOS) APRENDEREM

199   Compartilhando

201   Como interromper um adulto

201   Habilidades para crianças introvertidas

203   A fase de bater/morder/atirar longe/empurrar

208   Desenvolvendo a concentração

209   Lidando com a frustração

210   Quando a criança é dependente demais

213   Tempo diante de telas

214   Bilinguismo

PRIMEIRA PARTE
CUIDADOS DIÁRIOS

Acredito que é possível transformar muitos atritos cotidianos com uma criança pequena em momentos tranquilos de conexão. Eu já contei que sou idealista?

RITMO DIÁRIO

Crianças pequenas florescem quando há um ritmo regular. Elas gostam da previsibilidade de saber o que está acontecendo agora e o que virá a seguir, pois lhes transmite uma sensação de segurança.

Não precisa haver um cronograma fixo levado à risca, mas é valioso ter um ritmo que siga o mesmo padrão todos os dias. Assim, a criança consegue prever o que vem a seguir, o que minimizará aqueles momentos difíceis de transição. O ritmo segue a energia e os interesses da criança, mas, de vez em quando, pode ser diferente. Sabendo de antemão que pode ser difícil para as crianças, devemos nos preparar e prepará-las para a mudança.

Momentos de cuidar = momentos de conexão

Passamos grande parte do dia cuidando dos filhos pequenos – ajudando-os a se vestir, comendo juntos, trocando as fraldas ou ajudando-os a usar o penico e lhes dando banho. Em vez de tentar nos desembaraçar rapidamente desses cuidados diários, devemos enxergá-los como momentos de conexão com os filhos.

Tais momentos envolvem sorrir, fazer contato visual, falar com eles sobre o que está acontecendo, escutar quando eles falam (mesmo que ainda não seja com palavras), fazer rodízio na conversa, mostrar maneiras respeitosas de tocar e trocar abraços.

Eles dão muitas oportunidades de simplesmente conviver e viver juntos.

Exemplo do ritmo diário para uma criança pequena

- Acordar;
- Brincar no quarto;
- Aconchegar-se com a mãe ou o pai, ler livros;
- Usar o penico/trocar a fralda;
- Desjejum;
- Vestir-se, lavar o rosto e escovar os dentes;
- Brincar em casa/saída matinal/ir ao mercado/ir para a creche (se aplicável);
- Almoço;
- Usar o penico/trocar a fralda;
- Hora da soneca/pausa para descansar;
- Usar o penico/trocar a fralda;
- Brincar em casa/saída à tarde;
- Lanche da tarde;
- Ser apanhado na creche (se aplicável);
- Brincar em casa;
- Jantar;
- Banho;
- Usar o penico/trocar a fralda;
- Hora de ouvir histórias;
- Hora de dormir.

RITUAIS

Rituais na vida em família servem para marcar momentos e gerar lembranças.

É recomendável fazer alguns rituais durante o ano em torno de eventos como:

- aniversários;
- feriados;
- estações — artesanatos, comidas e passeios sazonais;
- férias anuais;
- rituais semanais regulares como ir ao parque nas tardes de sexta-feira ou fazer um *brunch* nas manhãs de domingo.

No decorrer do tempo, esses rituais se tornam habituais para a criança, a qual irá ansiar por eles e os gravará nas memórias relativas à sua infância. Assim como gostam da previsibilidade do ritmo diário, as crianças pequenas adoram saber o que esperar em relação a esses eventos.

Se os pais têm formações, culturas e nacionalidades distintas, isso dá oportunidade para criar novas tradições na família para celebrar essas origens.

Pode-se criar rituais em torno da comida que saboreamos, das canções que cantamos, das pessoas com quem comemoramos ou das coisas que fazemos, como exposições sazonais em nossa casa.

Em uma escola Montessori, uma comemoração especial é criada para o aniversário de cada criança. A criança anda ao redor de uma representação do sol quantas vezes for seu número de anos desde que nasceu. Essa é uma maneira concreta de mostrar a passagem do tempo e nossa relação na Terra com o sol.

Quando era criança, sempre sabia exatamente que comidas seriam preparadas para nossas festas de aniversário no quintal e quais seriam as brincadeiras. O verão implica abundância de mangas e cerejas, usar roupa de banho o dia inteiro e correr descalço na grama machucando os pés nas solivas (aquelas terríveis ervas daninhas com sementes pontudas que existem na Austrália). Apesar das solivas, agora estou tendo um surto inesperado de nostalgia...

No final do ano aqui em Amsterdã, nossa família tem muitas tradições. Em 1º de dezembro, nós fazemos um calendário artesanal do Advento, no qual eu escondo tirinhas de papel com algo divertido para fazer a cada dia, como sair à noite para ver as iluminações festivas, preparar biscoitos ou fazer um artesanato. Em 5 de dezembro, nós comemoramos Sinterklaas (São Nicolau), mantendo a tradição neerlandesa de escrever poemas e fazer surpresas uns para os outros. Posteriormente no mês, durante o Hanukkah (festival judaico das luzes), nós acendemos algumas velas e cantamos "Maoz Tzur". No dia de Natal, trocamos presentes e fazemos uma refeição em família. Tudo é feito de maneira simples e barata. A ênfase é em estarmos juntos, de todo momento ter de render uma imagem perfeita.

> Caso queira saber mais sobre lindos rituais e tradições familiares, recomendo o livro *The Creative Family*, de Amanda Blake Soule.

VESTIR-SE E SAIR DE CASA

Vestir-se e sair de casa deixam de ser batalhas se aplicarmos os princípios de guiar a criança e achar maneiras de lidar com ela, em vez de ameaçá-la ou suborná-la.

Mesmo para pais que trabalham fora, o processo da criança se vestir pode ser um momento de conexão.

Tipos de roupa

À medida que as crianças pequenas começam a tentar fazer as coisas sozinhas – "Mim faz!" –, procure roupas fáceis para elas lidarem ou que demandem pouca ajuda.

Boas opções:

- *shorts* e calças com elástico na cintura que elas possam puxar, sem ter de abrir um zíper e/ou botão;
- camisetas com aberturas grandes para a cabeça (ou um botão de pressão no ombro para alargar a abertura);
- sapatos ajustados com velcro ou fivelas, ou tênis sem cadarços.

Evite:

- vestidos longos, que são difíceis para as meninas pequenas vestirem e restringem seus movimentos;
- macacões, que são difíceis para a criança vestir sozinha;
- *jeans* justos e outras roupas apertadas.

Um lugar para tudo, com tudo em seu lugar

Conforme abordamos no capítulo 4, vale a pena organizar a casa para facilitar a rotina de todos os membros da família. Quando há um lugar para tudo, a maioria das coisas fica em seu lugar e é fácil de achar. Isso diminui muito a possibilidade de ficar procurando freneticamente uma luva ou um pé de sapato que sumiu.

Por exemplo, é útil ter no saguão:

- ganchos para pendurar casacos e echarpes;
- uma cesta para luvas e chapéus;
- um lugar para deixar os sapatos;
- um lugar para se sentar enquanto as pessoas calçam ou tiram os sapatos.

Com essas providências, a área fica atraente e funcional para quem está saindo ou voltando para casa. Ouviremos menos "Onde está o outro pé do sapato?" e mais "Hoje você prefere usar seus sapatos pretos ou os azuis?". Em vez de uma saída caótica, a família atua em conjunto e cria conexão.

Aprendendo a ser independente

Quando não há pressa para sair de casa, podemos aproveitar o tempo livre para ensinar a criança a se vestir. Crianças pequenas vibram quando conseguem fazer as coisas sozinhas. Vale a pena lhes ensinar o método montessoriano para vestir o casaco, que é muito fácil e eficaz.

Método montessoriano para vestir o casaco

1. Estenda o casaco pelo avesso no chão e ponha a criança em pé diante do capuz ou da gola.
2. Ela se agacha, enfia as mãos nas mangas e passa os braços por cima da cabeça.
3. O casaco desliza sozinho pelo seu corpo.

Estruture as habilidades

Crianças mais novas precisam de um pouco de ajuda para se vestir, o que é uma oportunidade para estruturar habilidades. Elas aprenderão mais rápido a se vestir se nós dividirmos o processo em pequenas etapas que vão se completando e, no decorrer do tempo, os pimpolhos dominarão cada vez mais o processo.

Sempre observe o grau de ajuda que elas precisam. Deixe que tentem cada passo sozinhas. Espere se for preciso – é muito satisfatório quando obtêm êxito. Nós podemos por a camiseta pôr cima da sua cabeça e ver se elas conseguem enfiar os braços nas mangas.

Quando estiverem começando a se frustrar, ajudamos um pouco e depois recuamos para ver como elas se viram. Se tiverem dificuldade para calçar os sapatos, podemos segurar o calcanhar do sapato enquanto elas enfiam um pé, então vemos se elas dão conta do resto.

Se nos repelirem completamente, podemos dizer "Certo, me avise se precisar de alguma ajuda. Eu continuo por aqui".

À medida que amadurece, a criança dominará cada vez mais etapas com independência.

Podemos também nos vestir ao mesmo tempo no mesmo quarto, ou então sair do quarto e voltar de vez em quando para ver como a criança está se saindo.

Desacelere. Dê tempo. Conecte-se.

Quanto tempo leva para cada pessoa na casa se vestir quando é preciso sair? Talvez 15 minutos? Ou 25 minutos? Podemos estabelecer o mesmo prazo quando é preciso ir para a escola, o trabalho ou qualquer outro lugar.

Se bater a impaciência por ficar olhando a criança pequena se vestir a passos lentos, é melhor achar uma maneira de tornar o processo agradável. Enquanto espera, tome uma xícara de chá ou café (mantenha bebidas quentes fora do alcance da criança), ou escute alguma música relaxante ou animada.

Quando as crianças não querem se vestir

Tenha em mente que às vezes elas não querem se vestir. Pode ser frustrante ver a criança se recusar a calçar seus sapatos quando até ontem ficava tão satisfeita em fazer sozinha. Então, lembre-se de nem sempre você tem vontade de preparar o jantar. Prepare-se para ajudar, talvez oferecendo "Você quer uma ajudinha hoje com seus sapatos?".

Lembre-se de que crianças pequenas estão no processo de se tornar independentes de nós – alguns dias elas querem nos ajudar e às vezes querem fazer tudo sozinhas. Isso é o que eu chamo de a *crise de independência*.

Se esse for um problema constante, volte ao capítulo 6 e reveja as ideias sobre lidar com a criança para estimular a cooperação. Aqui estão algumas ideias úteis para a questão das crianças se vestirem:

- espere elas terminarem o que estão fazendo;
- dê tempo para que processem o que você está pedindo;
- ofereça opções de roupas;
- use humor;
- tenha expectativas adequadas para a idade das crianças;
- use uma lista de atividades.

Nota: Se elas não quiserem trocar a fralda, talvez seja porque não gostam de ficar deitadas em uma posição que acham vulnerável. Embora seja mais fácil para os adultos se elas estiverem deitadas, com a prática dá para se sentar em um banquinho, manter a criança em pé entre seus joelhos e então trocar a fralda. Se for o caso de ela fazer cocô, peça para que se incline e segure na borda da banheira ou em um banquinho para que possa limpar seu bumbum.

Quando nós precisamos sair

Embora se deva deixar as crianças fazerem as coisas no próprio ritmo, é inviável dar-lhes prazos ilimitados. Se você estiver com pressa, diga algo como "Eu sei que você quer muito se vestir sozinho, mas está na hora de sair, então vou lhe ajudar a vestir as últimas peças". Respeite seus próprios limites e, sempre que necessário, imponha um limite.

Use suas mãos gentis e a técnica de locução esportiva para tentar quebrar qualquer resistência por parte da criança.

"Estou pondo a camiseta em você, mas você está se debatendo. Você está tentando me dizer que não gosta quando ela passa pela sua cabeça? Agora vou lhe ajudar a enfiar o braço esquerdo na manga..."

Você também pode ficar parada na porta da frente. Em vez de dizer "Estou saindo sem você", diga calma e claramente "Não vou sair sem você. Estou calçando meus sapatos e esperando você aqui na porta".

ALIMENTAÇÃO

As refeições são outros momentos para conexão – com os quais as crianças pequenas aprendem que refeições servem para socialização e para nutrir nossos corpos.

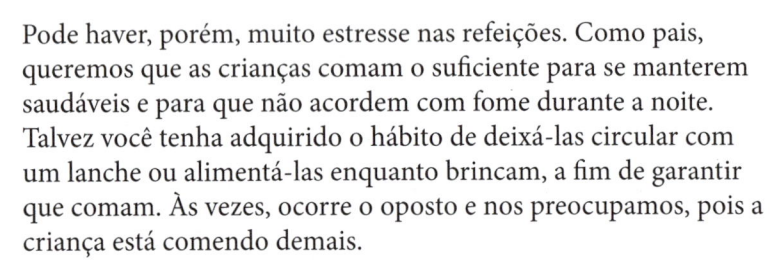

Pode haver, porém, muito estresse nas refeições. Como pais, queremos que as crianças comam o suficiente para se manterem saudáveis e para que não acordem com fome durante a noite. Talvez você tenha adquirido o hábito de deixá-las circular com um lanche ou alimentá-las enquanto brincam, a fim de garantir que comam. Às vezes, ocorre o oposto e nos preocupamos, pois a criança está comendo demais.

A abordagem montessoriana em relação à alimentação é bem diferente. Os pais criam um cenário bonito, talvez com algumas flores na mesa. A criança os ajuda a preparar a refeição, a arrumar a mesa (inicialmente com ajuda) e, sempre que possível, a família toda se reúne para comer.

O papel do adulto

Para estabelecer as bases para a relação da criança com comida e bons hábitos alimentares, o adulto decide onde, quando e o que a criança irá comer. Em vez dos pais darem comida na boca da criança, é melhor organizar as coisas para a criança comer sozinha e decidir o quanto quer comer em seu próprio ritmo. Nada de fazer aviõezinhos, subornar com a sobremesa ou usar a televisão ou o *tablet* para distraí-la.

Definir uma regra, como sentar-se à mesa para as refeições, ajuda nossos filhos a aprenderem o seguinte:

- refeições são ocasiões sociais e um momento para conexão;
- sentar-se à mesa é mais seguro do que ficar andando de um lado para outro com a comida na boca;
- só se faz uma coisa de cada vez: comer ou brincar;
- a comida fica na mesa.

Conforme mencionado no capítulo 4, vale a pena organizar a cozinha para que a criança tenha mais independência e se envolva na preparação das refeições, o que a deixa mais interessada em comida. Ela também deve aprender a se servir em uma fonte de água potável ao seu alcance.

Onde comer

Sei que geralmente as crianças comem no início da noite e que a agenda noturna dos pais é sobrecarregada. No entanto, os pais são o grande exemplo para as crianças aprenderem boas maneiras e que as refeições são ocasiões sociais. Portanto, o ideal é se sentar para fazer as refeições junto com a criança. Se não quiserem fazer uma refeição completa nesse horário, os pais devem tomar pelo menos uma tigela de sopa.

Gosto de desfrutar das refeições em família na mesa de jantar ou da cozinha. Então, é útil ter um assento no qual a criança se acomode e saia com independência. Cadeiras altas com tiras de segurança e uma mesinha em frente as deixam longe da mesa principal e demandam nossa ajuda.

Uma boa ideia é ter uma mesinha e uma cadeirinha na qual a criança se sente com os pés firmes no chão. Eu uso esse esquema na hora do lanche e me sento em uma cadeira baixa ou em um acolchoado no chão para ficar com as crianças. Algumas pessoas o fazem em todas as refeições, mas cada família decide o que é mais conveniente.

Não é razoável esperar que crianças pequenas fiquem à mesa até todos terminarem de comer. Em nossa casa, quando terminam de comer, as crianças levam seus pratos para a cozinha e vão brincar. À medida que crescem, elas passam a ficar mais tempo à mesa para participar da conversa.

Se elas saírem da mesa com comida ou um garfo na mão, basta dizer "A comida e o garfo têm de ficar na mesa, mas você pode sair". Eu falo muito isso em minhas classes quando as crianças estão aprendendo a se sentar à mesa para lanchar. Se quiserem continuar comendo, elas voltam a se sentar com a comida. Caso contrário, começo a tirar as coisas da mesa para mostrar que, se saírem, a chance de lanchar acabou.

Quando comer

Para manter o ritmo diário mencionado anteriormente, ofereço as refeições em horários regulares todo dia – em vez de manter a cozinha funcionando o tempo todo. Três refeições por dia (desjejum, almoço, jantar) e um pequeno lanche de manhã e/ou à tarde. Isso dá tempo para as crianças digerirem a comida e evita que apelem para um excesso de petiscos.

O que comer

Cabe aos adultos decidirem a alimentação apropriada para sua família, oferecendo às crianças no máximo duas opções aceitáveis. As crianças ainda não são capazes de fazer boas escolhas alimentares, mas aprenderão sobre essas opções por meio da comida que lhes oferecemos e pelas conversas que temos.

A partir de 12 meses, uma criança não precisa mais de mamadeira e pode tomar leite em um copo na hora das refeições. Ponha um pouco de leite em um copinho, caso contrário, a criança pode derramá-lo. No decorrer do tempo, ela terá a habilidade requerida e não precisará mais de um copo de transição nem da mamadeira. A amamentação também deve ser oferecida em horários regulares durante o dia.

Conforme a abordagem "tudo com moderação", eu deixava meus filhos comerem doces de vez em quando. Eles ainda comem açúcar ocasionalmente mas têm muita autodisciplina. Essa é uma decisão pessoal, mas seja consistente.

Quanto — a criança decide

Afortunadamente, a época em que os pais diziam para as crianças comerem até raspar o prato acabou. Hoje em dia, os pais querem que os filhos aprendam a escutar seus corpos para entender quando estão satisfeitos. Em vez de encher o prato de uma criança pequena, o que pode deixá-la pressionada ou levá-la a derrubar a comida no chão, ponha um pouco de comida e deixe pedir mais se quiser.

Deixe a criança no comando e confie que ela comerá o suficiente. Crianças nessa idade geralmente não passam fome. Elas comerão o quanto precisarem se os pais pararem de controlar tanto sua alimentação e confiarem que elas irão escutar seus corpos.

Se a criança não é comilona é porque seu apetite varia. Às vezes, elas não terminam nada que está no prato, mas durante esporões de crescimento, podem comer três refeições por dia, fora os lanches, e continuarem com fome. Seus corpos sabem exatamente do que elas precisam.

A criança pequena também pode aprender a usar os talheres para se alimentar. No início, é mais fácil usar um garfo do que uma colher. Os pais mostram como espetar um pedaço de comida com o garfo e o deixam diante da criança para que ela o leve até a boca. Pouco a pouco ela fará mais etapas sozinha. Para aprender a usar a colher, é melhor oferecer coisas mais espessas, como mingau de aveia, até a criança ter mais destreza.

Batalhas com comida

Se for preciso dar comida na boca da criança, suborná-la ou distraí-la com livros ou TV para que ela coma, a hora das refeições vira um problema para os pais. Esse é o momento de restabelecer bons hábitos alimentares.

Basta explicar para a criança que você mudou de ideia sobre a hora das refeições. Diga que a família quer saborear as refeições em conjunto e que é importante que ela aprenda a escutar o próprio corpo para decidir o quanto irá comer.

Comece pela manhã. Ofereça um desjejum nutritivo, então, sente-se com a criança e coma também, conversando sobre qualquer coisa, menos comida. Se ela não quiser comer nada, simplesmente pergunte se ela acabou (sem dar sermão) e ajude-a a levar seu prato para a cozinha. Você pode dizer "Você ouviu o seu corpo e ele disse que não queria nada".

Se a criança voltar e pedir para comer, seja compreensivo, mas deixe claro que a refeição já terminou e haverá mais comida na próxima.

Repita esse esquema na hora do almoço e do jantar. Evite dar lanches por alguns dias para que a criança não se empanturre com eles enquanto você estiver tentando melhorar a conduta dela na hora das refeições. Se ela comer pouco, provavelmente no final do dia estará com fome e comerá melhor no jantar.

Inclua algumas das comidas favoritas dela, mas não faça uma comida diferente se ela pedir. Ela também precisa aprender a comer a mesma coisa que o restante da família.

Continue fazendo isso por uma semana e registre o que a criança come. Escreva tudo, pregue a lista na geladeira e fique despreocupada com o resultado. Não insista no assunto da comida. Tenha confiança de que, após alguns dias, as batalhas com comida terão fim e a criança passará a se sentar à mesa e comerá sozinha.

Nota: Certifique-se se a criança não tem algum distúrbio de saúde que a faça se recusar a comer ou a rejeitar certos alimentos. Se não houver melhora no quadro após uma semana ou se você estiver muito preocupado, consulte um médico. Pode também estar havendo uma mudança no trato intestinal da criança enquanto sua digestão se ajusta.

Atirar comida

Crianças pequenas gostam de explorar o mundo ao seu redor. Jogar a comida que está no prato pode ser um experimento para ver o que acontece quando ela cai. Em geral, as crianças começam a atirar sua comida quando já comeram o suficiente: **elas estão sinalizando que já acabaram de comer**. Então podemos perguntar "Você está me dizendo que já acabou?" e fazemos um sinal com as palmas das duas mãos para cima. "Você pode dizer 'acabei' fazendo assim. Agora vamos levar os pratos para a cozinha. Avise se precisar de alguma ajuda."

Se elas não acabaram de comer, mas continuam atirando a comida, diga de maneira **gentil e clara** que irá ajudá-las a levar o prato para a cozinha. Não use um tom ameaçador, simplesmente imponha um limite claro. Geralmente, atirar comida é só uma fase. Mantenha a calma e, obviamente, seja consistente. Vai passar.

De maneira semelhante, se elas estiverem derramando água de propósito, tire o copo das mãos delas. "Eu vou pôr o copo aqui, então me avise quando quiser usar o copo para tomar água." Se elas pedirem o copo e derramarem água de novo na mesa, tire o copo calmamente pelo resto da refeição.

SONO

Vale a pena aplicar os princípios montessorianos na questão do sono – seja no caso da criança ter seu quarto, ter uma cama no quarto dos pais ou dormir em uma cama enorme para toda a família. Em nossa formação montessoriana, os instrutores recomendavam que a criança dormisse em seu quarto, mas essa é uma decisão que cabe a cada família.

Entre os 12 e 16 meses, uma criança pequena geralmente tira uma soneca no meio do dia e depois dorme à noite por um período de dez a doze horas. Caso a criança durma mais ou menos do que esse intervalo, dá para saber se está dormindo o suficiente se geralmente acorda e continua feliz durante o dia.

Onde dormir

O lugar onde uma criança pequena dorme deve ser bem repousante, seguro, sem excesso de distrações e nem desordem visual. O ideal é que ela consiga deitar e sair da cama com independência. Por volta dos 14 meses, ela consegue entrar no berço subindo por uma lateral baixa ou se acomodar em um colchão no chão.

Pode ser tranquilizante haver uma fonte de luz noturna. Em seu artigo "One Simple Way to Improve Your Baby or Child's Sleep Today!", Sarah Ockwell-Smith adverte que é melhor evitar luzes brancas e azuladas e preferir luzes avermelhadas que não afetam a produção de melatonina.

É aconselhável deixar água à mão se as crianças tiverem sede à noite.

Pode-se também optar por uma megacama para toda a família, ou deixar que os filhos venham para a cama de casal durante a noite. Isso fica a cargo de cada família.

O importante é deixar claro o que é aceitável. Se os adultos se queixarem a respeito do sono de uma criança pequena, é provável que parte do arranjo para dormir não esteja funcionando bem e seja necessário fazer uma mudança.

Preparando-se para dormir

Mencionei bastante a importância de oferecer à criança toda a ajuda que for necessária. Nós a apoiamos, interferimos para ajudar e recuamos novamente. O mesmo se aplica ao sono.

Estabeleça uma sequência clara e regular para a hora da criança ir para a cama. Reserve cerca de uma hora para dar banho, escovar os dentes, ler alguns livros e conversar sobre todas as coisas que aconteceram no dia. Então, dê a ajuda necessária para ela adormecer.

Algumas crianças têm uma boa relação com o sono desde o nascimento e simplesmente vão para a cama quando estão cansadas (ou para um colchão no chão que é um santo graal). Essas crianças costumam ter associações claras com o sono desde o nascimento e sequências consistentes na hora de ir para a cama. Quando estão sonolentas, elas vão para a cama, não têm muletas do sono e separam a alimentação do adormecer.

Algumas crianças pequenas ficam satisfeitas ouvindo histórias lidas pelos pais e adormecem, ao passo que outras choram na hora de ir para a cama. Se elas comeram bem, estão com a fralda seca e brincaram a contento, o choro significa que estão prontas para dormir. Mas não recomendo deixá-las chorando sozinhas.

Uma boa técnica para ajudar as crianças a adormecerem sozinhas é colocar uma cadeira ao lado da cama. Após terminar a sequência preestabelecida, sente-se na cadeira em silêncio, talvez lendo um livro. Se a criança estiver chorando, esfregue suas costas ocasionalmente e sussurre, em vez de pegá-la no colo. Caso ela se levante, coloque-a deitada de novo, não converse nem faça contato visual.

Após ela aprender a adormecer assim, basta afastar mais a cadeira da cama e repetir a técnica por algumas noites. A cadeira irá cada vez mais para perto da porta e, após cerca de duas semanas, você pode se sentar na cadeira do outro lado da porta, onde a criança consiga vê-lo. Após duas noites, a criança geralmente não precisa mais da sua presença.

Caso estejam doentes ou com dentes nascendo, elas irão precisar de mais apoio parental, pois seu padrão de sono será rompido. Então, será preciso restabelecê-lo novamente quando as crianças estiverem se sentindo melhor.

Muletas do sono e despertar à noite

Todas as pessoas entram e saem de um sono leve durante a noite, se mexem um pouco e depois adormecem de novo. Geralmente adormecemos de novo rapidamente, então não nos lembramos de ter acordado. No entanto, se as condições mudarem – por exemplo, se o travesseiro cair da cama –, nós acordamos, olhamos em volta até achá-lo e depois voltamos a dormir.

O mesmo ocorre com bebês e crianças pequenas. Se adormecerem enquanto estão sendo ninadas ou alimentadas, elas acordarão do sono leve durante a soneca ou à noite e irão procurar o adulto, pois não conseguem voltar a dormir mesmo que as condições sejam restabelecidas. Os pais se tornam sua muleta do sono.

Entrei em um ciclo maluco com meu primeiro bebê recém-nascido e ninei-o para dormir durante meses. Geralmente, ele mamava para dormir e acordava muito à noite procurando o seio. Eu o amamentava de novo, seu estômago doía (em retrospecto, percebo que provavelmente não havia dado tempo de ele digerir o leite), então, acordava novamente.

Aprendi a lição. Com minha filha que nasceu depois, mantivemos um ritmo diário claro desde o nascimento. Mamar, brincar, dormir. Era muito mais evidente para nós duas quando era hora de descansar. Ela ficava sonolenta na cama até adormecer, adorava dormir em sua cama e precisava de pouca ajuda para dormir. Ela só não dormia quando estávamos fora de casa, provavelmente porque havia muito para ver.

Aprenda com os meus erros e elimine as muletas do sono.

Se a criança estiver acordando para mamar à noite e você quiser tirar a muleta do sono de amamentá-la para fazê-la dormir, procure amamentá-la menos vezes durante a noite. Extrair o leite e oferecê-lo em uma mamadeira é uma opção. Conheço uma mãe que certa noite dormiu sem querer no sofá. Seu bebê estava no quarto e não acordou. Então, ela dormiu no sofá da sala de estar por uma semana e o bebê parou de acordar para mamar.

Se a criança estiver acordando à noite para pedir um afago, para tomar água, ajeitar sua coberta ou achar seus brinquedos favoritos, converse sobre essas coisas em algum momento neutro durante o dia. "Sabia que você acordou ontem à noite e não conseguia dormir de novo sem suas cobertas por cima? Vamos pensar em um jeito para você cuidar disso à noite. Você tem alguma ideia? Talvez a gente possa pôr a coberta cruzada na cama e ajustá-la melhor ou você pode treinar para puxar as cobertas."

Se a criança continuar tendo dificuldades de sono que **afetem seu bem-estar e o da família**, por favor, consulte um especialista em sono.

ESCOVAR OS DENTES

Não há diretrizes montessorianas oficiais para escovar os dentes, mas essa é uma pergunta muito comum quando as crianças não gostam de fazer isso.

Nesse ponto volto a salientar a importância de ter uma relação respeitosa com a criança. Nós trabalhamos com os filhos em todas as suas fases e os deixamos liderar. Eles podem escolher se irão escovar os dentes antes, durante ou após o banho. Eles vão conosco à farmácia para escolher sua escova de dentes, mas deixamos claro que escovar os dentes não é opcional.

Novamente, organizamos as coisas para a criança ser independente e tentar fazer as coisas sozinha. No caso de uma criança pequena, podemos ajudá-la com o "toque final" e verificar se os dentes ficaram limpos. Quando nós ajudamos, isso é feito com gentileza e respeito. Afinal, para uma criança pequena é esquisito alguém enfiar uma escova de dentes em sua boca.

Podemos escovar nossos dentes ao lado da criança para lhe dar um entendimento concreto sobre esse procedimento. Podemos cantarolar "É assim que escovamos os nossos dentes, escovamos os nossos dentes, escovamos os nossos dentes. É assim que escovamos nossos dentes toda noite e de manhã". Esse pode ser um momento de leveza na rotina diária.

Se perceber que estamos tentando distraí-la, a criança pode achar que estamos enganando-a para obter sua cooperação, então irá resistir mais ainda. Assim como adesivos funcionam algum tempo como recompensa, a distração só funciona até ela se cansar desse "truque" e será preciso se esforçar muito mais para que execute a tarefa.

Se tentamos trabalhar em conjunto e ela continua evitando escovar os dentes, dizemos e a encaminhamos gentilmente "Agora eu vou lhe ajudar a escovar os dentes. Estamos voltando para o banheiro. Vou abrir sua boca...".

Estamos sendo claros e gentis.

SEGUNDA PARTE
LIDANDO COM MUDANÇAS

APRENDENDO A USAR O BANHEIRO

O período em que uma criança pequena deixa de usar fraldas e passa a usar o vaso sanitário não precisa ser temido. Afinal de contas, faz parte do desenvolvimento infantil. Nossos filhos pequenos captam nossa reação a fraldas sujas e, se demonstrarmos nojo, eles aprenderão que defecar é uma coisa suja, não um processo fisiológico normal.

Adoro esta analogia feita por um professor montessoriano: quando um bebê se impulsiona para ficar em pé, cai, levanta-se outra vez e cai de novo inúmeras vezes até se firmar e os adultos acham uma fofura. Quando está aprendendo a usar o vaso sanitário e eventualmente faz xixi no chão ou cocô nas calças, a criança também está treinando até dominar essas funções – e merece estímulo e aceitação.

Portanto, mantenha a mente aberta para tornar esse processo menos estressante.

Estruture as habilidades

A criança formará lentamente as habilidades para usar o vaso sanitário, começando por lidar com as próprias roupas. Inicialmente, ela pratica abaixar seus shorts ou calças e depois levantá-los, e em seguida a calcinha ou a cueca.

Na hora da troca de fraldas, podemos oferecer o penico/vaso sanitário, jamais obrigando-a a usá-lo, apenas como parte do ritmo diário. "Que tal você se sentar no penico/vaso sanitário?", "Agora que você terminou de usar o penico, vou colocar sua fralda."

Com fraldas de pano, a criança se incomoda de ficar molhada de xixi, o que aumenta sua consciência corporal.

Sinais de prontidão — Deixe a criança liderar

A noção mais importante é seguir a criança, pois não se trata de uma competição.

Aqui não estou me referindo a qualquer idade, mas a sinais de que a criança está pronta para o aprender a usar o banheiro:

- puxar a fralda quando ela está molhada ou borrada de cocô;
- agachar-se ou ir para um lugar privado para fazer cocô;
- nos dizer que ela fez xixi ou cocô;
- resistir às vezes a ter a fralda trocada;
- arrancar a fralda.

Organize o banheiro junto com a criança

É preciso ter um penico ou um pequeno assento que se encaixe no vaso sanitário, assim como um banquinho para a criança alcançar o vaso e apoiar os pés, deste modo ela se sentirá segura.

Pode haver também um recipiente no banheiro para colocar roupas borradas de cocô, uma pilha de calcinhas ou cuecas limpas e uma pilha de panos de chão para enxugar poças de xixi.

Preparar-se mantendo tudo à mão ajuda os adultos a manterem a calma, sem precisar se afobar no momento de procurar as coisas. Caso a criança não consiga usar o penico/vaso sanitário a tempo, basta dizer calmamente "Ah, você se molhou, mas aqui temos tudo para deixá-lo sequinho novamente".

Faça a hora de usar o banheiro parecer algo corriqueiro

Envolva a criança no processo. Compre algumas calcinhas ou cuecas e um penico. Também existem calças especiais que absorvem um pouco do xixi quando a criança está tentando o vaso sanitário a tempo.

Como estamos estruturando habilidades, podemos deixar a criança ficar só de calcinha ou cueca em casa, para facilitar sua remoção nas horas de apuro fisiológico e haver menos roupas para lavar. Ela está aprendendo que é desagradável ficar molhada e pode querer ver o xixi escorrer por sua perna. Aumentar sua consciência corporal é o primeiro passo.

A seguir, é hora de ajudá-la a se trocar no banheiro. Em geral, os professores montessorianos dizem "Suas roupas estão molhadas, então vamos trocá-las", ao invés de "Você teve um acidente".

De início, ofereça o penico/vaso sanitário regularmente. Ao perguntar a uma criança pequena se ela precisa ir ao vaso sanitário, a resposta geralmente é "não". Isso é normal para uma criança que está desenvolvendo a autonomia. Então é melhor esperar um momento calmo e dizer "É hora de ir para o penico", encaminhando-a para o banheiro.

Após algumas semanas, as crianças começam a ter mais consciência corporal e, às vezes, nos dizem que precisam ir para o vaso sanitário. Elas também passam a controlar as necessidades fisiológicas por mais tempo e, por fim, não precisarão mais de lembretes.

Seco durante à noite

Podemos deixar as crianças só de calcinha ou cueca na hora da soneca e à noite ou quando ficar evidente que conseguem controlar as necessidades fisiológicas por mais tempo e acordam com a fralda/calcinha ou cueca seca.

Coloque uma toalha grossa sob os lençóis da criança e ajuste-a bem no colchão ou use um protetor de colchão que seja fácil de tirar durante a noite.

Prisão de ventre

Às vezes, a criança tem medo de fazer cocô. Talvez alguma vez ela tenha sentido dor num momento desses ou alguém tenha tido uma reação desagradável ou sabe-se lá por que. Se você achar que há algum problema de saúde, consulte um médico.

Se tudo parecer saudável, ajude a criança a relaxar sendo calmo e dando apoio. Você pode dizer "O cocô vai sair quando estiver pronto. Pode demorar uma semana ou até duas, mas ele sabe quando deve sair. O corpo da gente é muito sabido". Tente não falar muito sobre isso e massageie a barriga da criança se o abdômen estiver doendo.

Se a criança costuma se isolar para fazer cocô, gradualmente a convide para ir ao banheiro para fazê-lo com sossego. Depois convide-a para se sentar de fralda no penico. Aos poucos ela se sentirá segura no penico/vaso sanitário sem estar de fralda/calcinha ou cueca. Cabe a nós apenas apoiá-la e estruturar suas habilidades.

Se a criança se recusa a usar o vaso sanitário

Jamais force ou pressione uma criança a usar o vaso sanitário. Afinal, trata-se do corpo dela e o papel dos adultos é apoiá-la e achar maneiras de trabalhar em conjunto.

Outra providência é não interromper algo que ela esteja fazendo para levá-la ao banheiro. Basta continuar oferecendo o penico/

vaso sanitário e confiar que ela aprenderá a usá-lo. É preciso aceitá-la como ela é em cada fase.

Fazer xixi no chão de propósito

Às vezes, uma criança pequena que sabe usar o vaso sanitário repentinamente começa a fazer xixi no chão de propósito. Observe-a. Muitas vezes esse comportamento indica que ela está infeliz com alguma coisa em seu mundo, por exemplo, uma irmãzinha que começou a engatinhar e está invadindo cada vez mais seu espaço.

As crianças desejam ser vistas, e os adultos devem demonstrar curiosidade, a fim de compreendê-la. É preciso admitir seus sentimentos, porém estabelecer um limite claro sobre o comportamento. "Você está aborrecida com alguma coisa? Eu não posso permitir que você faça xixi no chão, mas quero resolver isso com você." O importante é restabelecer a conexão, achar maneiras de lidar e resolver problemas com ela. (Veja os capítulos 5 e 6.)

DESAPEGANDO-SE DA CHUPETA

Quando se aplica a abordagem montessoriana, chupetas são pouco usadas ou gradualmente retiradas no primeiro ano. Fazer uma criança pequena se desapegar da chupeta não deve ser um processo difícil.

Mesmo que a criança tenha pouca idade devemos deixá-la ciente de que iremos realizar uma mudança.

O primeiro passo é dar a chupeta apenas para ela dormir. Quando a criança acordar, coloque a chupeta em uma caixinha perto da cama, mas fora de alcance, para eliminar a tentação de usá-la.

Se a criança pedir a chupeta em outros momentos, tente observar por que ela sente necessidade de sugar e combata a causa. Talvez ela precise de algo para ocupar as mãos ou de um brinquedo para se distrair, ou talvez esteja buscando conexão, e então faz-se um carinho, ou talvez precise de ajuda para se acalmar ou relaxar seu sistema nervoso.

Aqui estão algumas ideias úteis:

- tomar iogurte com um canudinho;
- soprar bolhas;
- segurar firme um livro ou um brinquedo macio;
- tomar a mamadeira com um canudinho;
- soprar água por um canudinho para fazer bolhas;
- ser esfregada vigorosamente com a toalha após o banho;
- receber abraços fortes;
- amassar massinha de modelar;
- apertar brinquedos próprios para o banho;
- ser esfregada lentamente nas costas.

Outra sugestão é fazer um plano com a criança para se livrar da chupeta na hora de ir para a cama. Você pode dizer que vai dar a chupeta para o bebê de uma amiga.

Geralmente, leva poucos dias para a criança aprender a adormecer sem ela, durante os quais ela talvez precise de um pouco de apoio, mas tome cuidado para não introduzir novas muletas para o sono na rotina. (Para crianças que acordam no meio da noite, veja a parte sobre sono que começa na página 181).

IRMÃOS

Com frequência, pais me dizem que seria simples adotar essas ideias se eles tivessem só uma criança. Ter mais de um filho reduz o tempo para os pais observarem cada criança, atenderem suas necessidades individuais e lidarem com brigas entre os irmãos. Sem mencionar que a chegada de um novo bebê em casa ou um irmão ou irmã mais velha do tipo mandão perturba muito uma criança pequena.

O novo bebê

Em seu livro *Irmãos sem Rivalidade*, Adele Faber e Elaine Mazlish começam com uma história que ilustra o potencial efeito exercido por um novo irmão ou irmã sobre a vida de uma criança.

Imagine que certo dia seu companheiro chega em casa e diz que a ama muito, mas vai ter outra companheira em paralelo. A nova companheira dele vai dormir em sua cama antiga, usar suas roupas e compartilhar tudo com vocês. A maioria das mulheres ficaria furiosa e com muito ciúme. Portanto, não surpreende que um novo integrante da família tenha um impacto tão grande para algumas crianças.

É preciso preparar bem uma criança pequena antes da chegada de um bebê. Converse com seu filho ou filha sobre como será a vida com a presença de um novo bebê. Há muitos livros úteis com figuras realistas de pais cuidando do bebê e ainda passando bastante tempo com as outras crianças em casa. Deixe a criança falar e cantar para o bebê na barriga da mãe, para que ela comece a formar uma conexão. Chame a criança para ajudar a preparar o espaço do bebê e faça questão de desfrutar os últimos dias da atual configuração familiar. (Cultivo até hoje com carinho a lembrança de ir ao parque com meu filho na véspera do nascimento da minha filha.)

Quando é hora de apresentar o novo bebê à criança (caso ela não tenha estado presente no nascimento), coloque-o antes no berço para poder dar atenção só a ela. Isso é mais tranquilizante para uma criança pequena do que entrar e vê-la com o novo bebê no colo.

Tente manter a simplicidade nas primeiras semanas em casa e, se possível, conte com ajuda extra. Peça ajuda a outras pessoas com o recém-nascido por parte do tempo, para que haja tempo de estar sozinha com seu filho ou filha.

Algumas crianças pequenas gostam de se envolver nos cuidados com o novo bebê – elas vão buscar uma fralda limpa ou o sabonete para o banho. Outras não se interessam, mas isso também é normal.

Podemos ter uma cesta com livros e alguns brinquedos favoritos à mão enquanto a mãe amamenta o bebê, para que ela também se conecte com o filho ou a filha ao mesmo tempo.

Quando a criança pequena estiver brincando e o bebê estiver acordado, é divertido conversar com o bebê sobre o que a criança está fazendo. O bebê irá se entreter com a conversa e a criança gostará de ser o assunto principal.

(Para ideias de como preparar a casa se houver mais de uma criança, veja a página 88.)

Quando a criança pequena fica perturbada com o novo bebê

A criança pode dizer que odeia o novo bebê, ficar emotiva ou difícil, ou até intencionalmente destrutiva nesse momento complicado em sua vida.

Esse comportamento é apenas sua maneira de dizer que está tendo um momento difícil. Em vez de dizer "Não é verdade que você odeia o bebê" e negar seus sentimentos, lembre-se de que ela precisa que você veja as coisas por sua perspectiva, seja compreensiva e ofereça conexão.

Admita esses sentimentos negativos e pergunte "Você está irritada porque o bebê está querendo seu brinquedo?" e a escute. Deixe a criança extravasar.

Mas nem todo comportamento deve ser tolerado. Por exemplo, se a criança estiver batendo no bebê, aqui estão algumas providências:

- Interfira imediatamente e tire as mãos da criança gentilmente. "Eu não posso deixar que você bata no bebê. Nós somos gentis com o bebê."
- Interprete para a criança o que está acontecendo com o bebê. "O bebê está chorando. Ele está dizendo que isso é insuportável."
- Mostre à criança uma maneira mais segura de interagir. "Vamos mostrar para o bebê esse brinquedo macio."

- **Passe momentos especiais com cada criança**

É preciso achar maneiras criativas de passar regularmente algum tempo só com a criança pequena: uma ida ao supermercado, uma caminhada até um café para tomar lanche ou uma ida ao parquinho para 10 minutos no balanço.

Logo, quando ela quiser algo e você não estiver disponível, anote a informação em um caderno e converse a respeito durante um momento especial juntas.

Mantenha a neutralidade

Irmãos gostam de envolver os pais em suas querelas, para que estes tomem o partido de um deles. Meu conselho (do qual eu mesma preciso relembrar às vezes) é manter a neutralidade e não tome partido nesses conflitos.

Cabe aos pais **apoiar as duas crianças**, mantê-las seguras e ajudar a mediar para que ambas as partes assumam a devida responsabilidade. É preciso ver as coisas pela perspectiva de cada uma delas e dar apenas a ajuda necessária.

Sim, isso vale até com uma criança pequena. Quando meu filho tinha 2 anos e minha filha tinha 9 meses, os dois queriam o mesmo caminhãozinho. Era tentador resolver o problema achando outro brinquedo, distraindo um deles ou tentando convencê-los a brincar juntos. Mas eu apenas dizia: "Um caminhão e duas crianças. Que pena que a situação se tornou um problema". Então, meu filho desmontou a traseira do caminhãozinho, entregou-a para sua irmã e ficou com as rodas dianteiras. Ele pensou em uma solução muito mais criativa do que eu teria conseguido.

Aja como se tivesse uma família grande

Em seu livro *Thriving!*, o educador parental Michael Grose sugere que os irmãos devem ser criados como se estivessem em uma família grande, com quatro ou mais filhos. Os pais de famílias grandes não conseguem resolver todas as disputas e entreter todas as crianças ao mesmo tempo. O pai e a mãe são os líderes da família. Eles estabelecem as bases de valores da família e supervisionam a condução do navio.

Quando interferir

Geralmente, quando as crianças brigam, os pais acodem e perguntam "Quem fez isso?". As crianças imediatamente tentam se defender ou botam a culpa no irmão ou irmã: "Foi ele que começou!".

Aqui estão outras maneiras de interferir se os irmãos estiverem brigando.

1. Fique visível

Durante querelas menores, mostre que está no ambiente e depois saia. Considere isso um passo importante na resolução de conflitos. As crianças sabem que foram vistas discutindo, mas que os pais estão confiantes de que elas conseguirão resolver a situação sozinhas.

2. Observe

Quando a discussão esquentar, fique perto e observe. Elas sentirão sua presença sem que você diga qualquer coisa.

3. Faça elas se lembrarem das regras básicas/domésticas

Talvez seja preciso fazer elas se lembrarem de alguma regra. Por exemplo, se uma brincadeira mais bruta estiver indo longe demais, diga "Brincadeira desse tipo só vale com consentimento mútuo" ou "Alguém quer dizer para o outro parar? Ao que parece, vocês não estão mais se divertindo".

4. Dê algum apoio

Quando as crianças não conseguem sair do impasse sozinhas, você deve apoiá-las para que resolvam o conflito:

- Ouça ambos os lados (sem julgamento).

- Aceite como ambas as partes se sentem e mostre que compreende e consegue ver as coisas pelas perspectivas das duas crianças.
- Descreva o problema.
- Demonstre interesse em ouvir como elas resolverão a questão.
- Afaste-se enquanto elas acham uma solução.

Um exemplo:

"Vocês duas parecem furiosas uma com a outra." (Reconheça os sentimentos delas.)

"Então, Sara, você quer continuar segurando o cachorrinho. E você, Billy, quer ter também a sua vez." (Reflita o ponto de vista de cada criança.)

"Assim fica difícil: duas crianças e um cachorrinho." (Descreva o problema.)

"Tenho certeza de que vocês vão chegar a uma solução que seja justa para os dois... e justa para o cachorrinho." (Afaste-se.)

5. Separe as crianças para que elas se acalmem

Quando começarem a se incomodar com a intensidade da briga, os adultos podem interferir para separar as crianças. "Estou vendo que vocês estão muito bravas e não posso deixar vocês se machucarem. Você vai para aquele lado e você vai para o outro até as duas se acalmarem."

Até mesmo com crianças que ainda não sabem falar, o processo é esse.

6. Resolução do problema

Após a briga parar, é bom resolver o problema junto com as crianças. Conforme abordamos no capítulo 6:

- Todos contribuem com ideias para resolver o problema (com crianças menores, os adultos apresentam a maioria das ideias).

- Os adultos chegam a uma solução aceitável para todos.
- Os adultos fazem o acompanhamento para ver se a solução está funcionando ou precisa ser ajustada.

Fomente a gratidão e interações positivas entre os irmãos

Em geral, quanto mais fomentamos interações positivas entre nossos filhos, mais próximos eles se tornam. Devemos criar situações para que eles apreciem a companhia um do outro, mesmo que haja uma diferença etária grande.

Em ocasiões neutras, podemos falar sobre o lado positivo de ter irmãos ou perguntar aos nossos filhos quais são as vantagens de ter um irmão ou irmã.

Mesmo que não sejam amigos próximos, eles devem saber que precisam se tratar com respeito.

Trate cada criança individualmente

Da mesma forma que servir uma quantidade idêntica de ervilhas em cada refeição é quase impossível, é difícil tratar nossos filhos de maneira igual. Mas é preciso se esforçar para tratá-los de forma **individual, conforme suas necessidades.**

Há ocasiões em que uma criança precisa de mais tempo conosco, talvez na época de seu aniversário ou quando estiver passando por uma mudança no desenvolvimento. Cada irmão ou irmã aprende que estaremos disponíveis quando precisar de nossa ajuda.

Se as crianças demandarem nossa atenção ao mesmo tempo, basta dizer "Assim que eu terminar aqui vou ajudá-las". Se duas crianças quiserem falar ao mesmo tempo, dizemos que estamos disponíveis para escutá-las, mas uma de cada vez. "Primeiro, vou acabar de ouvir você [Criança A], e depois quero muito ouvir o que você [Criança B] tem para dizer."

É recomendável também não comparar os irmãos, já que é fácil fazer comentários como "Veja como seu irmão come direitinho o jantar".

As próprias crianças podem tentar competir entre si. Nesse caso, concentre-se em cada uma, em vez de generalizar. Por exemplo, se uma criança diz que seu irmão ou irmã ganhou mais queijo, diga "Você queria mais queijo?", portanto tratando cada criança individualmente.

Rótulos

Para mais informações sobre evitar rótulos e aceitar cada irmão ou irmã como ele/ela é, veja o capítulo 5.

TERCEIRA PARTE

HABILIDADES ÚTEIS PARA AS CRIANÇAS (DE 1 ANO E MEIO A 3 ANOS) APRENDEREM

COMPARTILHANDO

Quando era bebê, a criança nos entregava coisas facilmente e, quando algo era tirado de sua mão, simplesmente ia atrás de outra coisa para brincar.

Essa disposição para compartilhar muda quando ela cresce um pouco, desenvolve um senso maior do "eu" e quer praticar alguma coisa até dominá-la. Subitamente, entre os 14 e 16 meses, ela puxa sua atividade para mais perto, empurra outra criança que está a observando ou grita "não!" para uma criança inocente que está passando por ali.

Antes dos dois anos e meio, as crianças pequenas estão mais interessadas em brincadeiras em paralelo – brincar sozinhas ao lado de outra criança – do que em partilhar seus brinquedos e se entreter juntas. Portanto, devemos diminuir a expectativa de que uma criança pequena irá partilhar seus brinquedos. (Se tiver irmãos mais velhos ou brincar regularmente com outras crianças na creche, ela pode aprender a partilhar mais cedo.)

Partilhar com rotatividade

Em vez de pedir à criança que partilhe sua atividade com outra, em escolas Montessori a regra básica é partilhar por meio da rotatividade. Há somente um exemplar de cada atividade e uma criança pode se empenhar nela o quanto quiser (para haver repetição, concentração e domínio), ao passo que as outras crianças aprendem a esperar sua vez, o que é uma habilidade útil.

É bom ter essa regra e, caso necessário, dar apoio:

- Observe se a criança está feliz por deixar outra criança ver ou participar na atividade.
- Sua linguagem corporal é muito reveladora e só devemos dar a ajuda necessária. Deixe que elas resolvam pequenos conflitos sozinhas.
- Ajude-a a usar palavras se alguém quiser seu brinquedo. "Minha vez, mas logo vou passar para você." As crianças podem botar as mãos nos quadris para enfatizar seu posicionamento.
- Ajude a criança que está irritada com a espera. "Você quer que agora seja a sua vez? O brinquedo vai ficar logo com você."
- Se uma criança estiver partindo para uma reação física, interfira para apartar, talvez usando uma mão gentil ou se colocando entre as crianças. "Eu não posso deixar que você a empurre. Você está dizendo a ela que estava brincando com aquilo?"

Por volta dos 2 anos e meio, a criança pode ficar interessada em brincar um pouquinho com outra.

Ela talvez precise de alguma orientação, por exemplo, com algumas palavras ou para aprender com situações que surjam. "Parece que agora o Pedro quer brincar sozinho. Vamos voltar mais tarde e aí será sua vez."

No parquinho ou em lugares públicos

Essa questão de esperar a vez pode se complicar em lugares públicos onde as outras famílias têm regras diferentes.

Se alguém estiver esperando nosso filho sair do balanço, basta dizer para a outra criança "Parece que você quer ir no balanço e, assim que o menino terminar, será sua vez. Daqui a pouco o balanço será só seu". Assim, essa criança e sua mãe ficam sabendo que estamos a par de seu desejo e que sua vez está assegurada.

Podemos dizer ao nosso filho "Tem outra criança esperando para usar o balanço. Vamos contar até 10 e dar a vez para ela". Assim, damos um exemplo de virtude e cortesia em relação aos outros.

Partilhar com os convidados

Antes de os amiguinhos chegarem à nossa casa, perguntamos aos nossos filhos se querem guardar alguns brinquedos no armário e com quais pretendem brincar com os convidados. Assim, nós os ajudamos a se prepararem e a decidirem com o que os amiguinhos podem brincar.

COMO INTERROMPER UM ADULTO

Embora o método Montessori seja liderado pela criança, uma criança pequena pode aprender a esperar e a interromper conversas de uma maneira respeitosa.

A primeira professora montessoriana dos meus filhos dizia o seguinte aos alunos: se ela estivesse dando uma lição para outra criança e eles precisassem lhe dizer alguma coisa, deviam pôr a mão no ombro dela. Assim que fosse possível fazer uma pausa na lição, ela atenderia as outras crianças.

Esse princípio também deve ser usado em casa. Se você estiver em um telefonema ou falando com alguém, seu filho toca seu ombro caso tenha algo a dizer. Assim que possível, você pergunta o que ele quer.

Isso requer prática, mas realmente funciona. Uma mão em seu ombro e sua mão na dele passam a mensagem "O que você quer me dizer é importante e logo mais estarei disponível".

HABILIDADES PARA CRIANÇAS INTROVERTIDAS

Pais de crianças mais introvertidas podem se preocupar por elas serem menos confiantes e desembaraçadas que as outras crianças. Ou reconhecem que seu filho é introvertido, mas se preocupam que ele não tenha as habilidades para se conduzir em um mundo que espera que uma criança lide confiantemente com situações sociais.

Em seu livro *O Poder dos Quietos: como os tímidos e introvertidos podem mudar um mundo que não para de falar*, Susan Cain argumenta que os introvertidos são subvalorizados, apesar de sua empatia e capacidade para escutar. Os pais de crianças introvertidas devem apoiá-las, sem tentar mudá-las.

Em primeiro lugar, eles devem **aceitá-las como elas são**. Volte ao capítulo 5 para rememorar esses princípios. Evite usar rótulos como "o tímido". Rótulos podem se tornar muletas que eximem uma criança de situações embaraçosas ("Ela só é tímida"). O correto é ajudar as crianças a aprenderem a lidar com essas situações ("Você quer mais tempo para se animar e entrar na brincadeira?"). Além disso, tente não compará-las com os irmãos ou outras crianças, dizendo coisas como "Veja como eles brincam bem juntos".

Sendo assim, com essa postura de aceitação, é possível **ver as coisas por sua perspectiva e oferecer compreensão. Admitir seus sentimentos.** Escute ou abrace a criança. "Você está preocupado por ter de ir à casa da vovó/à festa de aniversário/ao supermercado?" Faça a criança se sentir segura.

Prepare-a com antecedência para situações potencialmente enervantes, dando uma ideia do que a criança deve esperar.

Se a criança precisar de algum **tempo para se desinibir** em situações sociais, deixe-a ficar perto de você e observe a cena até ela estar pronta para participar. Não é preciso dar uma atenção especial a ela ou criar caso. Continue conversando com os outros adultos; assim que estiver preparada, a criança irá se juntar às outras.

Com o passar do tempo, ajudamos o filho a formar habilidades que irão empoderá-lo e o farão perder a impressão de que não consegue lidar com certas situações.

Essa formação de habilidades pode incluir:

- Aprender papéis. Por exemplo, praticar dizer "olá" para o adulto na porta e "feliz aniversário" para a criança que está tendo a festa.

- Mostre como ele pode se desculpar por dar uma pausa se estiver achando uma situação social acabrunhante. Por exemplo, "Eu só quero passar um tempinho tranquilo".
- Praticar em situações menos enervantes, como estender o dinheiro ao caixa em uma loja ou pedir um suco na padaria, com seu apoio caso seja necessário. "Você consegue falar um pouco mais alto? Parece que o garçom não conseguiu escutar o que você disse."
- Praticar frases fáceis que ele pode usar para ser assertivo. Por exemplo, "Pare! Eu não gosto disso".
- Mostre a ele como usar a linguagem corporal, como pôr as mãos nos quadris se alguém fizer algo que o desagrade.

Por fim, ajude a criança a ganhar confiança elogiando suas habilidades e por aprender a se cuidar e a cuidar dos outros e do ambiente.

Por outro lado, se a criança é muito confiante, adora correr até outras crianças e abraçá-las, você deve traduzir a situação para ela. "Parece que elas se assustaram. Talvez seja bom perguntar se elas querem ser abraçadas." A criança pode tomar pelo lado pessoal se a outra criança não ficar tão empolgada quanto ela; então, mostre como aceitar outras crianças do jeito que elas são.

Os adultos também devem se certificar se é apropriado pegar uma criança no colo ou fazer outros gestos de carinho, sobretudo, quando não se trata dos próprios filhos. Antes de dar um abraço, pergunte "Você quer um abraço?", em vez de dizer "Me dê um abraço!". Diga a uma criança pequena que quer pegá-la no colo, só faça isso com seu consentimento e pergunte também se ela quer ajuda antes de fazer qualquer coisa. É preciso sempre respeitar o que a criança acha da ideia de ser tocada.

A FASE DE BATER/MORDER/ ATIRAR LONGE/ EMPURRAR

Crianças pequenas estão aprendendo a se comunicar e, às vezes, usam palavras ou sons.

Em outras situações usam a linguagem corporal. Certas vezes batem, mordem e empurram as pessoas da família e outras crianças. Embora indesejável, essa maneira de se comunicar é apenas uma fase que requer o apoio e a ajuda dos pais.

Se a criança estiver batendo, mordendo ou empurrando outras crianças, é preciso se preparar para segui-la de perto em situações sociais e para interferir para manter as outras crianças seguras. Não fique ansioso, pois a criança irá perceber, mas permaneça perto dela ou sente-se no chão a seu lado para apoiá-la. Se for preciso, interfira gentilmente ou coloque a mão entre as crianças. Você pode reconhecer os sentimentos dela, enquanto detém o comportamento e separa as crianças.

Outra medida é limitar as saídas que possam deixar a criança pouco à vontade e desencadear esse comportamento (muitas crianças, ambiente barulhento etc.), pelo menos por algum tempo.

Observando o comportamento

A resposta de uma professora montessoriana a quase tudo é, primeiramente, observar para descobrir quais situações parecem causar o comportamento. Aqui estão algumas perguntas nesse sentido:

- **Momento.** Em que momentos o comportamento ocorre? A criança está com fome ou cansada?
- **Mudanças.** Os dentes dela estão nascendo? Houve alguma alteração na rotina, como a chegada de um novo bebê ou a mudança para uma casa nova?
- **Atividade.** O que ela está fazendo ou com o que está brincando que pode servir de gatilho?
- **Outras crianças.** Quantas crianças estão em volta? As crianças têm a mesma idade, são mais novas ou mais velhas?
- **Emoção sendo expressada.** Antes de apresentar esse comportamento, como ela estava? Alegre? Frustrada? Confusa?
- **Ambiente.** Analise o ambiente no qual o comportamento ocorre. Ele é agitado? É muito colorido ou estimulante demais? Há muita bagunça? Há muitos trabalhos artísticos de crianças

no recinto que possam representar uma carga sensorial forte? Ou ele é pacífico e sereno?
- **Adultos.** Como nós reagimos? Nós deixamos a situação mais tensa?

Evitando o comportamento

Ao observar, podemos achar padrões no comportamento infantil e identificar maneiras para apoiar a criança. Aqui estão alguns exemplos:

- **Fome.** Nos intervalos entre as refeições, dê à criança algum petisco mais consistente para ela não ficar muito esfomeada e relaxar seu sistema nervoso.
- **Nascimento dos dentes.** Ofereça vários brinquedos frios para ela morder.
- **Necessidade de explorar.** Deixe-a botar brinquedos na boca.
- **Ambiente excessivamente estimulante.** Diminua a quantidade de estímulos para tornar o ambiente mais calmo.
- **Barulho em excesso.** Tire a criança do lugar assim que notar o excesso de ruídos.
- **Transições.** A estrutura do dia é suficientemente previsível? A criança tem dificuldade com transições? Dê tempo suficiente para ela terminar o que estiver fazendo. Ela precisa brincar com liberdade e espontaneidade.
- **Protegendo sua atividade.** Ensine as palavras que ela pode usar. Ela pode pôr as mãos nos quadris e dizer, "Estou usando isso agora, mas daqui a pouco empresto para você".
- **Protegendo seu espaço pessoal.** Ajude a criança a evitar situações em que fique acuada ou sem espaço pessoal suficiente.
- **Brincadeiras equivocadas.** Algumas crianças podem morder para ser brincalhonas ou demonstrar amor e talvez não entendam que atirar framboesas na barriga de alguém pode ser irritante. Mostre outras maneiras de expressar afeto, como afagos ou até brincadeiras mais brutas com consentimento mútuo.
- **Aprendendo a interagir socialmente.** Se empurrar outra criança, ela pode estar querendo dizer "Vamos brincar?". Ensine a ela as palavras certas.

- **Problema de audição ou visão.** Um problema auditivo ou visual pode deixar a criança desorientada e fazê-la reagir com agressividade.
- **Necessidade de relaxar seu sistema nervoso.** Veja na página 192 ideias para relaxar o sistema nervoso da criança, como abraços bem fortes.

Crianças são muito sensíveis às nossas emoções, deste modo devemos nos manter confiantes e não oferecer sinais de preocupação quando há outras crianças ao redor. Nosso filho pode sentir nossa ansiedade, o que só piora seu desconforto.

Olhemos para elas todos os dias com um novo olhar. Essa fase difícil também vai passar.

O que fazer se as crianças batem/mordem/empurram?

É preciso deixar claro que permitimos todos os sentimentos. As crianças pequenas precisam expressar muitas coisas, mas não podem bater, morder e empurrar os outros. Admita seus sentimentos e tire-as da situação. Assim que se acalmarem, ajude--as a corrigir os erros, checar se a outra criança está bem, ofereça um lenço de papel se elas estiverem chorando ou mostre como pedir desculpas.

Aqui estão alguns exemplos:

"Você parece bravo, mas não posso deixar que me morda. Vou colocar você no chão." Verifique se o menino está seguro enquanto se acalma. Depois chame-o para ver se você está bem.

"Vamos ver se eu fiquei machucada? Sim, ficou um pouco vermelho aqui." Se você deu tempo suficiente para a criança se acalmar, geralmente ela irá querer esfregar o lugar machucado ou lhe dar um beijo.

Nós podemos ajudar o nosso filho a explicar o problema – por exemplo, que ele estava entretido com o brinquedo que a outra criança tomou à força.

As fases de bater, morder e empurrar requerem muita paciência e repetição. Precisamos nos lembrar de não levar seu comportamento para o lado pessoal e de ser o guia calmo durante essa fase difícil.

E se as crianças rirem após bater, morder ou empurrar?

Geralmente, as crianças estão testando um limite quando riem após bater, morder ou empurrar. Elas estão buscando uma liderança evidente e clareza sobre o que é certo e o que é errado. Devemos continuar interferindo – com calma e clareza – para deter o comportamento, em vez de lhes dizer para pararem de rir.

Todavia, se a risada gerar uma reação em nós, devemos dizer como ela nos incomoda e achar um lugar para se acalmar, caso seja necessário. "Quando você bate em mim, fico muito chateada. É importante me sentir segura. Vou fazer um chá para me acalmar e volto quando estiver me sentindo melhor."

E atirarem coisas?

Em geral, isso também é uma fase na qual as crianças querem tocar e explorar tudo ao seu redor.

- Observe se há padrões nesse comportamento.
- Tome medidas preventivas mudando as coisas de lugar ou deixando-as fora de alcance. É melhor retirar brinquedos de madeira que podem machucar alguém se forem atirados pela criança.
- Proporcione oportunidades para a criança atirar muitas coisas no parque ou ofereça itens macios em casa (meias são excelentes para esse propósito).
- Seja gentil, claro e consistente sobre o que a criança pode atirar. "Eu não posso deixar que você atire isso, mas você pode atirar esses saquinhos de feijão."

DESENVOLVENDO A CONCENTRAÇÃO

"O essencial é que a tarefa desperte tanto interesse que envolva toda a personalidade da criança."

— Maria Montessori, *Mente Absorvente*

Concentração não se resume a ficar ocupado e, na verdade, significa envolver todos os sentidos. Para ajudar uma criança pequena a desenvolver a concentração, comece observando no que ela está interessada e aprendendo a dominar. Desse modo, dê tempo, possibilidades e um ambiente preparado, e deixe-a repetir a atividade para aprofundar sua concentração.

Dicas para desenvolver a concentração

1. Evite interromper

Raramente comentamos demais sobre o que a criança está fazendo. Nomeamos as peças do quebra-cabeça, as cores e assim por diante. Confie na criança. Fique em silêncio quando ela estiver entretida com alguma coisa. Responda se ela recorrer a você.

Há vários outros momentos em que podemos falar usando uma linguagem rica: quando estamos explorando o mundo juntos, enquanto preparamos e saboreamos as refeições, e durante momentos de cuidados, como a hora do banho. Mas não quando ela está em um momento de concentração.

2. Veja o que elas repetem

Elas estão abrindo e fechando gavetas? Tirando e pondo objetos em cestas? Separando roupas? Apanhando objetos pequenos? Colecionando pedrinhas? Limpando o chão? Preparando comida? Essa repetição mostra no que estão interessadas.

Permita essa repetição. Pergunte se querem repetir quando acabarem. Proporcione oportunidades semelhantes com dificuldade crescente.

3. Menos é mais

Deixe poucas atividades disponíveis. Coisas que sejam muito fáceis ou difíceis devem ser postas em uma caixa fora de alcance e recolocadas nas prateleiras em outra ocasião. As crianças se concentram mais facilmente quando há menos coisas expostas. Fica evidente que atividades caíram em desuso ou estão sendo atiradas – um sinal claro de que devemos tirá-las de circulação e oferecer outra opção.

4. Ajude só na medida necessária

Caso nosso filho esteja tendo dificuldade, é melhor esperar para ver se ele consegue se virar sozinho. Quando ele estiver a ponto de desistir, podemos entrar em cena e oferecer uma ajudinha, depois recuamos para ver se ele vai em frente com a atividade e continua se concentrando. Por exemplo, podemos ajudá-lo a girar uma chave, sendo assim, damos espaço para ver se ele consegue abrir a caixa.

5. Reserve uma área para as atividades infantis

Uma esteira no chão ou uma mesinha ajudam uma criança a focar na atividade que ela escolheu. Quando ela seleciona uma atividade, nós podemos ajudá-la a levar esse conjunto para a esteira ou a mesinha.

Todavia, se ela já estiver entretida na prateleira, não devemos interromper sua concentração. Nossa interferência pode até fazê-la desistir da atividade.

LIDANDO COM A FRUSTRAÇÃO

É comum correr para ajudar nosso filho quando ele fica frustrado. A doutora Montessori costumava contar as contas de um rosário lentamente para não tomar atitudes precipitadas.

O empenho da criança é importante, pois ela ficará feliz em dominar atividades que representam um desafio, mas que não são tão difíceis a ponto de fazê-la desistir facilmente. É melhor esperar até ela estar a ponto de desistir, e então entrar em cena para dar uma pequena ajuda e recuar novamente.

Tipos de ajuda que podemos dar ao nosso filho:

- Mostrar a ele. "Quer que eu mostre para você?", "Quer um pouco de ajuda?". Então, mostramos lentamente (sem palavras) como, por exemplo, girar uma peça do quebra-cabeça até ela se encaixar.
- Dar uma dica verbal. "Você tentou girar assim?"

Às vezes, as crianças rejeitam ajuda e sua frustração se transforma em raiva, mas isso é normal. Ela tentará novamente em outra ocasião.

Quando apoiamos as crianças dessas maneiras, reconhecemos que a frustração faz parte do processo de aprendizagem.

QUANDO A CRIANÇA É DEPENDENTE DEMAIS

Algumas crianças não querem brincar sozinhas e não nos deixam sair de perto nem para ir ao banheiro. Quanto mais espaço desejamos, mais dependentes elas ficam. Pode haver muitas razões para esse comportamento:

- O temperamento dessas crianças, que preferem a segurança da companhia dos pais.
- Uma viagem, uma mudança na rotina ou na situação de trabalho, uma doença ou uma nova babá. Tais mudanças grandes podem deixar a criança precavida.
- Os pais estão prestando atenção em outra coisa. Por exemplo, quando estão preparando o jantar ou escrevendo um *e-mail*.
- A criança não consegue agir com independência por falta das habilidades necessárias ou do acesso ao que precisam, ou só confiam em um adulto para fazer as coisas por ela.

É normal crianças pequenas precisarem de supervisão e não conseguirem brincar sozinhas. É importante também pais e filhos passarem tempo juntos. Mas, se a criança estiver constantemente agarrada à sua perna e quiser ficar o tempo todo no colo, é preciso induzi-la a brincar sozinha por períodos mais longos.

- Primeiro, vocês brincam juntos. Depois você brinca um pouco menos, observa mais e deixa que ela lidere. Com o passar do tempo, fique sentado um pouco mais distante enquanto a observa.
- Dê atenção total a ela e saia por um momento, dizendo que irá à cozinha para esquentar água na chaleira, botar roupas na máquina ou algo semelhante, então volte. Saia de novo para fazer uma xícara de chá ou outra tarefa e volte. Isso faz a criança se acostumar que os pais vão e voltam.
- Quando ela quiser ficar com você, não se irrite, mas torne a situação um tanto tediosa.

Por exemplo, converse com os outros pais na festa de aniversário enquanto a criança está ao seu lado. Caso se sinta preparada, ela irá sozinha se juntar às outras crianças.

Façam coisas juntas

Inclua as crianças na vida cotidiana. Com o passar do tempo, elas começarão a brincar com mais independência, mas, por ora, aproveite que elas querem passar mais tempo com você.

- Providencie uma escadinha para elas ajudarem na cozinha.
- Deixe-as apertarem os botões na máquina de lavar roupas.
- Dê as meias para elas juntarem os pares enquanto você tira as roupas da máquina e assim por diante.
- Se a criança disse "Mamãe faz isso", dê uma ajudinha e pare para ver se ela consegue fazer o resto sozinha. De início, fique perto para que ela se sinta segura.

Entenda seu filho

- Veja as coisas pela perspectiva de seu filho e reconheça seus sentimentos. Em vez de dizer "Não se preocupe, tudo ficará bem", ofereça compreensão: "Você está com medo disso?". Isso não significa que você tem que resolver o problema, mas é uma forma de mostrar que você o entende.
- Abasteça o reservatório emocional da criança. Comece o dia fazendo um carinho e lendo livros para encher o tanque

emocional do seu filho antes de a rotina ficar agitada. Quando ele começar a ficar chorão, ao invés de querer mais espaço, faça um carinho para ajudá-lo a se reequilibrar.

- A "linguagem amorosa" infantil pode ser tocar ou passar tempo junto com os pais. Essa criança precisa de muito contato com os pais para se sentir amada. (Veja mais sobre ela em *As Cinco Linguagens do Amor*, de Gary Chapman.)
- Uma criança introvertida pode ficar acabrunhada com grupos. Inicialmente, ela precisa ficar com os pais até se soltar ou estes podem abreviar uma visita para atender às necessidades dela.

Faça a criança se sentir segura

- Ao chegar a um lugar novo, dê uma volta com a criança para ela conhecer o ambiente.
- Sempre diga aonde está indo, em vez de escapar. "Vou ao banheiro, mas volto em dois minutos." A criança pode chorar, mas no decorrer do tempo começará a confiar que os pais sempre voltam conforme disseram.
- Pode ser bom chegar um pouco mais cedo em festas ou atividades em grupo, pois algumas crianças ficam receosas de entrar em uma sala já lotada de crianças.

Gosto de pensar nas excursões das crianças como pétalas de uma flor, da qual nós somos o miolo. A princípio, elas farão pequenas excursões engatinhando até o outro lado da sala e voltando; andando mais longe à medida que ganham independência e voltando; depois indo para a escola e voltando; e, posteriormente, indo de bicicleta para o ensino médio e voltando para casa no final do dia.

Caso elas sejam dependentes, temos de ajudá-las a se sentirem seguras o suficiente para explorar, talvez só um pouco antes de elas se soltarem; gradualmente, elas irão explorar por mais tempo e ir mais longe, e, sendo assim, voltarão para nós. Embora meus filhos já sejam adolescentes, ainda sou um posto de controle importante para eles antes que saiam novamente para explorar mais longe.

TEMPO DIANTE DE TELAS

Na abordagem montessoriana, queremos oferecer aos filhos muitas experiências práticas em relação ao seu mundo. Telas não propiciam uma aprendizagem sensorial rica.

O *site Screen-Free Parenting* tem muitos dados úteis de pesquisas sobre telas, incluindo as seguintes:

- Crianças pequenas não aprendem linguagem com uma tela, e sim se relacionando com outros humanos.
- Telas prejudicam o sono e os níveis de atenção das crianças.
- Há preocupação com a saúde física – as crianças precisam passar mais tempo sendo fisicamente ativas e ao ar livre do que entretidas com telas.

O que os pais devem fazer

Para evitar a tentação, ponha as telas fora do alcance das crianças e também fique atento para não exagerar em seu uso quando elas estão por perto.

Caso elas se entediem em um café ou restaurante, leve-as para ver a equipe da cozinha em ação ou leve alguns livros e uma atividade para distraí-las.

Em vez de acalmar as crianças com uma tela, use as ideias no capítulo 6 para que elas aprendam a identificar seus sentimentos, se acalmar e a tirar lições de momentos difíceis.

Minha experiência pessoal com telas

Quando eram pequenos, meus filhos tiveram pouquíssima exposição a telas e brinquedos eletrônicos. A televisão não ficava ligada e, quando íamos a cafés, levávamos livros. De vez em quando, víamos alguns programas de televisão ou curtas selecionados criteriosamente.

Na escola Montessori que meus filhos frequentavam, havia dois computadores para 30 crianças na faixa etária a partir de 6 anos, e elas tinham de reservar hora se quisessem pesquisar alguma coisa.

Nessa época, decidimos permitir um tempo limitado para telas em casa. Escolhíamos cuidadosamente os programas e jogos que eles podiam ver ou usar, sempre com supervisão. Isso também nos deu uma ideia sobre o que seus amiguinhos conversavam na escola.

Muitos pais se preocupam que as crianças fiquem defasadas sem o uso de telas, mas meus filhos continuam sendo muito competentes com computadores. Por exemplo, conseguem montar um *site*, escrever apresentações e codificar jogos simples com programas básicos de codificação.

> Para mais ideias sobre os "por quês" e "como" limitar as telas, recomendo o livro *Toxic Childhood: How the Modern World Is Damaging Our Children and What We Can Do About It*, de Sue Palmer. É uma obra muito realista e proativa sobre os efeitos prejudiciais da tecnologia e outras modernidades sobre a infância.

BILINGUISMO

Como as crianças pequenas têm a mente absorvente e estão em um período sensível para a aquisição de linguagem, essa é a época ideal para expô-las a mais de um idioma. Elas absorverão outros idiomas com pouco esforço, ao passo que os adultos têm de se esforçar para prover linguagem de uma maneira consistente.

Se mais de um idioma for falado em casa, use a abordagem *One Person, One Language* (ou *Uma Pessoa, Um Idioma*). O pai e a mãe escolhem sua língua materna quando falam com a criança, ao passo que todos usam um "idioma familiar" previamente combinado.

Eis aqui um exemplo:

Uma família que morava em frente à nossa casa tinha uma criança. O pai falava italiano com a menina, a mãe falava alemão com ela e os pais se comunicavam em inglês. A menina também ia a uma creche bilíngue onde era exposta a neerlandês e inglês. Ela aprendeu com o pai a pedir maçã em italiano e em alemão com a mãe, e quando me via na rua, nós falávamos em inglês. (Atualmente, ela está em uma escola neerlandesa onde estuda a língua neerlandesa, continua a falar italiano e alemão em casa, e fala menos inglês, mas entende bem esse idioma.)

É possível também usar uma abordagem denominada *Domínios de Uso*. Isso significa combinar ocasiões e lugares para usar certos idiomas. Por exemplo, nos fins de semana a família opta por falar inglês; fora de casa eles falam o idioma local; e em casa falam as línguas maternas dos pais.

Informe-se sobre as metas de alfabetização de cada idioma da criança. Se a meta for capacitar a criança a estudar em um determinado idioma, ela precisa usá-lo durante 30 % da semana. Calcule as horas em que a criança está acordada e veja se é necessário aumentar sua exposição a algum idioma. Por exemplo, é bom haver um adolescente que leia e brinque com nosso filho naquele idioma, uma babá que fale esse idioma ou grupos de amiguinhos que usem o idioma. Seja criativo.

Alguns pais se preocupam com a possibilidade de o filho ter uma defasagem no desenvolvimento da linguagem se for criado como bilíngue. No entanto, pesquisas mostram que quando as crianças falam mais de um idioma não deve haver qualquer atraso na aprendizagem. Como comparação, uma criança monoglota de 1 ano e meio pode ter dez palavras; a criança bilíngue pode ter cinco palavras em um idioma e cinco palavras em outro. Então pode parecer que seu nível de linguagem é mais baixo, embora ela também possa dizer um total de dez palavras.

As pesquisas também não apoiam que os pais abandonem sua língua materna para estimular os filhos a aprenderem o idioma local. A língua materna precisa ser forte para que outros idiomas sejam adquiridos. É recomendável aumentar a exposição da criança ao idioma local para assegurar que haja fomento suficiente.

> Recomendo *A Parents' and Teachers' Guide to Bilingualism*, de Colin Baker, para quem tem dúvidas sobre bilinguismo ou quer aprender mais de um idioma.

Quando aplicamos os princípios montessorianos em casa dessa maneira, nós estamos aprendendo a ser o guia da criança. Sempre que necessário, somos gentis e claros. Nós a ajudamos a estruturar as habilidades necessárias e cultivamos a conexão com ela todos os dias.

PARA PRATICAR

1. Como aumentar a conexão com a criança durante os cuidados diários?
2. Como apoiar seu filho para comer/dormir/usar corretamente o banheiro? Dá para se livrar da ansiedade em relação a essas áreas?
3. Você consegue manter a neutralidade diante de conflitos entre irmãos?
4. Como desenvolver as habilidades de seu filho
   - para compartilhar?
   - para interromper um adulto?
   - se ele for uma criança introvertida?
   - se ele bater/morder/empurrar/atirar?
   - para aumentar a concentração?
   - para lidar com a frustração?
   - quando ele é dependente?

8 SENDO ADULTO

219 Preparação do adulto
220 Autocuidado físico
221 Cultivo de uma mentalidade de aprendizagem constante
221 Comece e encerre bem o dia
223 Pratique a presença
224 Observação
225 Abasteça seu reservatório emocional e o do seu filho
226 Desacelere
228 Seja o guia da criança
229 Use a casa como uma fonte de ajuda
230 Seja sincero
231 Assuma a responsabilidade por sua vida e escolhas
232 Aprenda com seus erros
232 Celebre onde vocês estão
233 Autoconhecimento
234 Continue praticando

PREPARAÇÃO DO ADULTO

A doutora Montessori era muito ciente do trabalho que os adultos precisam fazer consigo mesmos, algo que ela chamava de *preparação do adulto*. Como ser o melhor exemplo para nossos filhos? Como manter a calma com uma criança imprevisível? Estamos influenciando alguma forma na situação? Quais questões não resolvidas estão aflorando aqui?

A meta não é sermos pais perfeitos. Quando tentava ser ou parecia a mãe perfeita, ficava estressada e desconectada da minha família, pois vivia me preocupando com tudo. A meta real é se divertir e se sentir à vontade com a família a partir do ponto atual. Talvez algumas dessas ideias nos ajudem a ser pais a partir de um ponto mais calmo, para que possamos apoiar e guiar os filhos pequenos.

Nós não conseguimos mudar nosso parceiro, apenas como reagimos a ele, e isso se aplica às crianças. Quem diria que a parentalidade se tornaria uma jornada quase espiritual?

E que jornada incrível! Às vezes, penso que seria maravilhoso saber disso antes de me tornar mãe. Mas só sabemos uma infinidade de coisas quando temos filhos. Então, penso no quanto cresci junto com meus filhos – que eles me veem tentando, errando, tentando de novo e melhorando um pouco, constantemente aprendendo e crescendo.

O que aprendi certamente não funciona para todas as famílias e nem pretendo ensinar a outras pessoas como devem levar suas vidas. No entanto, gostaria de partilhar algumas práticas que me ajudaram como mãe e professora montessoriana, incluindo pedir desculpas e "refazer" algo quando cometo um engano.

AUTOCUIDADO FÍSICO

Desempenhamos o nosso melhor quando mantemos o corpo, a mente e a alma fortes e saudáveis. Para cuidar bem de nossas famílias, precisamos também nos cuidar bem.

Precisamos de uma alimentação saudável. De movimentar-nos (talvez pedalar pela cidade ou correr atrás do filho no parque). Tire um tempo fora de casa todos os dias. Talvez banhos longos à noite quando ninguém irá perturbar. Devemos sempre achar novas maneiras de aumentar a diversão e a paz no dia a dia.

Não se sinta culpado quando se coloca em primeiro lugar, pois esse é um ótimo exemplo para os filhos também se cuidarem.

Se você estiver cansado ou esgotado, procure ajuda. Ultrapassar o próprio limite não é uma opção sustentável a longo prazo. A ajuda pode vir de uma babá, uma avó, uma amiga e do seu parceiro. A criança aprenderá que há outras pessoas especiais em sua vida, nas quais confiamos e com quem estará segura. Assim, todos saem ganhando.

Caso esteja se sentindo muito desanimado ou deprimido, consulte um médico, ao menos para saber que opções são disponíveis. Procurei um médico quando meus dois filhos tinham menos de 2 anos, pois temia estar com depressão. Foi bom ter alguém com quem conversar e que cuidasse de mim enquanto estava tão ocupada cuidando dos outros. Se a depressão for preocupante, um médico indicará as providências necessárias.

CULTIVO DE UMA MENTALIDADE DE APRENDIZAGEM CONSTANTE

Da mesma forma que ninguém consegue um trabalho pago sem um treinamento específico, esperamos que os professores de nossos filhos continuem se aprimorando profissionalmente. Como pais, nós também devemos continuar sempre aprendendo. (Ao ler esse livro, você já está cultivando uma mentalidade de aprendizagem constante enquanto cria seu filho.)

Além disso, devemos:

- aprender mais sobre o desenvolvimento singular dos filhos.
- pesquisar particularidades preocupantes dos filhos e obter o apoio necessário.
- fazer um treinamento de disciplina positiva ou um curso de comunicação não violenta.
- explorar muitos livros e recursos. (Veja minhas recomendações nas páginas 266 e 267). Ouça também *podcasts* e *audiobooks*.
- ler e aprender coisas não relacionadas a criar filhos. Os pais também precisam ter uma vida rica à parte.
- aprender a seguir a própria intuição. O cérebro racional é muito forte hoje em dia, sendo assim, desligá-lo e ouvir a intuição – aquela voz interior tranquila – é outra habilidade que devemos praticar.

COMECE E ENCERRE BEM O DIA

Meus rituais matinais e noturnos provavelmente têm um grande efeito sobre meu desempenho como mãe. Eles não são rígidos, mas geralmente são bem consistentes, e me ajudam a ser intencional sobre como vivo cada dia, em vez de reagir ao que a vida me reserva. Se eu entrar em um bom "alinhamento" no início do dia, me mantém bem até o final.

Mesmo quando meus filhos eram pequenos, eu tentava acordar meia hora antes do que todos em casa, para ter algum tempo tranquilo sozinha.

Caso não consiga acordar antes do resto da família, pense em criar uma rotina matinal agradável que inclua os outros membros, o que abrange chamegos, ler livros, tomar o café da manhã juntos, ouvir músicas alegres ou tomar uma xícara de café ou chá enquanto todos se preparam para o dia.

Quando acordo antes do resto da família, é assim que aproveito o tempo:

- Fico meditando em minha cama – é impossível não se beneficiar com isso. Certos dias noto que minha mente está acelerada, mas em outros consigo focar mais tempo em minha respiração. Essa prática me ajuda muito a ser menos reativa durante o dia. Há dias em que consigo voltar àquela bolha de paz em que estive de manhã.
- Passo cinco minutos escrevendo:
  - coisas que aprecio e às quais sou grata.
  - algumas coisas que tornariam o meu dia melhor (coisas sobre as quais tenho controle e são tão simples quanto tomar uma xícara de café ou me sentar nos degraus na parte externa da casa).
  - minha intenção para o dia (por exemplo, manter a tranquilidade, escutar os outros ou ficar em uma sintonia de amor e conexão).
- No tempo restante, começo a me vestir antes de ouvir o som adorável dos pés das crianças se aproximando.

Caso seja interrompida antes de estar pronta e ouça os sons dos meus filhos vindo em minha direção, tento pensar que isso é um lembrete do quanto sou afortunada por ter uma família adorável.

Para encerrar o dia, tomo banho e leio um livro, depois anoto três coisas boas que aconteceram e a intenção para o dia seguinte.

Apesar da correria, é possível conseguir mais tempo caso isso se torne uma prioridade. Faço isso antes de ler as notícias e checar as redes sociais, o que faz uma grande diferença no sentido de ser a melhor versão de mim mesma.

Reserve algum tempo para pensar quais rituais matinais e noturnos são mais benéficos para você. Assim como cuidamos das nossas famílias, precisamos cuidar do nosso próprio bem-estar.

PRATIQUE A PRESENÇA

Como adultos e pais com tantas obrigações, é difícil estarmos presentes enquanto tentamos ser tudo para todas as pessoas e somos empurrados em muitas direções.

Aqui estão algumas práticas para estar presente:

- **Foque em uma tarefa de cada vez.** Não ouço direito meus filhos falando sobre seu dia quando estou de costas para eles e preparando alguma coisa na cozinha. É melhor para todos se eu disser que adoraria ouvi-los assim que terminar o que estou fazendo. Ou então, deveria parar, escutar e depois terminar o que estava fazendo.
- **Use um caderno.** Sempre tenho alguns cadernos para anotar coisas que me vêm à cabeça enquanto estou dando aula ou jogando um jogo de tabuleiro com as crianças. Tudo o que anoto é relido depois. Eu "processo" as anotações depois, deixando minha mente livre para estar presente.
- **Use tecnologia conscientemente.** Adoro tecnologia, mas reconheço que raramente nos desligamos dela. Logo, escondo frequentemente meu celular no quarto, para não checá-lo toda hora ou assim que ele soa. Toda vez que pego o celular para uma tarefa, inevitavelmente começo a olhar outro aplicativo.
- **Acalme a mente.** Devido à tecnologia e à nossa mente acelerada, é muito difícil estar no aqui e agora. Nós recordamos continuamente momentos do passado e fazemos planos para o futuro e, assim, perdemos o prumo.

Aqui, neste momento, não há nada para se preocupar. Segure esse livro, inspire e depois expire. Por essa fração de tempo, não pense em nada. Esteja presente. Imóvel. Adoro quando minha mente se aquieta dessa forma.

Com a prática, é possível passar mais tempo nesse espaço pacífico.

Quanto mais praticamos abrir espaço para esses momentos, fica mais fácil desacelerar, observar nosso filho e ver as coisas por sua perspectiva. Quanto mais tempo despendemos achando um espaço calmo em nosso interior, fica mais fácil voltar àquele espaço necessário para ser um líder calmo para a criança durante um momento difícil.

Adivinhe quem é craque em estar no momento presente e nos ajuda a praticar isso? As crianças.

Lembre-se de como elas gritam de empolgação quando ouvem o som de um avião, como acham flores para colher no lugar mais inesperado e como enfiam os dedos dos pés na grama do parque.

Siga-as e aprenda.

OBSERVAÇÃO

Conforme abordamos no capítulo 5, a observação é uma ferramenta muito usada pelos professores montessorianos. Nós também conversamos sobre fazer observações factuais em casa, a fim de não nos atermos a julgamentos, preconceitos e outras análises.

Estou repetindo essas informações aqui pois a observação ajuda a:

- não julgar a situação e não ser movido pelo comportamento da criança, e assim, responder em vez de reagir. (Em vez de "Ela está sempre derrubando a tigela no chão", observe "A tigela caiu no chão".);
- ver a criança objetivamente, com um novo olhar;
- estar mais presente e notar mais detalhes sobre a criança e o mundo ao nosso redor;
- conectar-se com nosso filho, à medida que vemos as coisas por sua perspectiva e o compreendemos melhor.

Caso fique intrigado, pegue o caderno e observe, mas, se estiver com as mãos ocupadas, não faça anotações. Abstenha-se de analisar e desfrute o momento observando seu filho.

ABASTEÇA SEU RESERVATÓRIO EMOCIONAL E O DO SEU FILHO

Todas as pessoas têm um reservatório emocional, o qual fica abastecido quando nos sentimos seguros, amados e aceitos. Todavia, é preciso reabastecê-lo continuamente. Quando negligenciamos nosso reservatório emocional, nos tornamos mais reativos.

Somos responsáveis por abastecer os próprios reservatórios, por nos cuidarmos e por assegurar que estamos recebendo a ajuda e o apoio necessários. Nossos companheiros não são as únicas pessoas que podem ajudar nisso. Com um pouco de criatividade, descobrimos várias maneiras de abastecer esse reservatório.

Algumas ideias:

- faça uma xícara de chá ou café;
- ponha música pra tocar;
- converse por vídeochamada com os avós;
- vá para fora da casa;
- convide amigos para uma refeição;
- faça alguma coisa gostosa no forno;
- dê um jeito de sair à noite (sozinha, com seu companheiro ou com amigos);
- faça um rodízio com uma amiga para cuidar dos bebês de ambas.

Quando nosso reservatório está cheio, é mais fácil abastecer o reservatório do nosso filho por meio da conexão – fazer com que ele sinta o pertencimento, importância e aceitação que abordamos no capítulo 5. Basta passar um tempo lendo livros com ele, aconchegar-se e passar um tempo de qualidade juntos. Isso enche o "reservatório" emocional do nosso filho (e o nosso) e o ajuda a ser mais receptivo e menos reativo ao longo do dia.

DESACELERE

Ir lentamente é algo importante para implantar na vida cotidiana, a fim de conviver mais tranquilamente com uma criança pequena, crianças maiores e toda a família.

Vivemos em um cotidiano agitado e nos preocupamos em não dar conta de alguma coisa. Mas sei o quanto aproveito melhor os dias quando desacelero e uso todos os meus sentidos: farejo a chuva no ar antes de uma tempestade, sinto o vento no rosto enquanto pedalo pela cidade, saboreio cada aspecto da comida em vez de engolir com pressa e assim por diante.

É preciso ponderar sobre o que realmente é importante para si mesmo, o que se pode esperar e o que absolutamente não irá acontecer.

Para mim, ir lentamente significa:

- sentar-me e tomar uma xícara de chá quando chego em casa após as aulas, em vez de encarar imediatamente as numerosas tarefas que estão me aguardando;
- colocar alguma música para tornar o momento mais precioso;
- preparar com prazer uma comida saudável e comer usufruindo os sabores;
- não anotar um excesso de coisas na agenda para não ter de correr de uma coisa para a outra;
- dizer muitos "nãos" para poder dizer "sim" para mais tempo com minha família, amigos e, às vezes, ao sofá;
- ser seletiva naquilo em que me envolvo, escolhendo apenas coisas que aprecio e que terão o maior impacto;
- ler todas as noites;
- viajar no fim de semana para lugares novos e localizados na natureza para recarregar as energias, absorvendo cada detalhe em vez de ficar ansiosa para ver tudo – quanto mais simples, melhor.

As crianças pequenas apreciarão nosso ritmo mais lento, pois isso facilita na absorção do conhecimento e tudo o que está ao seu redor.

Aqui estão alguns exemplos:

- Deixe que as crianças se vistam e, caso precisem de ajuda, você mostra cada passo com movimentos lentos e precisos.
- Desacelere ao mostrar para elas como se carrega uma cesta ou uma bandeja – use as duas mãos para que elas tenham êxito ao tentar.
- Mude lentamente as cadeiras de lugar com as duas mãos.
- Quando vocês cantarem juntos, cante e faça os gestos lentamente. Isso dá tempo para as crianças processarem e se envolverem mais na atividade.
- Se pedir para a criança fazer algo, como sentar-se para comer, conte mentalmente até dez antes de repetir, para que ela tenha tempo de processar o pedido.
- Estimule calmamente a curiosidade infantil (veja o capítulo 5) – vá no ritmo da criança, sem apressá-la, poupe mais tempo para brincadeiras e exploração.

Para você ter mais ideias, recomendo o livro *Devagar — Como um Movimento Mundial está Desafiando o Culto da Velocidade*, de Carl Honoré. Não se trata de uma obra científica, porém mostra outros gêneros de filosofia relativos ao movimento em prol da lentidão. **Alerta de spoiler!** O capítulo final é o meu favorito, pois conclui que o ideal é ir lentamente na maior parte do tempo, porque quando for preciso apressar as crianças, elas serão mais cordatas.

Por fim, a menos que a criança esteja em perigo imediato, geralmente há tempo suficiente para contar mentalmente até três antes de reagir a qualquer situação. Lembre-se da doutora Montessori contando as contas do rosário antes de se precipitar para ajudar. Vá com calma.

Isso permite **responder em vez de reagir.**

> **SEJA MEU GUIA**
> **EU NÃO PRECISO DE UM EMPREGADO NEM DE UM CHEFE**

SEJA O GUIA DA CRIANÇA

Quando meu filho tinha 1 ano, li o livro *Como falar para seu filho ouvir e como ouvir para o seu filho falar*. (Eu me refiro a ele várias vezes ao longo desse livro, o que indica o efeito que continua tendo sobre mim.)

A maior descoberta que esse livro me proporcionou foi que meu papel como mãe não é correr para resolver cada problema para os meus filhos. O certo é estar ali para apoiá-los, ser um porto seguro para que extravasem as frustrações que tiveram no dia.

Isso é uma mudança enorme e tira um peso imenso das minhas costas. Nós somos os guias das crianças, plantamos as sementes, então deixamos que elas cresçam. Somos seu pilar, ajudando sempre que necessário, mas o mínimo possível.

Um guia:

- oferecer espaço para a criança se virar sozinha;
- estar disponível sempre que necessário;
- é respeitoso, gentil e claro;
- ajuda a criança a assumir responsabilidade sempre que necessário;

- proporciona um ambiente rico e seguro para ela explorar;
- escuta;
- responde, em vez de reagir.

Nós não precisamos ser um chefe dando ordens, dirigindo ou ensinando tudo o que as crianças precisam aprender, nem precisamos ser um criado que faz tudo por elas.

Devemos apenas ser seu guia.

USE A CASA COMO UMA FONTE DE AJUDA

Assim como uma professora montessoriana usa o ambiente da sala de aula como um assistente (veja o capítulo 2), nossas casas podem ser devidamente preparadas para nos ajudar. Já abordamos essas informações detalhadamente no capítulo 4, mas agora retomarei algumas ideias, para ilustrar como as mudanças que fazemos para apoiar nosso filho nos apoiam também.

Quando estamos cansados, é hora de procurar maneiras para que nossa casa faça boa parte do trabalho por nós. Aqui estão alguns exemplos:

- Caso seu filho esteja muito dependente de você, busque maneiras de torná-lo mais independente no cotidiano.
- Toda vez que fizer algo para a criança que ela poderia fazer sozinha, tente fazer uma pequena mudança para ela conseguir se virar sozinha, aliviando um pouco seu fardo. Por exemplo, deixe uma concha no recipiente de cereal para que a criança se sirva no desjejum. Se ela tira todos os lenços de papel da caixa e joga no chão, deixe poucos lenços em um pratinho e deixe a caixa fora de alcance. As opções só são limitadas por sua imaginação.
- Se você estiver dizendo "não" com muita frequência, busque maneiras de mudar o ambiente.
- Se estiver despendendo muito tempo arrumando a casa, diminua a quantidade de brinquedos disponível. Faça outras seleções criteriosas, observe o que deixou de ter interesse para

a criança e apoie as habilidades necessárias para ela arrumar a bagunça sozinha.

SEJA SINCERO

Nossos filhos aprendem mais nos observando do que com as admoestações para que se comportem bem. Deste modo, é fundamental dar o exemplo de honestidade para que eles aprendam que ser sincero é um valor importante na família e que até mentirinhas inofensivas são inaceitáveis.

Eu diria que a maioria das pessoas se considera honesta, mas eventualmente conta mentiras inofensivas:

- "Diga a ela que estou no telefone." (Quando a pessoa não quer falar com alguém.)
- "O que eu achei de seu corte de cabelo? Ficou excelente." (Quando a opinião é justamente a oposta.)
- "No momento, estou sem dinheiro." (Para uma pessoa pedindo dinheiro na rua.)

Seria mais correto dizer:

- Para um telefonema indesejado "Agora estou cansada. Posso ligar para você amanhã?" ou "Você pode me enviar um e-mail?"
- Sobre o novo corte de cabelo de alguém "Que bom que você ficou satisfeita".
- Para um pedinte na rua "Hoje não, mas boa sorte" ou "Quer que eu compre algumas frutas para você na quitanda?"

Ser gentil e sincero é mesmo difícil e demanda esforço dar o exemplo.

ASSUMA A RESPONSABILIDADE POR SUA VIDA E ESCOLHAS

Há muitas coisas difíceis e desafiadoras na vida que não podemos mudar, mas é preciso admitir quando alguns contratempos são consequência das escolhas que fizemos.

Se optarmos por morar em uma casa com jardim, isso implica manutenção constante. Se optarmos por morar em uma cidade cosmopolita, isso implica aluguéis caros. Se quisermos uma educação não tradicional para nossos filhos, isso requer bastante dinheiro. Nós não temos de mudar essas escolhas. Na verdade, somos afortunados por poder fazer escolhas sobre essas questões, mas é preciso aceitar as responsabilidades resultantes dessa variedade de possibilidade que temos.

Devemos também mostrar aos filhos que assumimos a responsabilidade por nossas escolhas, comentando em voz alta quando estamos com um problema frustrante. "O trem está atrasado de novo! Sou grata por viver em uma cidade com transporte público, mas hoje não estou com muita paciência. Da próxima vez vamos sair de casa mais cedo." Podemos nos observar com neutralidade e um certo distanciamento, assim nos acalmamos e ajustamos a perspectiva.

O ideal seria eliminar todos os "deveríamos" e fazer apenas as coisas que queremos. "Eu deveria passar essas camisas." "Eu deveria fazer o jantar das crianças." "Eu deveria retornar a ligação dela." "Eu deveria prestar mais atenção nos meus filhos."

Não estou dizendo que você não deva fazer o jantar ou prestar atenção em seus filhos, e sim sugerindo que prepare o jantar porque quer fazer uma refeição nutritiva para as crianças. Assuma essa escolha. Preste atenção em seus filhos porque deseja que eles cresçam se sentindo seguros e aceitos. Assuma isso também.

Toda vez que dizemos "deveria", precisamos refletir se a tarefa em questão é realmente importante. Afinal, podemos ser criativos e mudar essa situação. Podemos encarar coisas que não podemos mudar como oportunidades para usar a criatividade. Quem trabalha em tempo integral pode aplicar essas ideias nos fins de semana, durante as refeições, na hora do banho e na hora de sair de manhã. Se não houver condições de arcar com uma escola que ofereça o ambiente perfeito, procure uma que combine com os valores de sua família. Se não encontrar, continue aplicando os princípios desse livro em sua vida cotidiana.

Devemos refletir sobre o que é importante e preservá-lo. Quando nos apropriamos de nossa vida e escolhas, ficamos no comando do navio que é viver, em vez de puxar as cordas estupidamente contra a tempestade.

APRENDA COM SEUS ERROS

Quando cometemos um erro, é fácil botar a culpa em alguém ou algo externo. Por exemplo, a criança nos enlouquece e aí perdemos a cabeça, ou o mapa era confuso e aí pegamos o caminho errado. Assim como assumimos nossas escolhas, é preciso também assumir nossos erros. Há dias em que estamos sem paciência, que entendemos mal as coisas, que fazemos algo decepcionante para os nossos filhos, para o nosso companheiro ou para nós mesmos.

Cometer erros implica pedir desculpas e pensar sobre o que poderíamos ter feito de outra forma. Sempre digo a meus filhos e a outras pessoas "Sinto muito. Eu não deveria ter... Eu deveria ter dito/feito..." Isso estabelece um exemplo mais forte para os filhos do que botar a culpa em outra pessoa. Eles veem que nós aprendemos com nossos erros e que estamos sempre tentando fazer as melhores escolhas.

Tambén que ninguém é perfeito, nem mesmo seus pais.

CELEBRE ONDE VOCÊS ESTÃO

É comum os adultos estarem tão ocupados tentando melhorar as coisas que se esquecem de refletir sobre o presente. Eu mesma estou ciente de que me esqueço de reconhecer e aceitar onde estou agora, enquanto estou lutando para aprender mais e ser um exemplo melhor para meus filhos.

Frequentemente esquecemos de dizer a nós mesmos que somos suficientes. Estamos fazendo o nosso melhor.

Gosto de imaginar que todos nós somos como copos cheios de água. Em vez de querer que os outros – o companheiro, os filhos, o trabalho – encham nosso copo, estamos repletos do jeito que somos. Isso me dá um grande alívio. Não significa que eu pretenda parar de aprender e melhorar, mas que me sinto bem com quem sou hoje e posso ser cada vez melhor para aqueles em minha vida, incluindo meus filhos.

Também gosto de pensar que as crianças são copos cheios e que estão fazendo o melhor possível em sua fase atual. Nós devemos apoiá-las sem nos frustrarmos nem ficar bravos com elas.

AUTOCONHECIMENTO

Ser pai e mãe dessa maneira requer um aumento de autoconhecimento. Na formação Montessori, isso é parte da auto-observação.

Precisamos **reconhecer quando nossos limites estão prestes a ser testados** e afirmá-los com gentileza e clareza. Se deixarmos a situação piorar e ficarmos irritados, é quase impossível interferir calmamente e dar uma orientação clara.

É correto ter limites. Faz parte de estar ciente de si mesmo e das próprias necessidades, e de equilibrá-las com as necessidades de nossos filhos e de outras pessoas na família. (Veja o capítulo 9 sobre trabalhar juntos com outros.)

Quando **perdemos o controle**, devemos nos observar. Estamos assumindo o problema do nosso filho? Ele desperta algo que desprezamos em nós mesmos?

Portanto, esse é o momento de analisar objetivamente a situação ou anotar para refletir mais tarde quando você estiver calmo. Tenha autocompaixão, veja que necessidades suas não estão sendo atendidas (por exemplo, necessidade de conexão ou de ser cuidado), e reflita de que modo é possível atender tais necessidades.

Depois podemos voltar a ser o guia, o líder confiante, o pilar necessário para o nosso filho.

CONTINUE PRATICANDO

Todas as ideias desse livro requerem prática. Ser dessa maneira com seu filho é como aprender um novo idioma. Continuo praticando enquanto meus filhos estão se tornando jovens adultos e em minha atuação como professora montessoriana há anos.

A cada dia fica mais fácil e mais natural.

> "A criança se desenvolvendo harmoniosamente e o adulto se aperfeiçoando formam um quadro muito empolgante e atraente... Esse é o tesouro de que precisamos hoje em dia – ajudar a criança a se tornar independente de nós e a trilhar sozinha seu caminho e, em retorno, receber suas dádivas de esperança e luz."
>
> — Doutora Maria Montessori, *A Educação e a Paz*

PARA PRATICAR

1. O que lhe deixa equilibrado durante o dia? Você está feliz? Suas necessidades estão sendo atendidas?

2. Você consegue estar mais presente?

3. Você consegue deixar de ser o chefe ou criado de seu filho para ser seu guia?

4. É possível usar a casa para poupar trabalho?

5. Você está culpando os outros pela situação atual? Você assume a responsabilidade por suas escolhas? Ou muda as escolhas?

6. Podemos celebrar quem somos hoje?

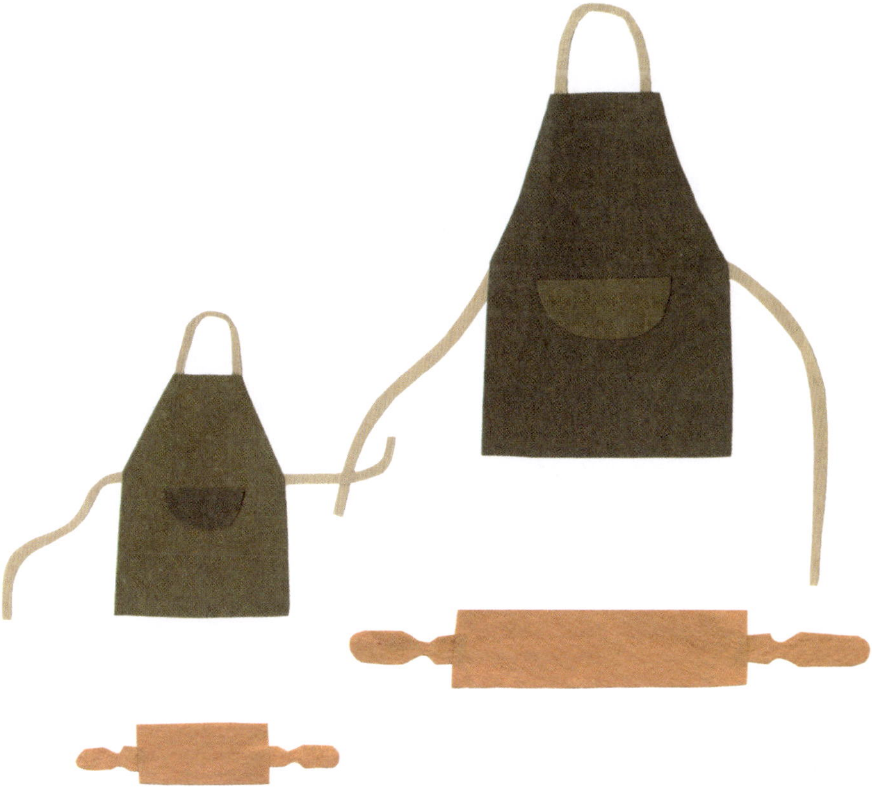

9

TRABALHANDO JUNTOS

237 E as pessoas no entorno?
238 Pais também são pessoas
238 Preferência por um dos pais
239 A chave para a família atuar em conjunto
241 Envolvendo toda a família
243 Avós e cuidadores
244 Quando há conflito na família
245 *Divórcio* não precisa ser um palavrão

E AS PESSOAS NO ENTORNO?

Nós não criamos os filhos sozinhos. Há muitos tipos de famílias – casais heterossexuais legalmente casados, parceiros, pais e mães solteiros, crianças que moram com os avós, com pais homossexuais, divorciados ou de formações culturais distintas e assim por diante. A variedade de constelações familiares só aumenta à medida que a sociedade evolui.

Seja qual for a constelação familiar, nós também vivemos no contexto das pessoas ao nosso redor – a família estendida. Além dos parentes, há também os amigos próximos, os amigos dos grupos de pais, amigos da escola e as pessoas do comércio local. Todas elas fazem parte da vida da nossa família.

Muitas questões surgem quando criamos filhos sozinha, com um parceiro ou com a família estendida.

- Talvez você leia esse livro e deseje que sua "família" também tente algumas das ideias aqui mencionadas. Como é possível envolvê-la nesse projeto?
- Aliás, quais são os valores de sua família?
- Você ouve e fala com sua família assim como com seu filho?
- Como ficam os sentimentos dos adultos nessa abordagem focada na criança?
- E se a criança preferir o pai ou a mãe?
- E como a avó ou a babá podem aplicar essa abordagem?
- Como ter os pais separados afeta a criança? E como essa experiência pode ser positiva para ela?

Todas essas questões são importantes e aqui estão alguns pensamentos alinhados com a abordagem Montessori que servem como ponto de partida.

PAIS TAMBÉM SÃO PESSOAS

É fácil fazer a vida girar em torno das crianças. Os adultos põem as próprias necessidades em suspenso ou sentem culpa quando fazem algo em prol de si mesmos.

Todavia, todos nós merecemos ter nossas necessidades atendidas. Seguir a criança não implica abrir mão de si mesmo. Trabalhe junto com seu filho. Seja assertivo quando necessário.

Nós damos bastante liberdade aos nossos filhos, mas também podemos expressar nossas necessidades – por exemplo, ficar em paz à noite enquanto as crianças dormem. (Veja a tabela de sentimentos e necessidades na página 284).

Reservar tempo para o relacionamento adulto. Temos também um relacionamento muito importante com o companheiro ou companheira. Sem ele ou ela, talvez nem tivéssemos filhos. Contudo, muitas vezes nos esquecemos de priorizá-lo(a).

Certa vez ouvi um exemplo interessante de uma família francesa com filhos. Quando o pai voltava do trabalho para casa à noite, o casal se sentava, tomava um cálice de vinho e conversava por cerca de dez minutos em vez de correr para preparar o jantar e cumprir a rotina noturna usual. O casal não se precipitava para atender os filhos durante esse momento. Assim, seus filhos aprenderam que esse era o momento especial dos pais e que o relacionamento deles era muito importante.

Entenderam que seus pais também são pessoas.

PREFERÊNCIA POR UM DOS PAIS

Pode haver fases em que as crianças pequenas, e mesmo as maiores, preferem o pai ou a mãe. Elas só querem essa pessoa para lhes dar banho, ler, vestir e levar para a cama.

Caso se prolongue, pode ser incômodo ou alienante para o outro responsável.

Não há uma abordagem única para essa situação, mas aqui estão alguns pontos para reflexão.

A criança está em busca de uma reação? Eu acho que em muitos desses casos a criança pequena está em busca de clareza e testando os limites, mas não é preciso reagir ou ceder às suas demandas. Se ela rejeita um dos pais, este pode admitir gentilmente os sentimentos dessa criança pequena. "Você queria outra pessoa para ajudá-lo, mas hoje sou eu que estou lhe ajudando." Permaneça calmo, gentil e confiante.

Averigue mudanças em casa. Se um dos pais tem viajado muito ou se houve uma alteração importante como a chegada de um novo bebê ou a mudança para outra casa, talvez a criança só esteja tentando ganhar algum controle quando tudo o mais saiu. Isso não significa que é preciso mudar os cuidadores para atender às suas demandas. Mas ela pode precisar de mais compreensão e carinho, e cabe aos adultos ver as coisas pela perspectiva dela.

A CHAVE PARA A FAMÍLIA ATUAR EM CONJUNTO

Acredito que a chave para a família atuar em conjunto é reconhecer que cada um tem as próprias necessidades e ser criativo para assegurar que todas elas sejam atendidas. Embora não seja fácil, é possível. Ou pelo menos é preciso iniciar uma conversa a esse respeito.

Trabalhando com o filho

O adulto está no comando, mas a criança pode participar na resolução dos problemas.

"Você quer continuar brincando aqui fora, mas agora eu vou entrar. **Como podemos resolver o problema?**" Dá para fazer isso até com crianças que ainda não sabem falar. Reveja o capítulo 6 para sugestões específicas.

Trabalhando com o parceiro

Acredito que, com flexibilidade e compreensão, é possível atender às necessidades de todos.

Vamos tomar como exemplo uma tarde típica no fim de semana. É preciso ir ao supermercado, mas as crianças querem ir ao parquinho, seu companheiro quer tirar uma soneca e você gostaria de encontrar uma amiga para um café.

Em vez de subornar as crianças dizendo "Se vocês forem boazinhas, nós vamos ao parque", planeje alguma coisa que **não seja condicional** para cada um. Vá ao supermercado sem as crianças e depois leve-as ao parquinho enquanto seu companheiro dorme. Ou encomende as compras online e convide sua amiga para ir à sua casa enquanto as crianças brincam e seu companheiro dorme. Qualquer combinação ou solução é possível.

Trabalhando com os outros

Outras pessoas cuidarão das crianças além de nós. Isso inclui uma avó ou babá, uma creche ou escola.

Ao constatar que os pais confiam em outras pessoas para cuidar delas, as crianças aprenderão a confiar nos outros, e aprenderão muito com o conhecimento de mundo desses cuidadores. O mundo das crianças será enriquecido com essas interações.

Quando encontramos alguém de confiança para cuidar do nosso filho, ele sentirá isso. O melhor conselho que recebi da professora dos meus filhos na pré-escola montessoriana foi para me despedir deles de forma rápida e positiva. "Divirtam-se bastante que volto depois da hora da contação de histórias." Acho que dizia a mesma coisa todos os dias, o que era tranquilizante para mim e para eles também. Na saída da escola, esperava por eles pronta para dar um abraço e lhe dizia "É bom demais ver vocês". Não dizia o quanto senti sua falta, pois isso é uma carga muito pesada para crianças pequenas.

As crianças precisam entender a mensagem de que seus pais confiam naquela pessoa e assim também criam confiança.

Elas também precisam confiar em nós nesse processo, para que não fiquem tristes quando dissermos que estamos saindo. É melhor para elas do que os pais saírem sem avisar. Nesse caso, ao notar a ausência dos pais, elas não conseguem entender para onde foram nem quando vão voltar.

ENVOLVENDO TODA A FAMÍLIA

É impossível mudar outras pessoas, sejam nossos filhos, nosso companheiro ou nossa família. Nós queremos que eles adotem as ideias montessorianas, mas não podemos obrigá-los nem devemos nos exasperar.

Comece consigo mesmo. A melhor coisa a fazer é continuar praticando. Em geral, as pessoas notam nosso estilo diferente de parentalidade e pedem mais informações. "Notei que você não gritou com seu filho quando ele estava aprontando no parquinho. Você pode me contar mais sobre esse método?" Nós somos exemplos não só para nossos filhos, mas para outras pessoas ao nosso redor. Algumas ficarão curiosas e perguntarão, porém nem todas, mas nada disso é um problema.

Ache maneiras distintas de partilhar informações. Repasse um artigo curto. Conte a história de alguém que esteja adotando uma abordagem semelhante. Ache um programa de rádio ou episódio de *podcast* que aborde um aspecto relevante. Repasse esse livro. Encaminhe uma notícia. Assista a um curso online com as pessoas interessadas. Convide-as para uma oficina presencial em uma escola Montessori. Mantenha conversas. Libere constantemente pequenas doses de informações fáceis de digerir, em um ritmo que deixe as pessoas abertas para tentar.

Observe como você conversa com a família. Embora queira que sua família fale com seu filho de maneira gentil, sem corrigi-lo, limitando as críticas e estimulando-o, eventualmente acabamos falando com ele e o escutando justamente da maneira que está tentando evitar. Nós os corrigimos se disserem a coisa errada, ficamos frustrados com sua impaciência, acabamos discutindo e não demonstramos respeito.

Reconheça os sentimentos da família e traduza para todos. Ninguém está certo e ninguém está errado. Assim como aprendemos a ver pela perspectiva do nosso filho, devemos também aprender a ver pela perspectiva dos membros da nossa família.

Talvez não gostemos da maneira com que eles falam ou interagem com nosso filho, mas sempre é possível "traduzir" para ele.

"Parece que o vovô não quer que você suba no sofá."

"Parece que sua mãe não quer que você jogue a comida no chão."

"Vocês dois estão se desentendendo, então me avisem se quiserem ajuda."

Use a mesma ideia no parquinho, com os vizinhos e os parentes dos quais você discorda. Faça a tradução para eles também.

Busque a concordância quanto aos valores familiares primordiais. Tendo sabedoria suficiente, é possível ter conversas nas quais nossa família ache pontos em comum. Por exemplo, você acha que todos querem o melhor para a criança, para que ela cresça sendo curiosa, respeitosa e responsável, mas cada um tem os próprios limites.

Nesse quadro geral, a criança aprenderá que **cada pessoa na família tem uma abordagem particular.** Saberá naturalmente a quem se dirigir quando quiser ser tolinha, quando nem tudo está bem em seu mundo e assim por diante.

Que sorte dessa criança ter tantas pessoas se importando com ela. Mesmo sem contato com a família mais próxima, ela pode receber muitos cuidados da comunidade ao seu redor.

AVÓS E CUIDADORES

Se você for avó ou cuidadora, esta parte é para você. Você pode aplicar quaisquer das técnicas mencionadas nesse livro.

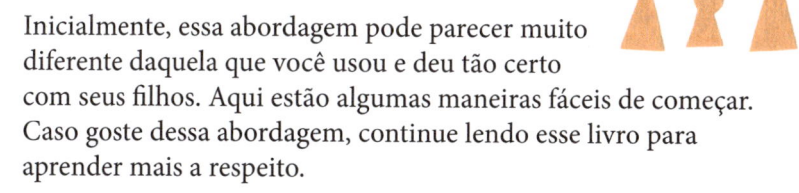

Inicialmente, essa abordagem pode parecer muito diferente daquela que você usou e deu tão certo com seus filhos. Aqui estão algumas maneiras fáceis de começar. Caso goste dessa abordagem, continue lendo esse livro para aprender mais a respeito.

1. Observe a criança. Fique atenta aos indícios que ela dá. No que ela está interessada? Você a deixa explorar livremente? Enquanto ela explora, como você garante sua segurança?

2. Veja se ela consegue se virar sozinha. Quando a criança estiver tentando comer, vestir-se sozinha ou se empenhando para entender um brinquedo, dê um tempinho para ver se consegue se virar sozinha. Quando ela consegue, a alegria em seu rosto é impagável.

3. Há algo do seu gosto que possa partilhar com a criança? Partilhar seus interesses ajuda a criança a ter experiências ricas. Você toca algum instrumento? Tem alguns materiais bonitos de artesanato que ela possa explorar? Pratica algum esporte que possa mostrar de maneira simplificada para ela?

4. Explore os espaços ao ar livre. Caso se preocupe que a criança quebre alguma coisa ou queira mantê-la entretida, leve-a a um parque, parquinho ou trilha de caminhada, ou apenas para um passeio pelas lojas locais. Deixe que ela lhe mostre tudo o que vê, então, você nomeia aquilo que ela mostrou e conversa a respeito.

5. Dê retorno acurado sobre o que você vê. Em vez de simplesmente elogiá-la dizendo "Muito bem", fale o que você viu. "Eu vi você se divertindo sozinha no balanço." "Você correu até o topo da colina e desceu rolando. Pareceu muito divertido." Essa atitude permite que a criança julgue por si mesma, em vez de buscar aprovação externa.

6. Dê sua presença, não seus presentes. Presentear é prazeroso e um gesto de amor. Mas doar seu tempo demonstra mais seu amor do que um brinquedo novo. Se você quiser realmente comprar um presente, pense em entradas para vocês irem juntos ao zoológico, um livro para vocês folhearem no sofá ou em um vale-presente para os pais irem a um restaurante enquanto você cuida do bebê. Ter menos "tralhas" significa fazer o planeta durar mais. Queremos mostrar aos nossos filhos como cuidar do meio ambiente para o bem de todos.

7. Que valores você partilha com os pais da criança? Este é um bom ponto de partida, pois mostra uma certa consistência para uma criança pequena que gosta de ordem. Algumas regras podem diferir, o que a criança pequena aprenderá. Desde que o quadro geral seja igual, a criança irá se sentir segura no relacionamento com você e os próprios pais.

8. Você dá aos pais da criança um senso de pertencimento, importância e aceitação? Em geral, diferenças de opinião na família estendida (cuidadores inclusos) indica um anseio por aceitação. Até os adultos têm uma criança interior ansiando para ser amada e aceita como ela é. Mostrar aos pais da criança que a perspectiva deles é compreensível também é um meio caminho andado para a aceitação de eventuais diferenças.

QUANDO HÁ CONFLITO NA FAMÍLIA

Para expressar suas preocupações e ouvir as preocupações dos outros membros da família, tente esse exercício de escuta ativa. Basta perguntar se a outra parte tem 20 minutos disponíveis. Essa técnica foi adaptada do discurso da Dra. Scilla Elworthy no Congresso Montessori em 2017.

Nos cinco minutos iniciais, a outra pessoa fala sobre o que está a incomodando. Escute-a e note os sentimentos que estão aflorando nela. Nos cinco minutos seguintes, diga a pessoa o que ouviu e o que acha que ela estava sentindo. A pessoa, então, diz se entendemos mal alguma coisa.

Há então uma troca dos papéis. Você fala por cinco minutos sobre o que está lhe incomodando, enquanto a outra pessoa escuta.

Nos cinco minutos finais, ela diz o que você disse e quaisquer sentimentos seus que tenha notado. Você também adverte se ela não entendeu alguma coisa corretamente.

Se parecer que o conflito demanda outra sessão, é possível repetir o processo por mais vinte minutos.

Com essa técnica, passamos a enxergar melhor a outra pessoa e suas necessidades, e que somos todos humanos e apenas desejamos ter nossas necessidades atendidas.

Dica 1

Evite uma linguagem que transfira a culpa para outra pessoa. Diga, por exemplo, "É importante para mim ser respeitada" em vez de "Você não me respeita". Use afirmações fazendo uso do "eu", faça observações e identifique sentimentos e necessidades.

Dica 2

Faça pedidos aos outros, não exigências. Há sempre muitas maneiras de resolver um problema usando a criatividade, então fique aberto também a outras soluções. Veja a tabela de sentimentos e necessidades no apêndice (veja a página 284).

DIVÓRCIO NÃO PRECISA SER UM PALAVRÃO

Quando um casal decide se separar, é possível fazer um arranjo familiar amigável no qual a criança simplesmente tem os pais morando em casas diferentes. Idealmente, o casal chega à guarda compartilhada, dividindo as responsabilidades e o tempo com a criança.

No início do século XX, a doutora Montessori já reconhecia que ambos os pais têm um papel importante para a criança, a menos que haja uma razão psicológica ou física para a criança não ter contato com o pai ou a mãe. A segurança da criança é a prioridade maior.

Ainda há um certo estigma em torno da separação e do divórcio, é triste quando o relacionamento entre um casal acaba. Mas não precisa ser algo negativo. Na verdade, se ambos os adultos ficarem mais felizes, essa pode ser uma experiência mais positiva para a criança que, embora ainda pequena, sofre quando há brigas, discordâncias e desarmonia em casa.

Estabilidade é fundamental para todas as crianças nesse período. É importante haver um cronograma regular com o pai e a mãe, para que a criança saiba o que esperar. Como as crianças pequenas têm um senso forte de ordem, ela deve ser uma prioridade.

Seja sincero com a criança de uma maneira apropriada à sua idade. Não suponha que ela é muito nova para entender o que está acontecendo. Por outro lado, ela não precisa saber todos os detalhes. Seja genuíno e mantenha a criança envolvida e informada à medida que a situação evolui.

Ser gentil com o ex-cônjuge na presença da criança é fundamental. O compromisso dos pais de conversarem civilizadamente e quando se referem um ao outro diante da criança é indispensável. Quando fica difícil fazer isso, os adultos devem recuar fisicamente do conflito e discutir a questão posteriormente. Converse com os amigos, com a família ou com um terapeuta sobre as dificuldades que está tendo com seu ex-cônjuge, mas não fale disso com a criança. Não é justo colocá-la no meio de um assunto que deve ser tratado por adultos.

Lembre-se de que vocês sempre serão os pais da criança e apenas não vivem mais juntos.

PARA PRATICAR

1. Suas necessidades estão sendo atendidas? Caso contrário, pense em maneiras de atendê-las.

2. Como atender as necessidades de toda a família? Seja criativo.

3. Que ideias ajudariam a fazer a família se envolver?

4. Há conflitos que precisam ser resolvidos? Tente fazer o exercício na parte "Quando há conflito na família" (veja a página 245).

O QUE VEM A SEGUIR

10

249 Preparando-se para a fase pré-escolar
250 Os anos vindouros
255 É tempo de mudar a educação
255 É hora de implantar a paz

PREPARANDO-SE PARA A FASE PRÉ ESCOLAR

Aqui estão algumas dicas para famílias que estão se preparando para a entrada dos filhos na pré-escola ou escola, sobretudo se escolheram uma escola montessoriana.

A primeira coisa é **praticar as habilidades de independência**. Por exemplo, devemos ensinar e apoiar a criança a fazer atividades de forma independente, como se vestir sozinha, calçar e tirar os sapatos, assoar o nariz etc.

A seguinte tarefa seria **praticar a separação**. Especialmente se não houver outra cuidadora, a criança precisa praticar essa habilidade. Para começar, peça a alguém que vá à sua casa para ler e brincar com ela. Assim que a criança ficar à vontade com essa pessoa, diga que precisa ir a algum lugar. Mesmo que se entristeça com isso, a criança aprenderá que você sempre voltará. Passe períodos mais longos afastada até ela se habituar a ficar sem você pela mesma quantidade de horas que ficará na escola.

Por fim, algo que as crianças farão ao longo da vida é **praticar habilidades sociais**. No parquinho, devemos ajudá-las a entender as situações para que aprendam a usar as palavras, orientá-las a se posicionar, caso seja necessário, e dar o exemplo do cuidado com os outros. Isso disponibiliza o apoio necessário para que elas se preparem para conviver bem e cuidar dos outros na nova escola.

Materiais montessorianos em casa

Quando as crianças entram na escola, é melhor não ter os mesmos materiais montessorianos em casa devido a vários motivos:
- Elas podem passar até seis horas por dia na escola e ficarão muito mais envolvidas no uso e aprendizagem dos materiais se os encontrarem apenas na sala de aula.
- Apresentar os materiais em casa de maneira diversa daquela que as crianças aprendem na escola pode gerar confusão.
- Elas também precisam de tempo para brincadeiras espontâneas, para ficar ao ar livre, se envolver na vida cotidiana da família e para ficar em dia com os amiguinhos.

A única atividade montessoriana em sala de aula que a professora dos meus filhos disse que podia ser feita em casa era jogar "eu espio com o canto do olho algo que começa com...". A única diferença em relação ao "eu espio" comum é que esse jogo usa o fonema, os invés de seu nome. Por exemplo, usa-se "bó" em vez de "b" para "bola" e "ar" em vez de "a" para "árvore".

OS ANOS VINDOUROS

Com base em suas observações científicas, a doutora Montessori desenvolveu uma visão geral sobre o desenvolvimento infantil de 0 a 24 anos, a qual denominou de os *quatro planos do desenvolvimento*.

Essa ideia de a infância se estender até os 24 anos pode parecer estranha. No entanto, pesquisas de neurologia atuais mostram que o córtex pré-frontal do cérebro – a área responsável pela tomada de decisões racionais e pelo controle do comportamento social – continua se desenvolvendo até os vinte e poucos anos de idade. Ou seja, mais de um século depois, pesquisas recentes corroboram o que a doutora Montessori havia observado.

Em cada plano de desenvolvimento, sendo que todos duram seis anos, a doutora Montessori reconheceu semelhanças no desenvolvimento físico, psicológico e comportamental das crianças.

Vejamos como funciona.

Primeira infância (0 a 6 anos): o primeiro plano de desenvolvimento

A finalidade desses seis anos iniciais é a criança ganhar independência física e biológica em relação à mãe. Mudanças enormes ocorrem nesse período, que geralmente é muito volátil.

A criança passa por mudanças físicas significativas, pois deixa de ser um bebê totalmente dependente da mãe e se apta a andar, falar e comer sozinha.

Durante a aquisição gradual da independência, às vezes a criança quer ficar perto da mãe ou do pai e outras vezes os rejeita e quer fazer tudo sozinha – uma espécie de crise de independência. A criança também faz muitos experimentos para entender o sentido do mundo ao seu redor.

A mente absorvente também fica ativa durante todo esse período. Desde o nascimento até os 6 anos, as crianças são como esponjas que absorvem todas as informações ao seu redor. Nos três anos iniciais desse ciclo (0-3 anos), a criança absorve as informações inconscientemente e sem esforço – ou seja, com uma *mente absorvente inconsciente*. Nos três anos posteriores (3-6 anos), a criança se torna uma aprendiz consciente, usando a *mente absorvente consciente*.

O que isso significa na prática? A criança deixa de meramente aceitar e se adaptar ao mundo ao seu redor (0-3 anos) e passa a perguntar *por que e como* (3-6 anos). Ela quer entender tudo o que absorveu nos três anos iniciais e fica fascinada por outras culturas, mapas do mundo, bandeiras e acidentes geográficos. Ela também pode demonstrar interesse em ler, escrever e em matemática usando materiais concretos de aprendizagem.

Desde o berço, elas são aprendizes sensoriais nesse plano. De 0 a 3 anos, elas usam todos os sentidos para explorar o mundo ao seu redor. De 3 a 6 anos, começam a classificar essas sensações, por exemplo, grande e pequeno, duro e macio, áspero e liso e ruidoso e silencioso.

Nesse período, elas se baseiam na realidade – entendem mais facilmente o mundo que veem ao seu redor e ficam fascinadas ao ver como as coisas funcionam. Brincadeiras imaginativas, como brincar de loja ou de famílias, surgem a partir dos 2 anos e meio, à medida que entendem o sentido de seu entorno.

É também nesse período que a criança define sua personalidade. Sua experiência nesses anos iniciais molda em grande parte quem ela será na idade adulta.

Indubitavelmente, nós estamos plantando as sementes...

Infância (6 a 12 anos): o segundo plano de desenvolvimento

Após se empenhar pela independência física e biológica no primeiro plano, a criança no segundo plano se esforça para adquirir independência mental. Ela é impulsionada a saber tudo e a explorar a razão por trás das coisas, em vez de meramente absorver as informações.

Ela está começando a desenvolver raciocínio independente sobre o mundo ao seu redor e senso moral. Ela começa a explorar as áreas cinzentas. "Isso é certo ou errado?" "Isso é justo ou injusto?"

A criança explora o mundo com sua imaginação – é capaz de entender a história e a projetar ideias para o futuro. Essa também é uma fase colaborativa, na qual as crianças adoram trabalhar em grupos, em torno de mesas grandes ou no chão.

Nesse período, o crescimento não é tão rápido, e para alegria dos pais, essa fase é mais estável e a criança fica menos volátil. A base já está estabelecida nos seis anos iniciais, quando nós definimos limites claros; no segundo plano, nosso filho entende os limites e não precisa desafiá-los o tempo todo.

O caule está ficando alto e forte...

Adolescência (12 a 18 anos): o terceiro plano de desenvolvimento

O período da adolescência tem muito em comum com o primeiro plano, e a doutora Montessori concordaria com os pais que veem semelhanças entre crianças pequenas e adolescentes.

Nesse período de transição para a puberdade há enormes mudanças físicas e psicológicas. Enquanto a criança se torna fisicamente independente da mãe, o adolescente se empenha para ter independência social e se distanciar da família. Há um conflito entre querer ser parte da família e querer ser independente – outra crise de independência, dessa vez relacionada à variedade social.

Os adolescentes adoram partilhar suas ideias e ideais com seus pares, particularmente sobre como eles mudariam o mundo (incluindo desenvolver políticas sociais). Um fato interessante observado pela doutora Montessori é que eles não são nada acadêmicos nesse período, ao passo que as escolas tradicionais geralmente se tornam mais acadêmicas.

Como alternativa, a doutora Montessori propôs o conceito de *Erdkinder*, ou escola rural para "os filhos da terra", como o ambiente ideal de aprendizagem para os adolescentes. Lá eles poderiam aprender trabalhando na terra, vendendo os produtos no mercado e descobrindo seu lugar em um grupo social. As escolas Montessori de ensino médio em cidades são conhecidas como "meios-termos urbanos" e tentam aplicar princípios semelhantes aos das escolas rurais.

Gostaria de acrescentar que não é preciso temer a puberdade e os adolescentes. Eu descobri que ter dois adolescentes em casa é um prazer e que é muito agradável passar o máximo de tempo com eles.

Folhas e flores brotam, aproximando-se da maturidade...

Maturidade (18 a 24 anos): o quarto plano de desenvolvimento

A doutora Montessori dizia que se tudo foi feito nos três planos iniciais de desenvolvimento, o quarto plano se desenrola naturalmente em torno da aquisição da independência espiritual e moral.

Esses jovens adultos desejam basicamente oferecer sua contribuição à sociedade, por exemplo, com trabalho voluntário ou integrando o Corpo da Paz[1]. Podem, inclusive, entrar simultaneamente na faculdade e no mercado de trabalho.

Semelhante ao segundo plano de desenvolvimento, esse período é mais estável, e o jovem adulto tem raciocínio e mente lógica. Ele explora áreas de interesse no trabalho e estuda com afinco.

Seu cérebro está quase que totalmente formado.

A planta está plenamente desenvolvida e totalmente independente de nós, mas ainda requer nossos cuidados e atenção.

---

1. Agência federal norte-americana, criada em 1961 pelo Presidente John F. Kennedy, com objetivo de ajudar países em desenvolvimento.

QUATRO PLANOS DE DESENVOLVIMENTO

PRIMEIRO PLANO

0 - 6 anos

Nós estamos plantando as sementes.

- independência física e biológica
- mente absorvente
- entendimento concreto do mundo
- aprendiz sensorial
- crianças trabalham em paralelo com um pouco de colaboração
- crescimento e mudanças rápidas

SEGUNDO PLANO

6 - 12 anos

O caule está ficando alto e forte.

- independência mental
- desenvolvimento do senso moral (certo e errado) e exploração do funcionamento e inter-relacionamento das coisas
- passa da aprendizagem concreta para a abstrata
- modo de aprendizagem por meio da imaginação
- colabora em grupos pequenos
- menos crescimento, período mais estável

TERCEIRO PLANO

12 - 18 anos

Folhas e flores brotam, aproximando-se da maturidade.

- independência social
- desenvolvimento de políticas sociais (como eles mudariam o mundo)
- partilhamento de ideias e ideais com os outros
- enorme mudança física e psicológica (semelhanças com o primeiro plano)

QUARTO PLANO

18 - 24 anos

A planta está plenamente desenvolvida.

- independência espiritual e moral
- dá retorno à sociedade
- raciocínio, mente lógica
- período mais estável (semelhanças com o segundo plano)

É TEMPO DE MUDAR A EDUCAÇÃO

Quando nos tornamos pais, começamos a perceber como o sistema educacional é falho com os nossos filhos. Afinal de contas, foi elaborado na Revolução Industrial para formar trabalhadores da indústria ferroviária, cujos filhos se sentavam em filas e decoravam fatos para passar em provas.

Talvez você esteja lendo esse livro porque quer criar filhos capazes de pensar por si mesmos, de pesquisar até achar respostas para suas perguntas, de raciocinar criativamente, de conseguir resolver problemas, de trabalhar com os outros e de ter propósito em seu trabalho.

Pessoas como *sir* Ken Robinson, especialista em educação e criatividade, questionam constantemente o sistema educacional. É preciso admitir que as escolas tradicionais sufocam a criatividade e que é preciso haver uma revolução na maneira com que nossos filhos aprendem.

Eu era como você. Desde que tinha um filho pequeno e uma bebê, analisava as opções de escolaridade. Como era idealista, não queria que meus filhos só aprendessem para passar nas provas. Então, entrei em uma sala de aula montessoriana e vi que havia outra maneira de aprender.

É HORA DE IMPLANTAR A PAZ

> "Naturalmente, vocês notaram que, se quisermos uma paz verdadeira neste mundo e se empreendermos uma verdadeira guerra contra a guerra, devemos começar pelas crianças. Se elas crescerem mantendo sua inocência natural, nós não teremos de lutar nem de aprovar resoluções fúteis e infrutíferas, mas iremos do amor para o amor e da paz para a paz, até que finalmente todos os cantos do mundo estejam cobertos da paz e do amor dos quais o mundo inteiro, conscientemente ou inconscientemente, está faminto."
>
> — Mahatma Gandhi, *Em Direção à Nova Educação*

É hora de levar essas informações para o próximo nível e quero pedir sua ajuda em meu plano pouco disfarçado de disseminar a paz e a positividade pelo mundo.

Muitas vezes nos sentimos indefesos e impotentes para combater toda a violência mundo afora. Mas há algo que podemos fazer: aprender a entender melhor nossas crianças pequenas.

Ao aplicar esses princípios com as crianças, é possível começar a disseminar a paz ao nosso redor, com nossos parceiros e famílias, na escola, no supermercado, com amigos, com estranhos – ainda mais importante – com pessoas que não têm a mesma visão de mundo.

Vamos aplicar as habilidades de ver a perspectiva alheia abordadas nesse livro. Vamos nos sentar para conversar, ouvir e realmente enxergar um ao outro.

Obviamente, há diversas abordagens na criação dos filhos e várias opções educacionais, assim como há diferenças de sexo, etnia, política, sexualidade, religião e outras. Suas crenças e valores podem diferir dos meus.

Acredito firmemente que não importa quem tem razão. O essencial é dar importância e pertencimento aos outros e aceitá-los como eles são, da mesma forma que aprendemos a fazer com as crianças. As crianças, nós e todos os seres vivos merecemos isso.

Para conquistar a paz neste mundo devemos celebrar nossas diferenças, buscar os pontos em comum, dissipar os temores em relação aos outros, achar maneiras pacíficas de conviver e reconhecer que **temos mais semelhanças do que diferenças**. Afinal de contas, todos nós somos humanos.

Então..., por onde começamos? Compreendendo melhor as crianças e plantando as sementes para criar seres humanos belos, curiosos e responsáveis.

A doutora Montessori morreu em 6 de maio de 1952, em Noordwijk aan Zee, nos Países Baixos. A lápide em seu túmulo tem a seguinte inscrição: "Peço às queridas crianças, que tudo podem, que se unam a mim para a construção da paz no ser humano e no mundo".

PARA PRATICAR

1. Como me preparar e preparar meu filho à medida que ele cresce, entra na fase pré-escolar e daí em diante?

2. Como aplicar as habilidades para ver pela perspectiva alheia em meus relacionamentos com:
    - os filhos pequenos?
    - o companheiro?
    - a família e os amigos?
    - os vizinhos?
    - os estranhos?
    - pessoas com outras visões de mundo?

HISTÓRIAS REAIS

LARES E COMENTÁRIOS
DE FAMÍLIAS MONTESSORIANAS

260 **Austrália**
Kylie, Aaron, Caspar, Otis e Otto
Como aplicamos a abordagem montessoriana

261 **Mongólia**
Enerel, Bayanaa, Nimo e Odi
Mininimoo — marca de moda infantil ética

262 **Canadá**
Beth, Anthony e Quentin
Nossa vida montessoriana

263 **Estados Unidos**
Amy, James, Charlotte e Simon
Montessori no centro-oeste dos Estados Unidos

264 **Minha família**
Simone, Oliver e Emma
Austrália e Países Baixos

265 **Minha sala de aula**
Jacaranda Tree Montessori
Amsterdã, Países Baixos

AUSTRÁLIA

Kylie, Aaron, Caspar, Otis e Otto

Como aplicamos a abordagem montessoriana

"Não importa o quanto eu leia, sempre recomendo aos pais que participem de uma aula montessoriana com as crianças e experimentem o método pessoalmente."

"Meu filho ainda é muito sensorial em sua aprendizagem e adoro observá-lo em seu elemento. Ele adora assar doces no forno e fica muito satisfeito em cozinhar para a família. Adora fazer bagunça com arte e estar com a família. Ele ainda gosta de muito carinho e nós adoramos ficar aconchegados com um bom livro."

"O ponto que mais ressoa na abordagem montessoriana é ensinar aos pais a observarem e seguirem a criança, e que cada criança aprende em seu ritmo. Isso é mágico."

MONGÓLIA

Enerel, Bayanaa, Nimo e Odi

Mininimoo — marca de moda infantil ética

"Sinto que meus olhos se abriram mais do que nunca quando vi a palavra *Montessori*. Nesse dia não consegui dormir; fiquei pesquisando a noite inteira e comecei a preparar atividades montessorianas para o meu filho no dia seguinte."

"Acho que ensinar disciplina é muito mais importante do que as atividades. Os pais devem dar o exemplo. Como pais, nós também ganhamos disciplina ao longo do processo. Ademais, aprendemos com a criança. Isso requer bastante esforço, mas a alegria é imensa quando a criança está interessada e aprendendo."

"Embora meu apartamento e meu cômodo montessoriano sejam pequenos, gosto de dar um jeito para que pareçam maiores. Tento comprimir tudo e deixo menos itens disponíveis de cada vez. Faça sempre um espaço para a criança explorar. Além disso, sugiro que sempre tente criar um lugar aconchegante e confortável."

CANADÁ

Beth, Anthony e Quentin

Nossa vida montessoriana

"O que mais gostamos de fazer com nossos meninos é estar na natureza, apresentando a eles tudo o que o mundo natural tem a oferecer. Muita aprendizagem natural ocorre quando estamos ao ar livre."

"Nós procurávamos uma maneira de ajudar nossos filhos a atenderem suas necessidades em um nível individual holístico. Naturalmente, o método Montessori foi a resposta suave e perfeita."

"Acima de tudo, o cerne do método Montessori é a educação para a paz. Trata-se de um método centrado em ensinar a paz para as próximas gerações. Nenhuma outra pedagogia ou sistema educacional tem isso. É por essa razão que adoro tanto o método Montessori.

"O método Montessori em casa gira em torno de honrar e respeitar a criança. Seu filho consegue fazer a própria comida? Consegue pegar suas roupas no armário? Tem acesso a água ou você tem que pegar água para ele? E mais importante, como você fala com seu filho e outros membros da família?"

ESTADOS UNIDOS

Amy, James, Charlotte e Simon
Montessori no centro-oeste dos Estados Unidos

"O que mais gosto de fazer com meus filhos pequenos é observá-los. Após preparar o ambiente para eles, adoro me sentar e observá-los em ação. Essa atitude me fornece um relance sobre suas mentes, o que é fascinante. Além de observá-los, adoro passar tempo com eles ao ar livre (na natureza, nas ruas e em parques), ler livros, ouvir e tocar música e todas as coisas práticas do cotidiano."

"Há muitos cuidados e detalhes envolvidos na criação de um ambiente ideal para as crianças crescerem, o que inclui a preparação do adulto, que pode ser a parte mais difícil para os pais. Nós honramos nossos filhos quando nos preparamos e preparamos a casa dessa maneira. O resto cabe a eles."

"Muita gente acha que as crianças pequenas são desordeiras, mas se nós desacelerarmos, dermos espaço a elas e observá-las, veremos que as crianças pequenas podem ficar profundamente concentradas no que estão fazendo."

MINHA FAMÍLIA

Simone, Oliver e Emma

Austrália e *Países Baixos*

"Veja o mundo pela perspectiva da criança. Quando nós vemos o mundo através de seus olhos, passamos a ter muito mais entendimento e respeito, e isso ajuda a guiar e apoiar a criança."

"Eu queria que meus filhos adorassem aprender não só para passar nas provas. Quando entramos em uma pré-escola Montessori, fiquei muito emocionada com o esmero empregado nas atividades expostas nas prateleiras. Tudo era lindo. Tive vontade de explorar tudo, então, me dei conta de que esse era o ambiente certo para os meus filhos."

"Fico constantemente inspirada à medida que meu entendimento sobre a filosofia Montessori se aprofunda. Ela é como uma 'cebola', na qual você vai descobrindo uma camada após a outra. Há quem considere a Montessori apenas como uma abordagem de aprendizagem na escola, mas eu admiro como a Montessori também é um modo de viver."

MINHA SALA DE AULA

Jacaranda Tree Montessori

Amsterdã, Países Baixos

"Todas as semanas recebo mais de cem crianças com seus pais e cuidadores que vêm aprender em um ambiente montessoriano, e dou aulas para bebês, crianças pequenas e na fase pré-escolar."

"As crianças adoram explorar o ambiente, que é preparado justamente para sua idade com tudo acessível para eles. Os adultos aprendem a observar as crianças, fazem perguntas e conhecem famílias que têm a mesma mentalidade. Adoro ver as crianças e os adultos passando por uma enorme transformação ao vir para as aulas."

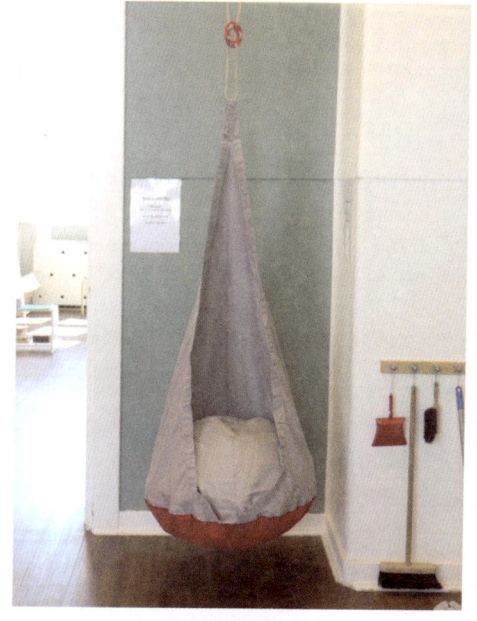

LEITURAS ADICIONAIS

LIVROS DA DOUTORA MARIA MONTESSORI

MONTESSORI, M. *Formação do Homem*. Kírion, 2018.
MONTESSORI, M. *Mente Absorvente*. Nórdica, 1987.
MONTESSORI, M. *Montessori em Família*. Nórdica, 1987.
MONTESSORI, M. *O Segredo da Infância*. Kírion, 2019.
MONTESSORI, M. *Pedagogia Científica*: a descoberta da criança. Flamboyant, 1965.

OBRAS COM PALESTRAS DA DOUTORA MARIA MONTESSORI

Maria Montessori Speaks to Parents. Laren: Montessori-Pierson Publishing Company, 2017

The 1946 London Lectures. Laren: Montessori-Pierson Publishing Company, 2012

LIVROS SOBRE A ABORDAGEM MONTESSORIANA

EISSLER, T. *Montessori Madness*. Sevenoff, 2009.
LILLARD, P. P.; JESSEN, L. L. *Montessori from the Start*. Schocken, 2003.
MONTANARO, S. Q. *Understanding the Human Being*. Nienhuis Montessori, 1991.
SELDIN, T. *How to Raise an Amazing Child*: The Montessori way to bring up caring, confident children. Dorling Kindersley, 2007.
STANDING, E. M. *Maria Montessori*: Her life and work. Plume, 1998.
STEPHENSON, S.M. *Child of the World*: Montessori, global education for age 3-12+. Michael olaf Montessori Company, 2013.
STEPHENSON, S. M. *The Joyful Child*: Montessori, global wisdom for birth to three. Michael Olaf Montessori Company, 2013.

LIVROS SOBRE PARENTALIDADE

BAKER, C. *A Parent's and Teacher's Guide to Billingualism*. Multillingual Matters, 2014.
FABER, A.; MAZLISH, E. *How to Talk So a Kid Will Listen and Listen So Kids Will Talk*. Piccadilly Press, 2013.
FABER, A.; MAZLISH, E. *Irmãos sem Rivalidade*: O que fazer quando os filhos brigam. Editora Summus, 2009.
GROSE, M. *Thriving!* Raising confident kids with confidence, character and resilience. Bantam, 2010.

KOHN, A. *Punidos pela Recompensa*. Editora Atlas, 2019.

NELSEN, J. *Disciplina Positiva para Crianças de 0 a 3 anos*. Editora Manole, 2018.

PALMER, S. *Toxic Childhood*: how the modern world is damaging our children and what we can do about it. Orion, 2006.

SIEGEL, D. J.; BRYSON, T. P. *O Cérebro da Criança*: 12 estratégias revolucionárias para nutrir a mente em desenvolvimento do seu filho e ajudar a família a prosperar. nVersos Editora, 2015.

SOULE, A. *The Creative Family Manifesto*: How to encourage imagination and nurture family connections. Roost Books, 2008.

WEST, K. *The Sleep Lady's Good Night, Sleep Tight*. Vanguard Press, 2010.

LIVROS SOBRE DESENVOLVIMENTO PESSOAL

CAIN, S. *O Poder dos Quietos*: como os tímidos e introvertidos podem mudar um mundo que não para de falar. Editora Agir, 2012.

CHAPMAN, G. *As Cinco Linguagens do Amor*: Como expressar um compromisso de amor a seu cônjuge. Editora Mundo Cristão, 2006.

DWECK, C. S. *Mindset*: a nova psicologia do sucesso. Editora Objetiva, 2017.

HONORÉ, C. *Devagar*: Como um movimento mundial está desafiando o culto da velocidade. Rio de Janeiro: Editora Record, 2019.

ROSENBERG, M. B. *Comunicação Não Violenta*: Técnicas para aprimorar relacionamentos pessoais e profissionais. Editora Ágora, 2006.

OUTROS RECURSOS

PEARSON, B. et al. Lexical Development in Bilingual Infants and Toddlers: comparison to monolingual norms. *Language Learning*, v 43, n. 1, mar. 1993, p. 93-120.

KEELER, R. Disponível em: www.earthplay.net. Acesso em: 22 de março de 2022.

OCKWELL-SMITH, S. Disponível em: https://sarahockwell-smith.com/2015/03/19/onesimple-way-to-improve-your-baby-or-child-sleep. Acesso em 22 de março de 2022.

ELWORTHY, S. Disponível em: www.scillaelworthy.com. Acesso em 22 de março de 2022.

Screen-Free Parenting. Disponível em: www.screenfreeparenting.com. Acesso em 22 de março de 2022.

ANDERSON, J. Seeing Tantrums as Distress, Not Defiance. *The New York Times*, 30 de outubro de 2011.

ROBINSON, K. Disponível em: www.sirkenrobinson.com. Acesso em 22 de março de 2022.

MOSENZON, Y. *Connecting2Life*. Disponível em: http://www.connecting2life.net/. Acesso em 22 de março de 2022.

AGRADECIMENTOS

Eu tenho tanta gratidão e apreço por…

HIYOKO — Não poderia ter esperado uma ilustradora mais surpreendente para este projeto e não poderia sonhar que esse livro ficasse tão lindo. Eu enviava uma ideia para Hiyoko incluir no livro e o retorno sempre era exatamente como eu imaginava e até melhor do que eu esperava. Sua estética, esmero e generosidade são da mais alta qualidade. Obrigada, Hiyoko, por traduzir minhas palavras nesse livro lindamente projetado e ilustrado.

ALEXIS — Que prazer e honra ter Alexis e seu cérebro trabalhando comigo nesse livro. Eu pedi a Alexis que me ajudasse na edição e ela dava retorno acurado sobre cada palavra. Sua luz e toque sensível tornaram o manuscrito ainda melhor.

A EQUIPE DA WORKMAN PUBLISHING — Ainda estou rodopiando de felicidade pela Workman ter assumido esse livro para me ajudar no plano pouco disfarçado de disseminar a paz e a positividade pelo mundo. Agradecimentos especiais para Page por descobrir esse livro e levá-lo à Workman; a Maisie por todas as suas horas de trabalho, sempre se mantendo positiva, sendo uma editora fantástica e ouvindo todos os meus pedidos; a Rebecca, Lathea, Moira e Cindy por transformar as palavras de maneiras divertidas e criativas; a Galen por projetar esse livro e dar conta das muitas exigências do *design*; a Kristina por levar esse livro a um número crescente de países; a Sun por suas incríveis habilidades organizacionais; e ao restante da equipe da Workman que atuou nos bastidores.

AUXILIARES ADICIONAIS — Dyana, Kevin e Niina foram muito gentis sendo os primeiros leitores e deram retornos acurados e generosas sobre o livro. Lucy e Tania também fizeram leituras extremamente minuciosas, pondo os pingos nos "is" e cruzando as letras "ts". Yoram contribuiu generosamente na tabela de sentimentos e necessidades do apêndice. Além deles, Maddie também se apresentou para fazer uma pesquisa de valor inestimável sobre as citações. Para as citações montessorianas, tive uma enxurrada de ajuda dos meus amigos montessorianos que se divertiram rastreando todas as fontes para a sabedoria da doutora Montessori. Obrigada a todos por sua ajuda inestimável para tornar esse livro o melhor possível.

MINHA INSPIRAÇÃO — Sou eternamente grata por ter sido apresentada ao método Montessori por essas três sábias damas — Ferne Van Zyl, An Morison e Annabel Needs. Tive a sorte de frequentar aulas com meus filhos e de trabalhar com Ferne, recebendo, dessa maneira uma introdução formidável ao método Montessori. Ferne partilhou comigo seu amor pelo método Montessori e me mostrou como ver as coisas pela perspectiva infantil. An e Annabel foram as primeiras professoras montessorianas dos meus filhos. Foi na Castlecrag Montessori School em Sydney, Austrália, que fiquei tocada pela primeira vez pela beleza de uma sala de aula montessoriana, pelo respeito demonstrado pelos professores montessorianos e pelo esmero com que tudo é preparado para as crianças. Agradeço a vocês por terem me inspirado a seguir seus passos.

MINHA ORIENTADORA MONTESSORIANA — Judi Orion partilhou conosco seu amor por bebês e crianças pequenas e sua rica experiência durante nossa formação como Assistentes para a Infância da Association Montessori Internationale. Absorvi cada palavra nessa formação tão completa que nos preparou para todo o trabalho que fazemos com crianças. Uma parte fundamental que aprendi com Judi foi o poder da observação — aprender a ver a criança com um novo olhar todos os dias e aceitá-la como ela é. Obrigada, Judi, por me mostrar como ter outra visão.

AMIGOS MONTESSORIANOS — Eu tive o prazer de aprender pessoalmente e online com muitos amigos montessorianos, como Heidi Phillipart-Alcock, Jeanne-Marie Paynel, o pessoal adorável da sede da Association Montessori Internationale, Eve Hermann e família, Pamela Green e Andy Lulka, e toda a comunidade montessoriana nos

Congressos Montessori para as comunidades montessorianas online. Obrigada por partilharem sua sabedoria e me ajudarem a continuar crescendo e aprendendo todos os dias.

FAMÍLIAS NA JACARANDA TREE MONTESSORI — Sou muito grata por trabalhar com essas famílias tão formidáveis nas minhas turmas na Jacaranda Tree Montessori, em Amsterdã. Todas as semanas recebo mais de cem crianças e suas mães, pais, cuidadores avós e outros. Aprendo com essas famílias todos os dias.

MINHA MÃE, PAI E IRMÃS — e toda minha família estendida. Nós somos um bando aleatório e engraçado. Tão diferentes uns dos outros de várias maneiras, mas tão semelhantes em outros aspectos. Meus pais sempre me apoiaram, até quando eu disse "Acho que vou ser professora montessoriana" ou "Vou me mudar para um lugar a 16.633 quilômetros de distância". Adoro conversar com eles nas manhãs de domingo e saber as novidades. Obrigada por me darem raízes e asas.

LUKE — por sonhar em ter filhos naquele dia em que andávamos pelo mercado em Londres e por tornar esse desejo uma realidade. Por trabalhar no turno noturno e acordar para cuidar de Oliver e Emma enquanto eu fazia a formação Montessori. Por viver no Reino Unido, Austrália e Países Baixos. Por tudo que aprendi em 17 anos de casamento, pela separação amigável e pela nossa jornada de guarda compartilhada. Eu não formaria uma família se não fosse com você. Obrigada por ser meu parceiro intelectual.

MINHA COMPANHEIRA DE TRABALHO — Quando trabalhamos por conta própria, nem sempre achamos o apoio necessário. Então, certo dia, surgiu Debbie, que é muito mais que minha companheira semanal de trabalho. Ela me apoiou em uma grande transição, fizemos retiros em cabanas, vivemos aventuras na natureza com nossos filhos, e sua família é imbatível para partilhar "surpresas" natalinas. Depois escrevemos nossos livros lado a lado no café, comemorando e nos apoiando mutuamente. Ela está sempre disponível para escutar e dizer as palavras certas. Obrigada pelas sessões de trabalho nas tardes de quintas-feiras e muito mais.

MEUS AMIGOS — Eu tenho amigos aqui em Amsterdã que escutam todo o âmago das questões quando nos encontramos para tomar café, vamos a um museu ou assistimos a um filme. Tenho velhas amigas com as quais falo com menos frequência, mas nossa ligação permanece inabalável e parece que fluímos pelo mesmo caminho embora moremos em cidades diferentes. Obrigada, Rachel, Agi, Michelle, Birgit, Emily, Becci, Narelle, Emmy, Claire, Monika e muitas outras por toda a diversão que impulsiona meu trabalho.

APOIADORES INICIAIS — Sou muito grata a todas as pessoas que apoiaram esse livro desde o início, e por terem confiado em mim e ajudado a fazer o projeto decolar e chegar a lares em todos os continentes.

TODAS AS COISAS — sou extremamente grata a tudo ao meu redor, incluindo as xícaras de chá, as visitas à natureza, ir de bicicleta dar aulas, meu banho, a yoga na sala de estar, os lugares aconchegantes (cafés, locais ao ar livre, minha cama, a mesa na minha cozinha, minha escrivaninha, o sofá, um trem cruzando a França, um avião para Estocolmo, um apartamento em Lyon) onde me instalei com o *notebook* para escrever esse livro, minha câmera por captar a beleza no entorno, a internet por permitir que eu me conecte com tantas pessoas, os *podcasts* inspiradores, TODOS os livros e Amsterdã, que se tornou meu lar.

VOCÊ — por juntar-se a mim nesta missão de disseminar a paz no mundo, a partir de cada família. Obrigada, obrigada, obrigada.

MEUS FILHOS — Por fim, quero agradecer às pessoas mais importantes na minha vida, Oliver e Emma, que são as minhas favoritas para conviver. Eles me ensinaram muito sobre ser mãe e eu adoro crescer junto com eles. Seu apoio, paciência e compreensão com meu trabalho têm uma importância enorme para mim. Obrigada do fundo do meu coração por serem vocês e por me animarem falando sem parar sobre este projeto. Obrigada pelo amor puro que preenche meu coração e me fez escrever esse livro.

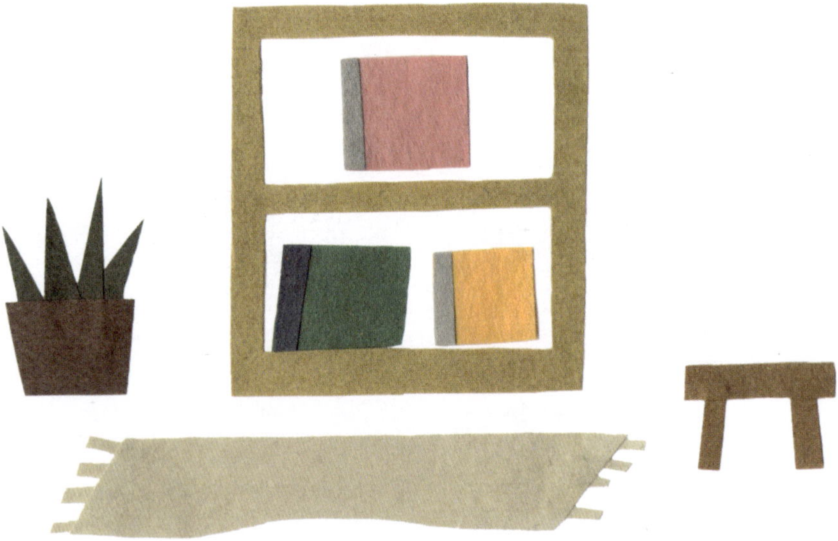

APÊNDICE

272 Em vez disso, diga aquilo
276 Onde achar materiais e móveis montessorianos
278 Sobre as escolas Montessori
    278 O que procurar em uma escola Montessori
    280 Como é um dia típico em uma escola Montessori?
    281 Montessori é adequada para todas as crianças?
    282 A transição da criança de uma escola Montessori para outra tradicional
284 Sentimentos e necessidades
286 Receita de massa de modelar
287 Lista de atividades montessorianas para crianças pequenas (de 1 a 3 anos)

EM VEZ DISSO, DIGA AQUILO

PARA...	EM VEZ DISSO	DIGA AQUILO
Ver através dos olhos da criança	Negar: "Não se preocupe, é só um contratempo".	Ver a situação pela perspectiva da criança/reconhecer seus sentimentos: "Isso foi um choque? Uma batida pode machucar".
	Julgar: "Você está sempre tirando os brinquedos das outras crianças"	Traduzir para a criança: "Quando elas terminarem, será sua vez".
	Culpar, passar sermão: "Você não deveria ter..." "Você deveria ter..."	Buscar entender supondo o que a criança sente: "Você está me dizendo que...?" "Parece que você..." "Você está se sentindo...?" "Parece que..."
Fomentar a independência	Dizer à criança o que não fazer: "Não derrube o copo!"	Dizer à criança como ter êxito: "Use as duas mãos".
	Evitar tomar sempre a dianteira: "Vamos dar uma olhada nos quebra-cabeças".	Seguir a criança: Calar-se e esperar para ver o que ela escolhe.
Ajudar o seu filho	Fazendo algo no lugar dele: "Deixe que eu faço isso para você..."	Interferir o mínimo possível e na medida do necessário: "Você quer que eu/alguém o ajude?" "Quer ver como eu faço isso?" "Você já tentou...?"
Ajudar o filho a gostar de aprender	Corrigir: "Não, isso é um elefante".	Ensinar ensinando: "Ah, você queria me mostrar o rinoceronte". (Então tome nota para ensinar "elefante" em outra ocasião.)
Cultivar a curiosidade	Dar as respostas a todas as perguntas: "O céu é azul porque..."	Estimular a criança a descobrir: "Eu não sei. Vamos descobrir juntos".
Ajudar o filho a avaliar por si mesmo, ou seja, cultivar a motivação intrínseca	Elogiar: "Muito bem!" "Bom menino/boa menina!"	1. Dar retorno acurado, descrever esforço: "Você pôs todos os caminhões na cesta". 2. Resumir em uma palavra: "Isso é o que eu chamo engenhoso". 3. Descrever sua sensação: "É um prazer entrar em uma sala arrumada".
Partilhar	Obrigar a criança a partilhar: "Agora, dê a vez para ele".	Esperar que ela termine e partilhar em esquema de rodízio: "Agora ela está brincando com isso, mas logo o brinquedo ficará disponível".

PARA...	EM VEZ DISSO	DIGA AQUILO
Aceitar o filho como ele é	Repudiar a raiva e os sentimentos avassaladores da criança: "Não seja tola, é apenas uma colher".	Reconhecer e permitir todos os sentimentos: "Parece que você está brava porque sua colher favorita não está disponível".
Relembrar as regras básicas/ domésticas para a criança	Gritar: "Chega de briga!"	Ter algumas regras domésticas: "Eu não posso deixar que você o machuque. Use suas palavras para dizer o que você quer que ele faça".
Cultivar a cooperação	Dizer não: "Não toque o bebê!"	Usar linguagem positiva: "Nós somos gentis com o bebê".
	Envolver-se no problema: "Você está me enlouquecendo. Por que você não se veste? Nós precisamos sair!"	Achar maneiras para resolver o problema: "Como podemos achar um jeito de resolver o problema? Vamos fazer uma lista contendo todas as coisas que precisamos fazer antes de sair de manhã".
	Ficar frustrado: "Por que você não me ouve? É hora do banho!"	Achar maneiras para envolver a criança: "Você quer ir para o banho saltando como um coelho ou andando de lado como um caranguejo?"
	Resmungar, gritar: "Quantas vezes tenho que falar para você calçar seus sapatos?"	Usar uma palavra: "Sapatos".
	Repetir-se: "Eu já disse para você não chegar perto do forno!"	Escrever uma advertência: "O aviso diz 'Está quente'".
	Acusar: "Por que você nunca guarda seus brinquedos quando para de brincar?"	Mostrar à criança: "Isso fica ali" (apontando para a prateleira).
Ajudar o filho a ser responsável	Ameaçar, punir, subornar ou mandar ficar um tempinho sozinho: "Se fizer isso de novo, eu vou..." "Se vier agora, eu lhe dou um adesivo". "Vá para aquele canto e pense no que fez!"	Ajudar a criança a se acalmar e depois fazer as pazes: "Você parece nervoso. Quer um carinho?" "Quer ir ao seu lugar tranquilo para se acalmar?" OU ENTÃO: "Nosso amiguinho está chorando. Como podemos fazer as pazes isso?"

PARA...	EM VEZ DISSO	DIGA AQUILO
Comunicar os limites	Evitar conflito, ser muito rígido ou dar um mau exemplo: "Eles são muito pequenos para saber o que estão fazendo". "Se me morder de novo, vou te morder e você vai ver como é ruim".	Estabelecer um limite gentil e claro: "Eu não posso deixar que você me bata/empurre/morda. Vou colocar você no chão. Se você precisa morder algo, morda essa maçã".
Evitar rivalidade entre os irmãos	Comparar irmãos: "Por que você não come suas ervilhas igual à sua irmã/irmão?"	Tratar cada criança individualmente: "Parece que você quer mais".
	Colocar o mais velho no comando: "Agora você é o irmão/irmã grande e sabe mais que o bebê".	Dar responsabilidade a todos os irmãos: "Você dois podem cuidar um do outro enquanto eu vou ao banheiro?"
Ficar neutro em brigas entre os irmãos	Tentar decidir o que é certo e errado: "O que aconteceu aqui?"	Deixar eles resolverem o problema: "Vejo duas crianças querendo o mesmo brinquedo. Eu sei que vocês irão encontrar uma boa solução para os dois".
Evite usar papéis e rótulos	Encaixar a criança em um papel ou usar rótulos: "Ele é o tímido/ela é a sabichona".	Dar à criança outra visão de si mesma: "Eu notei que você pediu ajuda sozinha".
Comunicar-se com a família/outros cuidadores	Ficar bravo com um membro da família: "Por que você está gritando com ela?"	Traduzir para ela: "Parece que a mãe/o pai querem que você..."
Dar o exemplo de graça e cortesia	Culpar os outros: "Você devia ter me dito antes".	Assumir a responsabilidade: "O que eu deveria ter feito..." "O que eu deveria ter dito..."

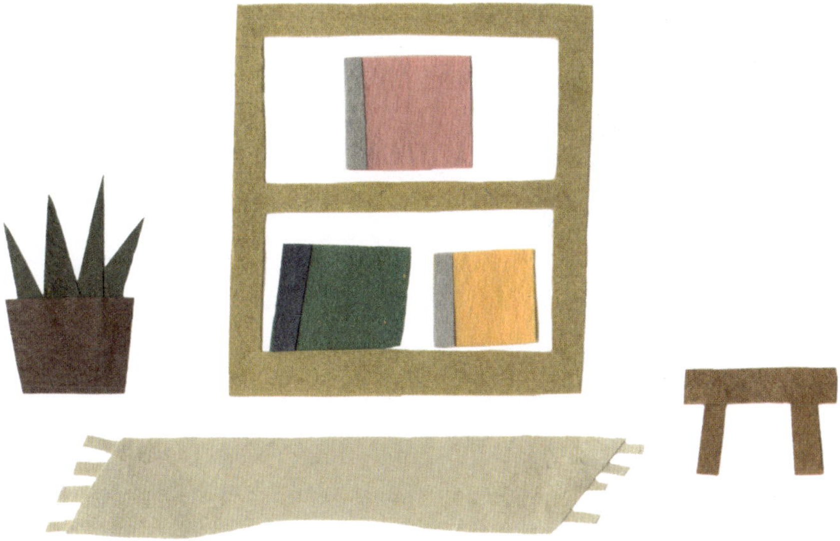

ONDE ACHAR MATERIAIS E MÓVEIS MONTESSORIANOS

Embora os estabelecimentos que vendem materiais e móveis variem conforme o país, aqui estão algumas sugestões para você começar a pesquisa.

Minha primeira recomendação é procurar lugares em sua cidade para apoiar o comércio local, reduzir a pegada de carbono e diminuir os custos com frete.

Em lojas de decoração existem algumas coisas básicas e úteis, as quais você pode customizar para dar seu toque de originalidade. Isso inclui prateleiras, mesas e cadeiras baixas, materiais de arte e artesanato, prateleiras para livros e itens para o saguão, a cozinha e o banheiro.

1. Atividades

Eu compro geralmente em lojas e feiras de artesanato das cidades para as quais viajo. Além disso, há a possibilidade de valorizar a comunidade local.

Porta-moedas estão à venda em papelarias e lojas de artigos para viagem.

Uma atividade fácil para preparar em casa é uma cesta cheia de bolsas de mão com tesouros escondidos em seu interior. Adoro procurar essas bolsas em feiras de produtos usados e bazares beneficentes. Alguns tesouros interessantes para esconder nas bolsas incluem piões pequenos, miniaturas de animais, um bebezinho de brinquedo e berloques tirados de chaveiros. (Como esses itens são miúdos e apresentam o risco potencial de engasgar as crianças, é preciso haver sempre supervisão durante seu uso.)

Eu também adoro os animais de plástico da Schleich; embora um tanto caros, eles são ideais para presentes e estão à venda em lojas de brinquedos de madeira e online.

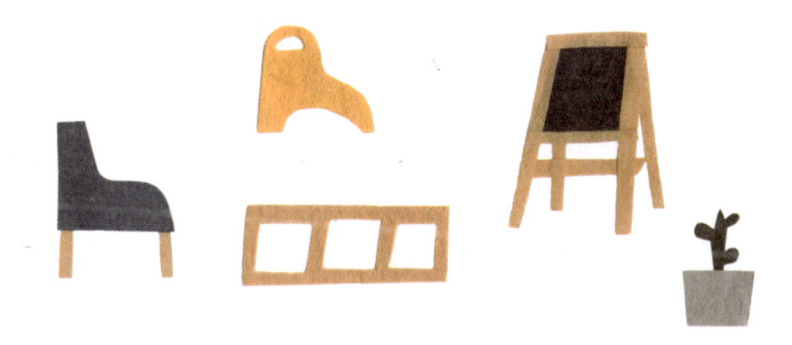

2. Materiais Artísticos

Em lojas de materiais artísticos, você encontra tesouras pequenas, materiais para pintura, lápis roliços de boa qualidade, tintas de aquarela, papéis e pincéis de vários tamanhos.

3. Cestas e Bandejas

Cestas e bandejas são perfeitas para organizar as atividades em prateleiras em casa. Elas estão à venda em lojas de utensílios domésticos, bazares beneficentes e lojas de departamento.

4. Utensílios para Lanche

Lojas de utensílios para casa têm copos duráveis, resistentes e do tamanho ideal para crianças. Compre copos de vidro, não de plástico. Mostre à criança como usar os objetos em casa. Diga que os itens podem quebrar, para que ela aprenda a manuseá-los com cuidado. Tomar líquidos em um copo deixa o gosto melhor, é uma escolha mais sustentável e apresenta risco menor de queda quando a criança está aprendendo a se servir sozinha de água, suco ou leite. Eu uso os copos Duralex menores em minha sala de aula.

Há belas tigelas esmaltadas em lojas de utensílios para casa e tigelinhas de metal na Ikea, assim como latas charmosas para biscoitos em antiquários e na Ikea.

5. Limpeza

Utensílios de limpeza em tamanho infantil, como esfregão, vassoura, escova e pá de lixo, podem ficar à mão na cozinha ou área de serviço. Em geral, eles são vendidos em lojas de brinquedos e na internet. Luvas acolchoadas de proteção são úteis e encontradas em lojas de departamentos. Achei ótimos aventais infantis na Etsy[1] pesquisando "aventais montessorianos".

6. Móveis

Mesinhas, cadeirinhas e prateleiras baixas podem ser encomendadas em marcenarias e eventualmente encontradas em brechós. As prateleiras em nossa sala de aula têm 1,20 m de comprimento x 30 cm de profundidade x 40 cm de altura.

SOBRE AS ESCOLAS MONTESSORI

O QUE PROCURAR EM UMA ESCOLA MONTESSORI

Como a marca *Montessori* nunca foi protegida por *copyrights*, há uma ampla variedade de escolas intituladas Montessori, mas nem todas aplicam genuinamente os princípios e teorias da doutora Montessori.

1. A escola promove o entendimento prático do mundo com materiais tangíveis. As crianças fazem descobertas sozinhas tocando, explorando e trabalhando com materiais sólidos e bonitos.
2. Os materiais ficam expostos em prateleiras ao alcance das crianças. As atividades são bonitas e bem apresentadas em bandejas ou cestas, sem partes faltando.
3. Há grupos etários mistos: 3 a 6 anos, 6 a 9 anos e 9 a 12 anos. As crianças maiores dão o exemplo e ajudam as crianças menores.

---

1. Loja online de variedades.

4. O tempo de trabalho é espontâneo. As crianças são livres para escolher no que querem trabalhar e podem trabalhar sem interrupções por (idealmente) três horas.

5. As crianças são felizes e independentes.

6. Há poucas provas ou nenhuma. A professora sabe que atividades cada criança dominou, então há pouca necessidade de avaliá-la.

7. A professora concluiu um programa reconhecido de formação Montessori. Gosto particularmente da Association Montessori Internationale, pois é a organização montada pela família da doutora Montessori para manter a integridade de seus cursos.

8. A professora fala respeitosamente com as crianças como um guia, estimulando-as a ser despachadas para descobrir as respostas às suas perguntas: "Eu não sei. Vamos descobrir!"

9. Há ênfase na aprendizagem natural, não na tradicional. Em vez de a professora ficar diante da turma dizendo às crianças o que elas precisam saber, as crianças são livres para explorar e fazer descobertas sozinhas de uma maneira natural.

10. A escola trata cada criança como um indivíduo singular e se ocupa de todos os aspectos de seu desenvolvimento (social, emocional, físico, cognitivo e linguístico).

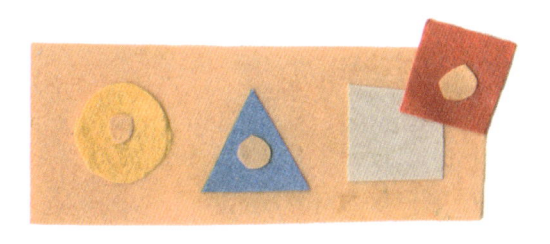

COMO É UM DIA TÍPICO EM UMA ESCOLA MONTESSORI?

Nem todos os pais entendem como é possível uma turma montessoriana ter 30 crianças trabalhando em diversas lições e assuntos simultaneamente. Então, muitas vezes me perguntam "Como a professora consegue administrar tudo?".

Vou explicar como funciona na prática.

Antes de o dia letivo começar, a professora montessoriana prepara a sala de aula. As atividades ficam alinhadas em prateleiras na altura das crianças, conforme os diferentes tópicos. Os materiais meticulosamente arrumados servem de alicerce contínuo uns para os outros, estruturando sucessivamente as habilidades.

Durante a aula, a professora observa as crianças, vê o que cada uma está aprendendo e dominando, e só passa a lição seguinte quando constata que a criança está preparada.

Ao entrar em uma sala de aula montessoriana, vemos uma criança desenvolvendo suas habilidades matemáticas, outra criança fazendo uma atividade de linguagem e duas crianças concluindo um projeto conjunto. A ideia é que a criança escolha no que quer trabalhar.

Em uma sala de aula montessoriana, menos tempo é despendido com o "controle grupal", como fazer todas as crianças se sentarem e ouvirem a lição ou irem em grupo ao banheiro. Assim, a professora tem mais tempo para focar, observar e ajudar as crianças.

Como uma sala de aula reúne idades variadas, as crianças maiores ajudam as menores e, ao explicar algo para outra criança, consolidam a própria aprendizagem. As crianças menores também aprendem observando as maiores.

Alguns pais se preocupam que, com toda essa liberdade, seu filho possa se esquivar de alguma área de aprendizagem. Caso isso aconteça, a professora montessoriana notará que a criança está despreparada e irá lhe oferecer atividades mais acessíveis e atraentes, mostrando-as de acordo com seus interesses.

MONTESSORI É ADEQUADA PARA TODAS AS CRIANÇAS?

Há dúvidas se as escolas Montessori são adequadas para todas as crianças ou apenas para aquelas que conseguem planejar bem, são muito independentes e sentam-se tranquilamente para trabalhar.

1. O método Montessori funciona para diversos tipos de aprendizagem?

Constatei que o método Montessori é adequado para todas as crianças. Os materiais dão oportunidades para aprender visual, auditiva, sinestésica (através do toque) e verbalmente, portanto despertam o interesse de crianças que aprendem de maneiras distintas.

Algumas crianças aprendem observando, outras, fazendo. Crianças não devem ficar o tempo todo "ocupadas" e podem ficar só observando outras fazerem uma atividade. Às vezes, elas aprenderam tanto observando que quando vão tentar a mesma atividade já podem tirá-la de letra. Outra criança pode aprender mais ao fazer a atividade e repetindo-a inúmeras vezes até dominá-la. Embora tenham estilos distintos de aprendizagem, ambas crianças florescem nesse ambiente.

2. A criança precisa saber planejar?

Planejar seu dia é algo que as crianças montessorianas aprendem no decorrer do tempo. Em grupos etários mais novos, as crianças seguem seu ritmo natural e interesses. À medida que crescem, vão gradualmente formando suas habilidades de planejamento.

Algumas crianças precisam de mais orientação do que outras. Uma professora montessoriana experiente é apta a guiar as crianças que precisam de mais ajuda para organizar seu trabalho.

3. E se a criança tiver necessidade de se movimentar bastante?

A abordagem montessoriana pode ser ideal para crianças irrequietas. Um adulto que entre pela primeira vez em uma sala de aula montessoriana pode achá-la surpreendentemente silenciosa. As crianças estão concentradas em suas atividades e a professora não precisa gritar para que elas se acalmem.

Todavia, as crianças são livres para se movimentar na sala de aula, observar outras e ir ao banheiro quando necessário. Além disso, as próprias atividades envolvem bastante movimentação, de forma que uma escola Montessori pode ser perfeita para uma criança irrequieta.

4. O método Montessori combina com nossa abordagem parental em casa?

O método Montessori é adequado para todas as crianças, mas algumas podem achar os limites da sala de aula muito rígidos, ao passo que outras podem achar as liberdades na sala de aula excessivas.

Acredito que o método Montessori funciona melhor quando a criança conta com uma abordagem semelhante em casa, na qual os pais a respeitam, mas também impõem limites claros – e a criança aprende a se ater a eles.

A TRANSIÇÃO DE UMA CRIANÇA DE UMA ESCOLA MONTESSORI PARA UMA TRADICIONAL

Os pais muitas vezes se preocupam com a eventual necessidade futura da criança ir para uma escola tradicional.

É natural pensar: *Como meu filho irá se adaptar ao fato de a professora dar a mesma lição para todos na classe? A seguir o cronograma da professora, e não o dele? A ficar parado durante a aula?*

A transição das escolas Montessori para outras escolas geralmente é tranquila. As crianças costumam ser muito independentes, respeitosas e sensíveis com os colegas — habilidades úteis quando entram em uma nova escola.

Eu ouvi uma criança dizer sobre a transição: "É fácil, basta fazer o que a professora manda".

Em outro caso, uma menina frequentou escolas Montessori até o ensino médio. Os maiores desafios que ela enfrentou foram:

1. Perguntar à professora se ela podia ir ao banheiro.
2. Não poder buscar informações quando não sabia alguma resposta durante as provas, pois ela estava acostumada a descobrir a solução sozinha.

Outra família achou surpreendente que na nova escola as crianças tinham de levantar as mãos para perguntar à professora se algo ia cair na prova. As crianças montessorianas estavam acostumadas a aprender porque adoravam isso, não porque seriam submetidas a testes.

SENTIMENTOS E NECESSIDADES

Eu aprendi muito nos cursos de Comunicação Não Violenta a cargo de Yoram Mosenzon do site http://www.connecting2life.net. Ele concordou gentilmente quando lhe pedi para incluir suas tabelas de sentimentos e necessidades nesse livro.

SENTIMENTOS · SENSAÇÕES · EMOÇÕES

AGRADÁVEIS (EXPANSÃO)

CALMO
- relaxado
- sereno
- tranquilo
- pacífico
- quieto
- à vontade
- confortável
- confiante
- aliviado
- centrado
- contente
- realizado
- satisfeito
- brando

FELIZ
- entretido
- animado
- encantado
- contente
- alegre
- satisfeito

CURIOSO
- fascinado
- interessado
- envolvido
- inspirado

RESTAURADO
- repousado
- estimulado
- reanimado
- reativado
- lúcido

ANIMADO
- empolgado
- entusiasmado
- ansioso
- vigoroso
- bem-aventurado
- enlevado
- radiante
- emocionado
- arrebatado
- vibrante
- expectativa
- espantado
- surpreso
- otimista

COMPAIXÃO
- terno
- caloroso
- sincero
- carinhoso
- afetuoso
- cordial
- compassivo
- emocionado

GRATO
- apreciativo
- agradecido
- emocionado
- estimulado

CONFIANTE
- empoderado
- aberto
- orgulhoso
- seguro
- esperançoso

(meio)

CONFUSO
- dividido
- perdido
- hesitante
- desconcertado
- perplexo
- desorientado

MEDO
- temeroso
- apavorado
- desconfiado
- em pânico
- paralisado
- aterrorizado
- apreensivo

VULNERÁVEL
- frágil
- inseguro
- reservado
- sensível

CIUMENTO
- invejoso

FADIGA
- sobrepujado
- esgotado
- exausto
- sonolento
- cansado

SENSAÇÕES CORPORAIS
- dor
- tenso
- trêmulo
- sem fôlego
- oprimido
- contraído
- doente
- fraco
- vazio
- sufocado

DESCONFORTÁVEL
- incomodado
- agitado
- inquieto
- incerto
- excitado
- perturbado
- irritado
- chocado
- surpreso
- alerta
- irrequieto

TRISTE
- infeliz
- decepcionado
- desanimado
- melancólico
- deprimido
- sombrio
- pena
- anseio
- desespero
- indefeso
- desiludido
- nostálgico

DOR
- derrotado
- inconsolável
- sozinho
- miserável
- sofrimento
- pesaroso
- agonia
- devastado
- arrependido
- com remorso
- culpa
- tumultuado

INCOMODADO
- irritado
- frustrado
- impaciente
- descontente
- exasperado
- insatisfeito

DESAGRADÁVEIS (CONTRAÇÃO)

PREOCUPADO
- afetado
- estressado
- nervoso
- ansioso
- irascível
- inquieto

EMBARAÇADO
- envergonhado
- tímido

ENTEDIADO
- desconectado
- alienado
- apático
- frio
- indiferente
- desligado
- impaciente

BRAVO
- transtornado
- furioso
- raivoso
- ressentido

ÓDIO
- desgostoso
- hostil
- aversão
- amargura
- enojado
- desprezo

COMUNICAÇÃO NÃO VIOLENTA

Como usar essas tabelas: Quando um pensamento nos confunde, a tabela de "Sentimentos/Sensações/Emoções" ajuda a definir o que realmente estamos sentindo. Após identificar o sentimento, podemos usar a tabela de "Necessidades básicas universais" para ver que necessidade subjacente não está sendo atendida, por exemplo, ser visto ou ouvido. Então conseguimos ser mais compassivos conosco e nos comunicar mais efetivamente com os outros a respeito dos próprios sentimentos. Podemos também estender essa compaixão aos outros e tentar entender seus sentimentos e necessidades.

NECESSIDADES BÁSICAS UNIVERSAIS

BEM-ESTAR FÍSICO	CONEXÃO	SENTIDO	LIBERDADE
ar	amor	propósito	escolha / agir conforme
nutrição (comida, água)	pertencimento	contribuição / enriquecer	a própria espiritualidade
luz	proximidade	a vida	autonomia
calor	intimidade	estar centrado	independência
repouso / sono	empatia / compaixão	esperança / fé	espaço / tempo
movimento / exercício físico	apreço	clareza	
saúde	aceitação	perceber a realidade e manter-se nela	**HONESTIDADE**
toque	reconhecimento	aprendizagem	autoexpressão
expressão sexual	confiança renovada	percepção / consciência	autenticidade
abrigo / segurança física	afeição	inspiração / criatividade	integridade
proteção / segurança emocional /	abertura	desafio / estímulo	transparência
proteção contra dor / preservação	confiança	crescimento / evolução / progresso	legitimidade / verdade
conforto	comunicação	empoderamento / poder / ter força interior /	
	partilhar / trocar		**LUDICIDADE**
HARMONIA	dar / receber	competência / capacidade	animação / sentir-se vivo / vitalidade
paz	atenção	autovalorização /	fluxo
beleza	ternura / doçura	autoconfiança /	paixão
ordem	sensibilidade / bondade	autoestima / dignidade	espontaneidade
calma / relaxamento/	respeito	eficácia / efetividade	diversão
equanimidade / tranquilidade	ver / ser visto	liberação / transformação	humor / risada / leveza
estabilidade / equilíbrio / comodidade	ouvir / ser ouvido	importar / participar /	descoberta / aventura
comunhão / integridade	compreender / ser compreendido	ter um lugar no mundo	variedade / diversidade
completamento /	consideração / cuidado / que minhas necessidades importem	espiritualidade	
digestão / integração	inclusão / participação	interdependência	
previsibilidade/ familiaridade	apoio / ajuda / acalento	simplicidade	
igualdade / justiça / imparcialidade	cooperação / colaboração	celebração / luto	
	comunidade / companheirismo /		
	parceria / solidariedade		
	mutualidade / reciprocidade		
	consistência / continuidade		

Nota: As palavras nessa lista não são "pseudosentimentos", como quando dizemos que nos sentimos "agredidos". Pseudosentimentos têm um teor mais figurativo e se ligam à maneira com que julgamos a atitude de alguém. Então, atenha-se às palavras nessa lista, as quais foram cuidadosamente selecionadas para que sejamos ouvidos.

RECEITA DE MASSA DE MODELAR

Para fazer uma boa massa de modelar, geralmente é preciso cozinhá-la, o que gera muita bagunça.
Esta receita é mais fácil, pois usa água fervente. Basta misturar os ingredientes, adicionar a água fervente, misturar por alguns minutos até a massa esfriar e, por fim, amassar. Pronto, agora você tem uma ótima massa de modelar.

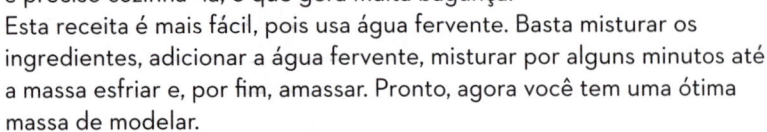

INGREDIENTES (rendem uma xícara [240 ml] de massa)

Massa de Modelar Comum
1 xícara (125 g) de farinha
2 colheres de sopa de bitartarato de potássio (cremor tártaro)
1/2 xícara (150 g) de sal
3/4 a 1 xícara (175 a 250 ml) de água fervente
1 colher de sopa de óleo de cozinha
Corante alimentício, canela, espirulina em pó ou outro corante natural

Massa de Modelar Lama de Chocolate
1 1/4 xícara (150 g) de farinha
1/2 xícara (50 g) de chocolate em pó
1 colher de chá de bitartarato de potássio (cremor tártaro)
1/4 xícara (75 g) de sal
3/4 a 1 xícara (175 a 250 ml) de água fervente
2 colheres de sopa de óleo de cozinha

INSTRUÇÕES

1. As crianças misturam os ingredientes secos em uma tigela média.
2. Adicionam a água fervente, o corante alimentício e óleo aos ingredientes secos e misturam tudo até a massa desgrudar das bordas da tigela. (Um adulto pode ajudar nessa parte).
3. Após a mistura esfriar por alguns minutos, as crianças a amassam até ficar homogênea.
4. Guarde em um recipiente vedado por até 6 meses, o qual não precisa ser armazenado na geladeira.

LISTA DE ATIVIDADES MONTESSORIANAS PARA CRIANÇAS PEQUENAS

(DE 1 ANO E MEIO A 3 ANOS)

IDADE	ATIVIDADE	DESCRIÇÃO/MATERIAIS	ÁREA DE DESENVOLVIMENTO
Todas as idades	Música / dança / movimento / canto	• Tocar instrumentos musicais. • Escutar músicas bonitas (preferivelmente não como música de fundo, mas focando nela). • Dançar e se movimentar para explorar e alongar o corpo. • Cantar.	• Música e movimento
Todas as idades	Livros	• Coleção de livros com figuras realistas que tenham a ver com a vida da criança pequena. • Uma figura por página por criança, *depois* uma figura com uma palavra, *então* uma figura com uma sentença, *daí* passe para histórias simples e *posteriormente* para histórias mais complexas. • As crianças devem ver as capas e ter fácil acesso aos livros, que ficam em uma cestinha ou em uma estante baixa. • Comece com livros cartonados e progrida para outros com capa dura e brochuras.	• Linguagem
Todas as idades	Linguagem rítmica	• Poesia, canções, cantigas com rimas. • Simples e que não sejam muito longas. • Bem realista. • Movimentos corporais e dos dedos que acompanhem. Exemplos: rimas infantis, rimas marcadas com os dedos, *haiku*, brincadeira com as mãos.	• Linguagem

IDADE	ATIVIDADE	DESCRIÇÃO/MATERIAIS	ÁREA DE DESENVOLVIMENTO
Todas as idades	Autoexpressão	• Momentos durante o dia em que a criança quer partilhar algo com o adulto. • Para um bebê que ainda não fala, pode-se usar sons, expressões ou mostrar a língua. • Uma criança maior usará palavras, depois frases e sentenças. • O adulto deve ficar no nível do olhar da criança, manter contato visual (se culturalmente apropriado) e estar presente. • Nós podemos reafirmar o que a criança disse. • Por meio da linguagem corporal e da fala, o adulto demonstra à criança que está muito interessado naquilo que ela está partilhando.	• Linguagem

12 meses	Rabiscar	• Exemplos de quadro-negro:
		  1. Montado no verso de um cavalete de pintura;
		  2. Compensado grande pintado com tinta de quadro-negro, encostado na parede e rente ao chão;
		  3. Quadro-negro pequeno que caiba em uma prateleira
		• Giz — comece com o branco e introduza gradualmente outros tipos de giz colorido.
		• Apagador pequeno.
			• Arte
			• Autoexpressão

IDADE	ATIVIDADE	DESCRIÇÃO/MATERIAIS	ÁREA DE DESENVOLVIMENTO
Capaz de ficar em pé sem ajuda	Cavalete e tinta	• Cavalete; • Papel que cubra totalmente a superfície do cavalete; • Comece com uma cor de tinta espessa em um copo e introduza gradualmente outras cores (uma de cada vez). Pode-se dar duas ou mais cores para uma criança maior; • Pincel gordo com cabo curto; • Bata/avental para pintar; • Gancho para pendurar bata/avental; • Bobina de papel; • Pano seco para enxugar respingos.	• Arte • Autoexpressão
A partir dos 12 meses	Base com aros de gradação	• Base com haste e quatro ou cinco aros de gradação variada, idealmente alternando as cores. • O aro na base não deve ser maior do que a mão espalmada da criança.	• Atividades para coordenação olho-mão
A partir dos 12 meses	Porcas e parafusos	• Parafusos com um ou dois formatos diferentes com as porcas correspondentes; • Para começar, ponha a porca no parafuso.	• Atividades para coordenação olho-mão
A partir dos 12 meses	Abrir e fechar	• Cesta com dois ou três objetos para abrir e fechar, por exemplo, (uma caixa decorativa, uma lata, bolsa com colchete de pressão, potes de maquiagem, porta-escova de dentes.	• Atividades para coordenação olho-mão

IDADE	ATIVIDADE	DESCRIÇÃO/MATERIAIS	ÁREA DE DESENVOLVIMENTO
A partir dos 12 meses	Objetos para expandir o vocabulário	• Três a seis objetos reais ou réplicas da mesma categoria. • Exemplos: frutas, legumes, roupas, animais de zoológico, animais de fazenda, animais de estimação, insetos, mamíferos, aves, vertebrados, invertebrados e assim por diante.	• Ajudam no desenvolvimento da linguagem • Expande o vocabulário
A partir dos 12 meses	Caixa com pinos coloridos	• Caixa de madeira com seis buracos e uma área para colocar pinos tirados dos buracos.	• Refinamento da coordenação olho-mão e da preensão
A partir dos 12 meses	Cubos em um pino vertical	• Base com três cubos em espiga — guarde os cubos em uma cesta ou espiga. • Preparação para enfileiramento de contas.	• Refinamento da coordenação olho-mão e da preensão
A partir dos 12-14 meses	Quebra-cabeças	• Coleção de quebra-cabeças com botões passando para graus crescentes de dificuldade. • O tema do quebra-cabeça deve ser realista e atraente, por exemplo, animais ou veículos de construção.	• Refinamento da coordenação olho-mão e do movimento de pinça • Desenvolve a capacidade de reconhecer uma forma ao fundo
A partir dos 13 meses	Cadeados e chaves	• Cadeado com a chave presa em um cordão.	• Atividades para coordenação olho-mão
Após a criança aprender a andar	Limpar a mesa	• Bandeja ou cesta com uma esponja/luva para secar. • Substituir esponjas/luvas.	• Cuidados com o ambiente
A partir dos 14 meses	Objetos com cartelas idênticas para combinar	• Conjuntos classificados de objetos que tenham cartelas iguais. • Figuras idênticas a objetos — se possível, da mesma cor e tamanho —, para que a criança ponha o objeto por cima cobrindo totalmente a figura.	• Ajuda o desenvolvimento da linguagem • Ajuda a criança a passar de um objeto tridimensional para uma representação bidimensional

IDADE	ATIVIDADE	DESCRIÇÃO/MATERIAIS	ÁREA DE DESENVOLVIMENTO
A partir dos 14 meses	Caixa de madeira com tampa deslizante	• Caixa com tampa deslizante e objeto dentro, o qual é trocado regularmente.	• Refinamento da coordenação olho-mão e da preensão
A partir dos 14 meses	Caixa com gavetas	• Caixa de madeira com três gavetas que abrem. • Três objetos diferentes colocados em cada compartimento.	• Refinamento da coordenação olho-mão e da preensão • Para exercitar os movimentos do punho
A partir dos 14 meses	Atividades de encaixe	• Caixas para enfiar objetos de formatos e tamanhos diferentes. • Conjunto básico com um só formato, por exemplo, uma tampa com um círculo, uma com um quadrado, uma com um triângulo e outra com um retângulo vazado. • Torne a atividade mais desafiadora — por exemplo, dois formatos recortados em uma tampa, e depois com quatro formatos.	• Refinamento da coordenação olho-mão e da preensão • Introdução e denominação de formas geométricas
A partir dos 14 meses, quando já anda bem	Regar plantas	• Bandeja (para proteger a prateleira); • Regador pequeno; • Recipiente pequeno com um pedaço pequeno de esponja de lavar louça; • Planta.	• Cuidados com o ambiente
A partir dos 14 meses	Vestir-se, despir-se e guardar as roupas	• Por e tirar o próprio casaco, sapatos e roupas, e pendurá-los em um gancho ou colocá-los em uma cesta.	• Autocuidado
A partir dos 14 meses	Lavar as mãos na pia	• Sabonete em barra ou líquido. • Toalha.	• Autocuidado

IDADE	ATIVIDADE	DESCRIÇÃO/MATERIAIS	ÁREA DE DESENVOLVIMENTO
A partir dos 14 meses	Assoar o nariz	• Lenços de papel — podem ser cortados ao meio e dobrados; • Espelho; • Pequena lata de lixo com pedal para abrir a tampa; • Assoe seu nariz para mostrar à criança e depois peça para ela fazer o mesmo.	• Autocuidado
A partir dos 14 meses	Escovar os dentes	• Pia do banheiro; • Lugar para guardar a escova de dentes; • Escova de dentes; • Pasta de dentes; • Deixe a criança escovar os dentes e se ofereça para dar o toque final.	• Autocuidado
A partir dos 14 meses	Telaio: velcro	• Bastidor de madeira e dois pedaços de tecido presos com velcro; • Para praticar abrir e fechar velcro.	• Autocuidado
A partir dos 14-16 meses	Escalar	• Por exemplo, mastros, parede de escalada, corridas de obstáculos, árvores.	• Atividades para movimentos motores grossos
A partir dos 14-16 meses	Empurrar/puxar	• Por exemplo, empurrar e puxar um carrinho de mão.	• Atividades para movimentos motores grossos
A partir dos 14-16 meses	Pendurar-se com os braços e fazer a braquiação	• Por exemplo, trepa-trepa, argolas.	• Atividades para movimentos motores grossos
A partir dos 14-16 meses	Escorregador	• De preferência com uma plataforma grande no topo e pista com largura suficiente para a criança escorregar com independência.	• Atividades para movimentos motores grossos
A partir dos 14-16 meses	Correr	• Por exemplo, pistas de corrida com setas; uma cesta de bolas fica em cada ponta da pista e a criança leva uma bola de uma cesta para outra.	• Atividades para movimentos motores grossos

IDADE	ATIVIDADE	DESCRIÇÃO/MATERIAIS	ÁREA DE DESENVOLVIMENTO
A partir dos 14-16 meses	Pular	• Por exemplo, pular por cima de uma linha no chão como no jogo de amarelinha; quando a criança conseguir pular com os dois pés, introduza uma elevação.	• Atividades para movimentos motores grossos
A partir dos 14-16 meses	Pedalar	• Por exemplo, bicicleta de equilíbrio ou triciclo baixo impulsionado com os pés no chão; a partir dos 2 anos e meio, introduza triciclos com pedais.	• Atividades para movimentos motores grossos
A partir dos 14-16 meses	Equilíbrio	• Por exemplo, uma barra de equilíbrio como uma prancha de madeira sobre alguns livros ou tijolos. • Inicialmente, a criança anda de lado na prancha apoiando-se na parede diante dela; depois anda para a frente na prancha apoiando uma mão na parede; depois fica com um pé na prancha e o outro no chão (e então alterna os pés entre a prancha e o chão); por fim, você pode alterar a altura da prancha ou afastá-la da parede; a criança também pode rastejar em uma prancha larga.	• Atividades para movimentos motores grossos
A partir dos 14-16 meses	Balançar	• O balanço deve ser baixo para a criança sentar-se, balançar-se e sair sozinha. A criança se acomoda no assento e empurra com os pés ou reclina, ergue os pés e se solta.	• Atividades para movimentos motores grossos

IDADE	ATIVIDADE	DESCRIÇÃO/MATERIAIS	ÁREA DE DESENVOLVIMENTO
A partir dos 14-16 meses	Outras opções para se movimentar	• Plataforma sobre base semicircular (ou prancha de equilíbrio) — muito indicada para desenvolver o equilíbrio, entender o retorno dado pelo corpo e coordenar os movimentos; • Túneis em forma de Y feitos com materiais naturais como galhos de árvore; • Labirintos cobertos por caixas; • Canteiros de areia; • Bola ou balanço de pneu; • Jardinagem e compostagem; • Gruta feita de materiais naturais como galhos de árvore; • Água corrente.	• Atividades para movimentos motores grossos
A partir dos 14-16 meses	Discos em um pino	• Pino horizontal reto de metal sobre uma base de madeira com um a três discos.	• Refinamento da coordenação olho-mão e da preensão • Para cruzar a linha mediana • Para trabalhar os movimentos do pulso
A partir dos 14-16 meses	Discos em pinos em serpentina	• Um a três discos em pino de metal em serpentina sobre uma base de madeira.	• Refinamento da coordenação olho-mão e da preensão • Para cruzar a linha mediana • Para trabalhar os movimentos do pulso
A partir de 15-16 meses	Lavar folhas	• Pratinho em forma de folha com pedaço de esponja; • Bandeja para proteger a prateleira de respingos de água.	• Cuidados com o ambiente

IDADE	ATIVIDADE	DESCRIÇÃO/MATERIAIS	ÁREA DE DESENVOLVIMENTO
A partir de 15-18 meses	Trincos	• Coleção de trincos pregados em diversos móveis ou em portas, por exemplo, trinco com corrente, gancho ou barra.	• Refinamento da coordenação olho-mão e da preensão
A partir de 15-18 meses	Escovar o cabelo	• Espelho e escova de cabelo. • Bandeja para a escova de cabelo e pratinho para grampos e fivelas.	• Autocuidado
A partir de 15-18 meses	Três cavilhas com aros pequenos	• Base quadrada de madeira com três cavilhas em cores primárias. • Três aros de cada cor.	• Refinamento da coordenação olho-mão e da preensão
A partir de 16-18 meses	Argila	• Esteira de plástico ou mesa especial coberta com lona para trabalhos com argila; • Bola de argila (branca/terracota) envolta em um pano úmido em um recipiente; outras alternativas são argila branca, massa de modelar e areia cinética; • Utensílios para cortar e esculpir.	• Arte • Autoexpressão
A partir de 16-18 meses	Varrer	• Vassoura; • Pode-se fazer um guia ou um círculo a giz no chão para mostrar onde passar a vassoura; • Pá de lixo e escova.	• Cuidados com o ambiente
A partir de 16-18 meses	Tirar pó	• Pano de pó.	• Cuidados com o ambiente
A partir de 16-18 meses	Esfregar o chão	• Esfregão de tamanho infantil com toalhinha presa. • Pendurar o esfregão no armário da lavanderia.	• Cuidados com o ambiente
A partir de 16-18 meses	Espanar as plantas	• Espanador artesanal de lã. • Recipiente para coletar o pó.	• Cuidados com o ambiente

IDADE	ATIVIDADE	DESCRIÇÃO/MATERIAIS	ÁREA DE DESENVOLVIMENTO
A partir de 16-18 meses	Telaio: zíper	• Bastidor de madeira e dois pedaços de tecido presos com um zíper. • O tecido não abre — o zíper está preso na base. • Pode-se colocar uma argola de metal no puxador do zíper. • Praticar usando um zíper.	• Autocuidado
A partir de 16-18 meses	Contas em um cordão	• Inicialmente, é mais fácil usar um filamento plástico como linha, pois permite que a criança passe a linha através da conta. • Cinco ou seis contas de madeira — depois ofereça mais contas. • Mais desafiador: fio mais grosso, contas maiores, um cadarço com contas pequenas. • As duas mãos trabalham juntas.	• Refinamento da coordenação olho-mão e da preensão
A partir dos 18 meses	Arranjos florais	• Coleção de vasos diferentes; • Paninhos ornamentais; • Flores — cortadas no comprimento que será usado; • Bandeja com uma borda; • Canequinha; • Funil pequeno; • Esponja; • A criança usa o funil para verter água no vaso, coloca a flor dentro dele e o ajeita sobre um paninho bordado em uma mesa ou prateleira.	• Cuidados com o ambiente
A partir dos 18 meses	Pendurar panos, guardanapos, luvas de proteção, toalhinhas e aventais lavados	• Varal. • Pregadores de roupa.	• Cuidados com o ambiente

IDADE	ATIVIDADE	DESCRIÇÃO/MATERIAIS	ÁREA DE DESENVOLVIMENTO
A partir de 18 meses	Juntar restos de comida e colocá-los na composteira/ fazenda de minhocas	• Restos de comida; • Ancinho, pá de lixo e escova de tamanho infantil; • Carrinho de mão; • Composteira/fazenda de minhocas.	• Cuidados com o ambiente externo
A partir dos 18 meses	Germinação de sementes	• Sementes — Use um potinho de vidro e cole do lado de fora uma figura da planta que irá nascer. Escolha sementes que germinem rapidamente, como de ervilhas, feijões, milho, rabanetes, abóboras e girassóis; • Potinhos feitos de argila, jornal ou turfa; • Ferramentas pequenas de jardinagem, incluindo pá e ancinho; • Avental; • Bandejinha com um pratinho; • Bandejinha e canequinha de jardinagem no parapeito da janela ou perto de uma fonte de luz; • Um saco de lixo.	• Cuidados com o ambiente
A partir dos 18 meses	Outras atividades	• Varrer; • Limpar com ancinho; • Cavar; • Esfregar azulejos, mesas e bancos; • Regar plantas; • Colher e cuidar das flores; • Plantar uma flor/legume/ erva que demande cuidado constante.	• Cuidados com o ambiente externo

IDADE	ATIVIDADE	DESCRIÇÃO/MATERIAIS	ÁREA DE DESENVOLVIMENTO
A partir dos 18 meses (capaz de carregar uma caneca)	Lavar as mãos na mesa	• Bacia pequena para lavar as mãos; • Caneca; • Saboneteira com pedacinho de sabonete; • Avental; • Toalhinha para enxugar as mãos; • Luva para secar a mesa; • Balde para água suja; • Adequado para a criança que queira lavar as mãos de novo na pia.	• Autocuidado
A partir dos 18 meses	Limpar sapatos	• Capacho. • Usar escovinha com cabo ou escovinha de unhas.	• Autocuidado
A partir dos 18 meses	Arrumar a mesa	• Ajudar a arrumar a mesa levando uma cesta com talheres; • Ajudar a estender a toalha de mesa; • Ajudar a dobrar os guardanapos; • Ajudar a preparar toalhinhas quentes.	• Preparação de alimentos
A partir dos 18 meses	Ajudar a tirar a mesa	• Limpar o rosto com toalhinha quente. • Levar pratos e talheres para a cozinha.	• Preparação de alimentos
A partir dos 18 meses	Preparar biscoitos	• Faquinhas de ponta arredondada; • Potinho com manteiga, geleia, mel, *hommus* ou semelhante; • Caixinha com biscoitos; • A criança espalha um pouco da cobertura no biscoito e senta-se para comer; • Pode preparar em pé ou sentada.	• Preparação de alimentos

IDADE	ATIVIDADE	DESCRIÇÃO/MATERIAIS	ÁREA DE DESENVOLVIMENTO
A partir dos 18 meses	Espremer laranja para fazer suco	• Espremedor manual ou elétrico — aquele que a criança consiga usar sozinha; • Caneca para coletar o suco; • Copo para beber; • A criança pode espremer as laranjas e levar as cascas para a compostagem ou a lata de lixo.	• Preparação de alimentos
A partir dos 18 meses	Cortar banana	• Corte uma fenda na ponta da banana para a criança descascá-la; • Tábua de corte; • Faca de manteiga ou outra não serrilhada para cortar banana; • A criança pode levar a casca para a composteira ou para a lata de lixo; • A criança pode colocar a banana em uma tigela e levá-la à mesa.	• Preparação de alimentos
A partir dos 18 meses	Descascar e cortar maçã	• Descascador; • Cortador e descaroçador de maçã; • Tábua de corte; • A criança pode descascar a maçã de cima para baixo apoiando-a na tábua de corte; • O cortador é empurrado de cima para baixo para dividir a maçã em oito pedaços e tirar o núcleo; • A criança pode colocar a maçã em uma tigela e levá-la à mesa.	• Preparação de alimentos
A partir dos 18 meses	Pôr água em um copo	• Acesso à torneira/canequinha/filtro; • Copo; • Ter uma esponja e uma luva para limpar os respingos.	• Preparação de alimentos

IDADE	ATIVIDADE	DESCRIÇÃO/MATERIAIS	ÁREA DE DESENVOLVIMENTO
A partir dos 18 meses	Pintura com aquarela	• Bandeja; • Pastilha de aquarela; • Potinho com água; • Pincel; • Pano para enxugar respingos; • Forro; • Papel; • Mostre à criança como molhar o pincel na tinta e pintar no papel.	• Arte • Autoexpressão
A partir dos 18 meses	Classificar objetos	• Prato com três partes e dois a quatro tipos diferentes de cada item, como conchas, nozes, vagens, formas geométricas.	• Promove o refinamento do tato • Ajuda a aprender a classificar
A partir dos 18 meses	Cartelas de vocabulário	• Conjuntos de cartelas classificadas que tenham a ver com a vida da criança. • Comece com classificações simples.	• Ajudam o desenvolvimento da linguagem e a expansão do vocabulário
A partir dos 18-22 meses	Telaio: botões	• Bastidor de madeira e dois pedaços de tecido unidos por três botões grandes. • Casa vertical de botão. • Para praticar o abotoamento.	• Autocuidado
A partir dos 18-22 meses	Telaio: colchetes de pressão	• Bastidor de madeira e dois pedaços de tecido com colchetes de pressão.	• Autocuidado
A partir dos 18-22 meses	Lavar a mesa	• Bandeja com tigela, sabão, escova e esponja.	• Cuidados com o ambiente
A partir dos 18 meses-2 anos	Polir o espelho	• Recipiente pequeno com polidor não tóxico de espelho; • Esponja retangular para aplicar o produto; • Luva de proteção; • Colocar os itens sobre um forro.	• Cuidados com o ambiente

IDADE	ATIVIDADE	DESCRIÇÃO/MATERIAIS	ÁREA DE DESENVOLVIMENTO
A partir dos 18 meses-2 anos	Lustrar madeira	• Recipiente que a criança manuseie facilmente; • Frasco de lustra-móveis não tóxico, como cera de abelha; • Pratinho; • Luva de proteção; • Itens de madeira para lustrar.	• Cuidados com o ambiente
A partir dos 18 meses-2	Colar	• Caixa com espaço para pincel, pote com um pouco de cola, seis formas grandes e papel no qual elas serão coladas.	• Refinamento da coordenação olho-mão, da preensão e da movimentação dos dedos • Para ensinar a habilidade prática de colar • Arte • Autoexpressão
Por volta dos 2 anos	Lavar pratos	• Mesa com duas bacias; • Escova com cabo pequeno ou esponja pequena; • Frasco pequeno com um pouco de detergente; • Caneca de plástico transparente com marca mostrando o nível desejado de água; • Avental; • Luva de secagem; • Pano para enxugar as mãos.	• Preparação de alimentos
Por volta dos 2 anos	Enxugar os pratos	• Coloque o pano de prato na mesa e a tigela ou copo sobre o pano; dobre o pano dentro da tigela ou copo; pressione; desdobre.	• Preparação de alimentos
Por volta dos 2 anos	Limpar janelas	• Borrifador com 1 xícara (240 ml) de água; vinagre é opcional; • Rodinho; • Pedaço de camurça ou pano.	• Cuidados com o ambiente

IDADE	ATIVIDADE	DESCRIÇÃO/MATERIAIS	ÁREA DE DESENVOLVIMENTO
Por volta dos 2 anos	Lavar panos	• Mesa com duas bacias; • Tábua pequena de esfregar roupa; • Barra de sabão; • Saboneteira ou algum pote para guardar o sabão em barra; • Caneca; • Duas cestas de plástico no chão; • Avental; • Luva de secagem; • Pano para enxugar as mãos.	• Cuidados com o ambiente
Por volta dos 2 anos	Uso de tesouras	• Par de tesourinhas; • Envelopes feitos à mão; • Tiras bem estreitas de fichas de arquivo que a criança corte com uma tesourada.	• Refinamento da coordenação olho-mão e da preensão • Para aprender a habilidade prática de cortar • Para desenvolver movimentos precisos com as mãos

IDADE	ATIVIDADE	DESCRIÇÃO/MATERIAIS	ÁREA DE DESENVOLVIMENTO
Por volta dos 2 anos	Bolsas estereognósticas (saco de mistérios)	• Bolsa atraente com cinco a oito objetos relacionados, não relacionados ou em pares. • Bolsa com interior parcialmente visível para que a criança tateie o objeto. • Exemplos: 　1. Utensílios de cozinha de tamanho infantil — espátulas pequenas, forminha de biscoitos, peneira, batedor feito de bambu, espátula 　2. Bolsa com itens de outro país, como uma bolsa feita de quimono contendo pequenos objetos japoneses 　3. Itens para cabelo 　4. Ferramentas de jardinagem	• Para ajudar no desenvolvimento da estereognosia • Para aumentar o vocabulário
Por volta dos 2 anos	Exercícios com perguntas	• Conversas que podem ocorrer ao longo do dia, por exemplo, enquanto vocês dobram as roupas lavadas ou preparam comida. • Exemplo: "Você se lembra de quando nós plantamos o manjericão e ele começou a crescer?" "Onde foi que nós plantamos as sementes de manjericão?" "O que nós usamos para colher o manjericão?" • Tenha essa conversa com naturalidade.	• Para usar o vocabulário em desenvolvimento • Para ampliar o raciocínio da criança, ajudá-la a abstrair informações de suas experiências e verbalizá-las • Fomenta a autoconfiança • Permite que o adulto dê o exemplo do uso da linguagem

IDADE	ATIVIDADE	DESCRIÇÃO/MATERIAIS	ÁREA DE DESENVOLVIMENTO
A partir dos 2 anos	Costura	• Uma cesta ou caixa contendo tesouras, linha e *kit* com agulhas de ponta arredondada e grossa de tapeçaria ou bordado. • A primeira tarefa de costura consiste em uma linha diagonal perfurada em uma cartela quadrada; progrida para buracos em formas quadradas e circulares; depois para bordado ou pregar botões.	• Refinamento da coordenação olho-mão e da preensão • Para aprender a habilidade prática de costurar • Para praticar precisão e exatidão
A partir dos 2 anos	Graduar os tamanhos de porcas e parafusos	• Painel com contas de madeira com orifícios de vários tamanhos; • Um recipiente com parafusos que se encaixam no orifício e porcas.	• Coordenação olho-mão
A partir dos 2 anos	Esticar tiras de elásticos em um geoplano	• Usar um geoplano para esticar elásticos. Você pode criar um padrão ou deixar a criança livre para inventar o que quiser.	• Coordenação olho-mão
A partir dos 2 anos e meio	Engraxar sapatos	• Recipiente contendo um pouco de graxa; luva de proteção para aplicar a graxa e escova com cerdas macias; • Forro estendido sobre a mesa inteira; • Calçadeira se os sapatos estiverem gastos.	• Autocuidado
A partir dos 2 anos e meio	Telaio: fivelas	• Bastidor de madeira e dois pedaços de couro presos com três ou quatro fivelas. • Para praticar o manuseio de fivelas.	• Autocuidado
A partir dos 2 anos e meio	Ajudar a preparar itens de forno	• Ajudar a medir os ingredientes; • Misturar os ingredientes; • Varrer e limpar tudo antes de colocar o item no forno.	• Preparação de alimentos

IDADE	ATIVIDADE	DESCRIÇÃO/MATERIAIS	ÁREA DE DESENVOLVIMENTO
A partir dos 3 anos	Ajudar a botar a louça na máquina de lavar	• Ajudar a esvaziar a máquina de lavar louça.	• Vida cotidiana
A partir dos 3 anos	Ajudar na reciclagem	• Separar o que será reciclado e colocar em um recipiente.	• Vida cotidiana
A partir dos 3 anos	Arrumar a cama	• Arrumar a própria cama — só esticar o edredom.	• Vida cotidiana
A partir dos 3 anos	Usar o vaso sanitário sozinha	• Com a ajuda de um banquinho e de um assento menor encaixado no vaso ou usar um penico.	• Vida cotidiana
A partir dos 3 anos	Ajudar em receitas culinárias mais complexas	• Por exemplo, ajudar a fazer lasanha.	• Preparação de alimentos
A partir dos 3 anos	Alimentar animais de estimação	• Coloque um pouco da ração para peixe em uma xícara pequena. • Dar água para o cachorro. • Dar comida para o gato, o hamster ou outro animal de estimação.	• Vida cotidiana
A partir dos 3 anos	Ajudar a dobrar roupas e meias lavadas	• Participar no processo de lavar as roupas. • Convide a criança para separar os itens por pessoa ou cor, juntar os pares de meias, aprender a dobrar e assim por diante.	• Vida cotidiana
A partir dos 3 anos	Ajudar nos preparativos para receber convidados	• Arrumar as camas; • Arrumar os cômodos, juntar os brinquedos e assim por diante; • Preparar uma refeição.	• Vida cotidiana

IDADE	ATIVIDADE	DESCRIÇÃO/MATERIAIS	ÁREA DE DESENVOLVIMENTO
A partir dos 3 anos	Os primeiros jogos de tabuleiro	• Lista de compras e outros jogos educativos e cooperativos. • Jogos simples de cartas, como Mico. • Os jogos podem ser simplificados conforme a idade da criança.	• Promovem a cooperação, o entendimento de regras simples e diversão
A partir dos 3 anos	Materiais mais difíceis de costura, arte e artesanato	• Cartelas com formatos mais complexos, como o de um coração; • Pregar botões; • Costurar padrões de bordado; • Costurar uma almofada; • Projetos artísticos com mais de uma etapa.	• Artes • Autoexpressão
A partir dos 3 anos	Exploração do mundo ao redor da criança	• Por exemplo, coleções de itens encontrados na natureza, aves, animais, plantas e árvores.	• Botânica • Estudos culturais • Ciências naturais
A partir dos 3 anos	Encaixe e triagem mais precisos	• Cadarço com contas pequenas; • Pedaço de lã para pregar tirinhas de palha com uma agulha de bordado.	• Coordenação olho-mão • Refinamento da preensão
A partir dos 3 anos	Quebra-cabeças de composição (12 ou mais peças)	• Quebra-cabeças mais difíceis, incluindo em camadas, de composição e outros com mais peças.	• Refinamento da coordenação olho-mão e da preensão com pinça • Desenvolve a capacidade de reconhecer uma forma ao fundo
A partir dos 3 anos	Martelar formas em uma placa de cortiça	• Placa de cortiça; • Contas com formas de madeira; • Preguinhos e martelo.	• Coordenação olho-mão

IDADE	ATIVIDADE	DESCRIÇÃO/MATERIAIS	ÁREA DE DESENVOLVIMENTO
A partir dos 3 anos	Picar	• Picar forma desenhada no papel; • Forro de feltro; • Caneta picadora; • A criança segue a linha até a forma poder ser retirada.	• Refinamento da coordenação olho-mão e da preensão.
A partir dos 3 anos	Eu espio	• Se a criança se interessar pelos sons das letras, use os fonemas das letras.	• Desenvolvimento da linguagem e de habilidades pré-leitura
A partir dos 3 anos	Calendário	• Faça ou compre um calendário simples para a criança mudar o dia, o mês e a previsão meteorológica. • Mais detalhes podem ser acrescentados à medida que a criança cresce.	• Compreensão do tempo
A partir dos 3 anos	Muitas brincadeiras espontâneas e ao ar livre	• Todos os dias a criança deve ficar ao ar livre e ter tempo para brincar livremente.	• Vida cotidiana • Ambiente externo • Diversão
A partir dos 3 anos	WEDGiTS	• Esses brinquedos educativos induzem a criança a construir em sequência e a fazer vários padrões. • WEDGiTS podem ser adquiridos.	• Embora não sejam montessorianos, esses brinquedos são adequados para o ambiente doméstico
A partir dos 3 anos	*Kits* de construção bem selecionados	• Há lindos brinquedos de madeira com pistas que as crianças podem construir sozinhas. • Por exemplo, LEGO, Magna-Tiles, blocos de madeira.	• Embora não seja montessoriano, esses brinquedos são adequados para o ambiente doméstico
A partir dos 3 anos	Corrida de bolinhas (*Marble run*)	• Existem lindas pistas de corrida de bolinhas em madeira que as crianças podem construir por c onta própria.	• Embora não seja montessoriano, esse brinquedo é adequado para o ambiente doméstico

ÍNDICE REMISSIVO

A

adulto 7, 8, 11, 14, 15, 16, 25, 29, 30, 34, 53, 56, 65, 75, 84, 119, 122, 131, 137, 139, 141, 143, 145, 147, 149, 151, 167, 176, 183, 202, 210, 216, 218, 219, 234, 238, 239, 253, 263, 281, 286, 289, 304
almoço 146, 178, 180
ambiente 24, 25, 99
amigos 58
amor 165
animais 16, 44, 53, 57, 60, 62, 64, 66, 81, 84, 120, 276, 291, 306, 307
aprendizagem 6, 8, 23, 25, 28, 35, 59, 90, 94, 108, 111, 115, 134, 210, 213, 215, 218, 221, 249, 251, 253, 254, 260, 262, 264, 279, 280, 281, 285
Artes 6, 36, 92, 307
artesanatos 6, 30, 36, 37, 63, 64, 75, 85, 86, 87, 105, 170
As Cinco Linguagens do Amor 212, 267
atividades 6, 8, 12, 16, 18, 21, 26, 28, 30, 33, 36, 37, 38, 39, 41, 44, 45, 46, 51, 52, 56, 58, 59, 60, 61, 63, 64, 73, 82, 85, 86, 88, 89, 91, 92, 95, 96, 97, 98, 99, 100, 105, 107, 111, 115, 116, 118, 120, 125, 209, 212, 249, 261, 264, 271, 277, 278, 279, 280, 282, 298
Austrália 8, 116, 171, 259, 260, 264, 268, 269
autoconhecimento 8, 218
avós 8, 236, 243

B

babá 210, 215, 220, 237, 240
banheiro 61, 62, 186
banho 33, 61, 62, 114, 141, 145, 147, 168, 171, 182, 185, 191, 192, 208, 222, 231, 238, 269, 273
bebê 12, 14, 50, 51, 58, 59, 71, 97, 132, 150, 184, 186, 191, 192, 193, 199, 204, 239, 244, 250, 255, 273, 274, 289
bebês 12, 18, 26, 34, 75, 183, 225, 265, 268
bilíngue 215
birras 156
brincar 14, 27, 54, 64, 75, 83, 97, 121, 127, 176, 177, 184, 194, 199, 200, 201, 205, 210, 211, 249, 251, 273, 308
brinquedos 6, 12, 18, 36, 38, 46, 58, 61, 62, 84, 88, 95, 98, 138, 146, 160, 184, 191, 192, 199, 201, 205, 207, 213, 229, 272, 273, 276, 278, 306, 308

C

calçar os sapatos 140
Canadá 8, 259
castigo 11, 136, 137
chupeta 190
cognitivo 279
comida 14, 18, 28, 83, 93, 128, 143, 151, 152, 154, 170, 176, 177, 178, 179, 180, 181, 208, 226, 242, 262, 285, 298, 304, 306
Como falar para seu filho ouvir e como ouvir para o seu filho falar 228

comportamento 6, 17, 108, 129, 145, 152, 154, 159, 160, 165, 190, 193, 204, 205, 207, 210, 224, 250
concentração 7, 33, 42, 43, 44, 59, 73, 77, 88, 99, 153, 167, 199, 208, 209, 216
concentração 208
conflitos 194, 195, 200, 216, 244, 247
cozinha 61, 62
crianças 2, 11, 13, 14, 15, 16, 17, 18, 30, 39, 46, 50, 53, 56, 64, 69, 70, 71, 73, 75, 77, 82, 88, 92, 95, 110, 114, 115, 116, 117, 120, 127, 143, 144, 150, 152, 158, 159, 164, 168, 172, 173, 179, 180, 203, 206, 213, 281
crianças pequenas 5, 6, 8, 9, 12, 13, 14, 15, 16, 18, 19, 21, 30, 31, 33, 34, 35, 37, 38, 45, 46, 53, 54, 56, 59, 63, 64, 65, 66, 67, 69, 73, 75, 77, 79, 90, 92, 96, 97, 115, 116, 120, 121, 136, 138, 139, 141, 143, 147, 149, 151, 156, 170, 171, 174, 176, 177, 183, 192, 199, 206, 210, 214, 226, 238, 240, 246, 252, 256, 263, 265, 268, 271
cuidadores 8, 149, 236, 239, 240, 244, 265, 269, 274
curiosidade 6, 19, 35, 42, 108, 110, 111, 123, 190, 227, 272

D

Daniel Siegel 157
desenvolvimento 15, 33, 34, 52, 53, 71, 82, 85, 122, 123, 186, 197, 215, 221, 250, 252, 253, 254, 267, 279, 291, 301, 304
desjejum 169
disciplina 12, 152, 158, 159, 267
divórcio 245
dormir 125, 140

E

educação 2, 8, 23, 24, 231, 248, 255, 262
educadores 19
emocional 8, 112, 156, 211, 212, 218, 225, 279, 285

emoções 284
escola 8, 12, 32, 56, 85, 136, 141, 170, 174, 212, 214, 215, 231, 237, 240, 241, 249, 253, 256, 264, 271, 278, 279, 280, 282, 283
escolas Montessori 278
escovar os dentes 140, 185
espiritual 219, 253, 254
Estados Unidos 8, 23, 259, 263

F

família 8, 12, 18, 33, 59, 65, 91, 95, 96, 99, 115, 132, 141, 149, 150, 151, 170, 171, 172, 176, 177, 178, 179, 180, 181, 182, 184, 192, 194, 204, 215, 219, 222, 226, 230, 231, 233, 236, 237, 238, 239, 241, 242, 244, 246, 247, 249, 252, 257, 260, 262, 268, 269, 274, 279, 283
fazer xixi 140
filha 14, 116, 128, 149, 161, 162, 184, 192, 194
filho 8, 12, 13, 20, 35, 42, 91, 115, 122, 131, 137, 142, 149, 152, 157, 161, 191, 192, 194, 200, 201, 202, 206, 209, 210, 211, 212, 215, 216, 218, 220, 221, 224, 225, 228, 229, 233, 234, 237, 238, 239, 240, 241, 242, 252, 255, 257, 260, 261, 262, 272, 273, 280, 282
filhos 11, 12, 14, 15, 16, 18, 19, 21, 23, 25, 26, 28, 32, 34, 35, 41, 42, 43, 55, 56, 58, 69, 71, 81, 83, 86, 110, 112, 114, 116, 119, 123, 130, 132, 136, 137, 141, 144, 149, 150, 151, 153, 161, 162, 168, 176, 178, 182, 185, 186, 194, 197, 201, 203, 210, 212, 213, 214, 215, 219, 220, 221, 222, 223, 228, 230, 231, 232, 233, 234, 237, 238, 240, 241, 243, 244, 249, 250, 253, 255, 256, 257, 262, 263, 264, 268, 269
fralda 14, 61, 92, 152, 169, 175, 183, 187, 189, 192
frustração 7, 160, 167, 210, 216

H

habilidades 14, 18, 30, 31, 38, 56, 59, 60, 61, 73, 77, 85, 86, 90, 117, 118, 125, 173, 187, 188, 189, 201, 202, 203, 210, 216, 230, 249, 256, 257, 268, 280, 281, 282, 308
higiene 57, 104

I

idade 61, 166, 288
idiomas 214, 215
infantil 2, 8, 17, 19, 26, 38, 54, 56, 58, 65, 66, 79, 88, 89, 90, 100, 119, 121, 123, 137, 186, 205, 212, 227, 250, 259, 261, 268, 278, 296, 298, 304
Irmãos 7, 167, 191, 194

J

jantar 13, 42, 57, 70, 114, 115, 116, 147, 163, 174, 177, 178, 180, 197, 210, 231, 238
jogos 54, 68, 85, 90, 214, 307

L

lanche 169, 277
legumes. 83
liberdade 31
limites 135, 149, 150, 162, 165
linguagem 12, 18, 28, 29, 30, 31, 34, 60, 65, 66, 70, 71, 111, 143, 144, 145, 148, 149, 153, 160, 200, 203, 204, 208, 212, 213, 214, 215, 245, 273, 280, 289, 291, 301, 304, 308
linguístico 86, 279
livros 69, 70, 266, 267, 288

M

mãe 4, 12, 14, 21, 30, 146, 149, 150, 169, 184, 192, 194, 200, 214, 215, 219, 221, 228, 233, 237, 238, 242, 246, 250, 251, 252, 269, 274
mamadeira 178, 184, 191

Maria Montessori 5, 19, 22, 23, 27, 30, 39, 82, 113, 165, 208, 234, 266
materna 214, 215
método Montessori 5, 9, 18, 25, 31, 32, 33, 85, 117, 119, 121, 149, 201, 262, 268, 281, 282
mobiliário 88
Mongólia 8, 259
monoglota 215
Montessori 2, 5, 6, 8, 9, 12, 13, 18, 19, 21, 22, 23, 24, 25, 26, 27, 30, 31, 32, 33, 34, 37, 39, 56, 63, 64, 69, 82, 85, 87, 94, 110, 113, 117, 119, 121, 149, 165, 170, 199, 201, 208, 209, 214, 219, 227, 233, 234, 237, 241, 244, 246, 250, 252, 253, 256, 259, 261, 262, 263, 264, 265, 266, 268, 269, 271, 278, 279, 280, 281, 282, 283, 312
montessoriana 6, 7, 8, 12, 16, 19, 21, 27, 28, 34, 36, 41, 57, 84, 86, 88, 97, 103, 113, 120, 135, 176, 181, 190, 201, 204, 213, 219, 229, 234, 250, 255, 259, 260, 262, 266, 268, 269, 280, 281, 282
móveis 8, 16, 29, 31, 88, 96, 97, 99, 100, 271, 276, 278, 296, 302
mulheres 23, 192
música 6, 36, 37, 54, 75, 85, 86, 174, 226, 263, 288

N

não violenta 12, 155, 284, 285
natureza 6, 36, 67, 75, 81, 82, 83, 85, 93, 111, 112, 115, 226, 262, 263, 269, 307

O

O Cérebro da Criança 157

P

pai 21, 61, 128, 149, 152, 169, 194, 214, 215, 233, 237, 238, 246, 251, 274
pais 5, 8, 9, 12, 16, 17, 18, 19, 32, 43, 56, 61, 62, 96, 110, 112, 122, 130, 137, 145,

149, 150, 151, 152, 153, 165, 170,
171, 176, 177, 178, 179, 181, 183,
191, 192, 194, 195, 202, 204, 210,
211, 212, 213, 214, 215, 219, 221,
223, 232, 234, 236, 237, 238, 239,
240, 241, 244, 245, 246, 252, 255,
260, 261, 263, 265, 269, 280, 282
parental 183, 194, 282
pedagogia 82, 165
pentear o cabelo 140
pré-escolar 8, 85, 90, 248, 257, 265
professor 24, 25, 122, 186

Q

quarto 61, 62, 254

R

reciclagem 62, 92, 95, 306
refeições 6, 57, 77, 87, 90, 91, 151, 154,
163, 176, 177, 178, 179, 180, 205,
208, 231
religião 256
responsabilidade 8, 32, 59, 133, 137, 139,
160, 161, 162, 194, 218, 228, 231,
234, 274
rituais 7, 167, 170

S

sentimentos 6, 7, 31, 108, 112, 129, 135, 152,
155, 156, 157, 158, 159, 160, 163,
164, 190, 193, 196, 202, 204, 206,
211, 213, 237, 238, 239, 242, 245,
268, 272, 273, 284, 285
sexo 256
sexualidade 256
silêncio 41, 71, 83, 183, 208
sistema nervoso 190, 205, 206
social 111, 151, 203, 250, 252, 253, 254, 279
sono 7, 167

T

Tina Payne Bryson 157
trabalho 6, 13, 17, 23, 24, 25, 27, 38, 58, 64,
65, 69, 87, 93, 96, 116, 122, 139, 174,
210, 219, 221, 229, 232, 234, 238,
253, 255, 268, 269, 279, 281